C·H·Beck
PAPERBACK

Von den ersten historischen Spuren über die Kolonialzeit bis zu Allende, Pinochet und Bachelet führt dieser knapp gefasste Überblick in die unterschiedlichen Facetten der Geschichte dieses faszinierenden Landes ein. Chile, einst Dauerkriegsherd des spanischen Kolonialreiches, nach der Unabhängigkeit politisch stabil, wurde berühmt für den chilenischen Weg zum Sozialismus unter Salvador Allende und den Putsch Pinochets dagegen am 11. September 1973, der eine brutale, menschenrechtsverachtende Diktatur etablierte, deren Folgen erst in den letzten Jahren allmählich aufgearbeitet wurden. Mit seiner Präsidentin Michelle Bachelet ist das Schwellenland wirtschaftlich und politisch stabil und insofern eine Ausnahmeerscheinung in einem krisengeplagten Kontinent.

Stefan Rinke lehrt als Professor für Geschichte Lateinamerikas am Lateinamerika-Institut und am Friedrich-Meinecke-Institut der Freien Universität Berlin. Im Verlag C.H.Beck sind von demselben Autor lieferbar: *Geschichte Lateinamerikas* ([2]2014); *Revolutionen in Lateinamerika* (2010); *Kleine Geschichte Brasiliens* (gemeinsam mit Frederik Schulze, 2013) und *Conquistadoren und Azteken. Cortés und die Eroberung Mexikos* ([2]2022).

Stefan Rinke

Kleine Geschichte Chiles

C.H.Beck

Mit 6 Abbildungen und 3 Karten
(S. 10, S. 177 © Peter Palm, Berlin
S. 53 © cartomedia, Karlsruhe)

1. Auflage. 2007

2. Auflage. 2022
Unveränderter Nachdruck

© Verlag C.H.Beck GmbH & Co. KG, München 2007
Wilhelmstraße 9, 80801 München, info@beck.de
Alle urheberrechtlichen Nutzungsrechte bleiben vorbehalten.
Der Verlag behält sich auch das Recht vor, Vervielfältigungen dieses
Werks zum Zwecke des Text and Data Mining vorzunehmen.
www.chbeck.de
Satz: C.H.Beck.Media.Solutions, Nördlingen
Druck und Bindung: Druckerei C.H.Beck, Nördlingen
Umschlagentwurf: malsyteufel, Willich
Umschlagabbildungen:
Vorderseite: Michelle Bachelet © Ivan Alvardo/Reuters/Corbis,
Guanacos © Ullstein-Peter Arnold Inc.;
Rückseite: Salvador Allende bei einer Parade © Bettmann/Corbis,
Indianer spielen Ciueca. Stich von Paolo Fumagalli, aus:
Le Costume Ancien et Moderne, Volume II, Tafel 29,
von Jules Ferrario/Bridgeman
Gedruckt auf säurefreiem und alterungsbeständigem Papier
Printed in Germany
ISBN 978 3 406 79412 4

verantwortungsbewusst produziert
www.chbeck.de/nachhaltig
produktsicherheit.beck.de

Inhalt

Vorwort

Nach den stereotypen Einleitungen der Reiseführerliteratur beeindruckt Chile vor allem durch seine eigenartige Geographie: ein schmaler, endlos langer Streifen Land, begrenzt von der trockensten Wüste der Erde, der Atacama, den Höhen der Anden, der Unermesslichkeit des Pazifischen Ozeans und dem ewigen Eis der Antarktis. Fernab von den so genannten «Zentren» gelegen, scheint Chile somit, dem Bedeutungskern seines Namens in der Sprache der Aymara entsprechend, das Land «am Ende der Welt» zu sein.

Isolation und Weltabgewandtheit wurden in der Tat schon vor längerer Zeit zu Elementen der chilenischen Nationalmythen. Allerdings hat das Andenland in den letzten Jahrzehnten wiederholt für Aufsehen gesorgt. Der «chilenische Weg zum Sozialismus» unter Salvador Allende und der Militärputsch von 1973 weckten weltweit Interesse an den politischen Vorgängen. Heute ist die Auseinandersetzung mit dem Erbe der Diktatur noch immer ein Thema der internationalen Berichterstattung. Das zeigt sich etwa anlässlich der Jahrestage des Putsches am 11. September, eines nicht erst seit 2001 bedeutungsschweren Datums. In jüngster Zeit hat die Veröffentlichung der Berichte der Untersuchungskommission über Folter während der Diktatur ebenso Aufmerksamkeit erregt wie die erstmalige Wahl einer Frau, Michelle Bachelet, in das Präsidentenamt. Das galt auch für den Tod Pinochets im Dezember 2006, der das Ende einer Ära markierte.

Die chilenische Diktatur, ihre Verarbeitung seit 1990 und die neuen Entwicklungen des Landes seit der Jahrtausendwende sind nur in ihrem historischen Zusammenhang zu verstehen. Chile galt einst als Dauerkriegsherd des spanischen Kolonialreichs, genoss dann jedoch fast 150 Jahre den Ruf als stabilstes politisches System Lateinamerikas. Kurzfristig war das Land die Hoffnung der Linken und Brennpunkt des Kalten Kriegs, dann gleichzeitig Symbol für ein neoliberales «Wirtschaftswunder» sowie für Diktatur und brutale Missachtung der Menschenrechte. Heute ist das Schwellenland

Chile mit seinem relativ stabilen ökonomischen und politischen System eine Ausnahmeerscheinung in einem krisengeplagten Kontinent.

Bislang gibt es keine moderne Geschichte Chiles in deutscher Sprache. Dieses Buch soll auf knappem Raum, mit allen damit zusammenhängenden Abstrichen, die Lücke schließen und eine stetig steigende Nachfrage nach zuverlässigen Informationen zur Geschichte eines faszinierenden Landes befriedigen. Der Bedarf allein kann eine Nationalgeschichte kaum rechtfertigen in einer Zeit, in der Nationen nicht mehr unumstritten der Bezugsrahmen der Geschichtsschreibung sind. In diesem Buch habe ich mich bemüht, die ethnische und soziokulturelle Heterogenität des Landes ebenso zu beachten wie die transnationalen Kontexte, in die sie verwoben war und ist.

Ursprünge

Die Urgeschichte des heutigen Chile hat aufgrund einiger spektakulärer archäologischer Funde in jüngerer Vergangenheit großes Interesse geweckt. Ein genauerer Blick auf die indigene Bevölkerung vor der spanischen Eroberung zeigt ein vielfarbiges Bild, dem die Klischees von Isolation und Zurückgebliebenheit nicht standhalten.

Die Urbevölkerung vor der Ankunft der Spanier

Wann das heutige chilenische Territorium erstmals von Menschen besiedelt wurde, ist unbekannt. Nach den Ergebnissen einer archäologischen Expertenkommission von 1997 sind die lange Zeit umstrittenen Funde einer späteiszeitlichen Siedlung bei Monte Verde (nahe Puerto Montt) in Südchile ca. 12 500 Jahre alt und zählen damit zu den ältesten bekannten Überresten menschlichen Lebens in Amerika. Die extremen naturräumlichen Unterschiede führten dazu, dass sich sehr ungleiche Kulturen in dem ungefähr 4500 Kilometer langen Landstreifen entwickelten. Im Hochland der Regionen Tarapacá und Antofagasta im äußersten Norden Chiles, dem so genannten *Norte Grande*, handelte es sich um Kulturen, die eng mit denen der Zentralanden verwandt waren. Sie reichten von den Aymara sprechenden Völkern im Norden zu den Atacama in den Flussoasen der gleichnamigen Küstenwüste.

In den nördlichen Regionen lebten vor 8000 bis 10 000 Jahren kleine Gruppen von Jägern und Sammlern. Wahrscheinlich aufgrund eines Klimawandels begann ab ca. 6000 v. Chr. in der Region Tarapacá eine größere Abwanderung in Richtung Pazifikküste, wo die Bewohner zunehmend vom Fischfang lebten. Hier fanden sich auch die weltweit ältesten bekannten Beispiele künstlicher Mumifizierung der so genannten *Chinchorro*-Kultur nahe Arica.

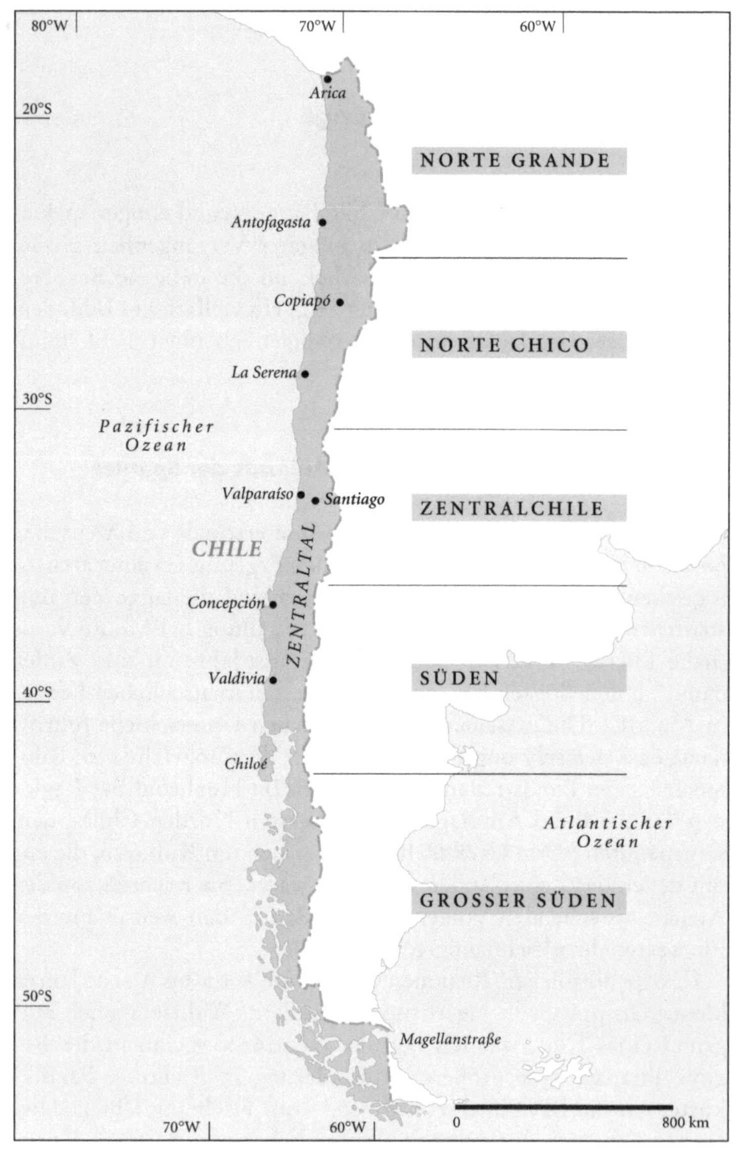

Die Großregionen Chiles

Rund 2000 v. Chr. setzte die Domestizierung von Pflanzen ein. Die Menschen des chilenischen Nordens besaßen damals bereits Verbindungen zu den Kulturen des bolivianischen Hochlands. Besonders auffällig waren die Stoffturbane, von denen sich der Begriff *Enturbantados* zur Bezeichnung dieser Kultur ableitet. Der Gebrauch eines vom Samen des Cebilbaums (*Villca*) gewonnenen halluzinogenen Schnupfpulvers lässt sich für diese Zeit erstmals nachweisen. Dabei handelte es sich um eine Substanz, der große rituelle Bedeutung zukam. Die Forschung vermutet einen Zusammenhang zwischen den durch Cebil ausgelösten Halluzinationen und den monumentalen Felszeichnungen des chilenischen Nordens. Allerdings konnten sich nur dort, wo genügend Wasser vorhanden war, Siedlungen dauerhaft halten, wie etwa in der Oase von San Pedro de Atacama, einem Zentrum des interregionalen Handels, bei dem Lamakarawanen zum Einsatz kamen. Ein Handelsraum entstand, der den *Norte Grande* mit dem heutigen Argentinien, Bolivien und Peru verband.

Ungefähr ab 400 n. Chr. fiel die Region in den Einflussbereich des expandierenden Stadtstaates Tiahuanaco im Südosten des Titicacasees. Eine der Strategien der Herrscher von Tiahuanaco bestand darin, Landwirtschaft treibende Kolonisten (*Cabuza*) im *Norte Grande* anzusiedeln. An der Spitze der Kolonien standen privilegierte Funktionäre aus Tiahuanaco. Eine Zeit lang lebten die *Cabuza* friedlich Seite an Seite mit den Ureinwohnern. Außerdem entwickelten sich in diesem Zeitraum neue kulturelle Zentren wie z. B. Maytas-Chiribaya, die sich wahrscheinlich im Laufe der Zeit die Unabhängigkeit von Tiahuanaco erworben hatten. Die Interessen des Stadtstaates am Titicacasee reichten im Süden bis zum Handelszentrum San Pedro de Atacama. Das Ende Tiahuanacos um 1000, wahrscheinlich aufgrund von Dürrekatastrophen, löste im *Norte Grande* tief greifende Umwälzungen aus, die von politischer Instabilität und schweren Kämpfen geprägt waren. In dieser Phase entwickelte sich die Arica-Kultur, die sich durch Verbünde von kleineren Herrschaftsgebieten auszeichnete.

Um 1471 eroberten die Inka von Cuzco unter Túpac Yupanqui das nördliche Chile. Über die mit ihnen verbündeten Hochlandvölker beherrschten sie u. a. durch gezielte Umsiedlung die im *Norte Grande* ansässigen Gruppen. Damit setzte die letzte Phase vorspanischer kultureller Entwicklung ein, die im Zeichen der Eroberer stand. Die Inka führten neue landwirtschaftliche und künstlerische Techniken ein. Dank der Inka-Straßen mit ihren typischen Raststätten (*Tambos*) wurde die Region bis hin zum Salzsee von Atacama wirkungsvoll erschlossen und in das Reich (*Tawantinsuyu*) eingegliedert.

Im so genannten kleinen Norden (*Norte Chico*) Chiles, der die heutigen Regionen Atacama und Coquimbo umfasst, lassen sich menschliche Spuren im Tal von Quereo nahe Los Vilos auf etwa 11 000 bis 12 000 v. Chr. datieren. Dank der im Vergleich zum *Norte Grande* günstigen klimatischen Bedingungen entwickelte sich hier eine relativ stabile Kultur, die vor allem auf dem Nahrungsreichtum des Pazifiks basierte. Die El-Molle-Kultur – benannt nach einem bedeutenden Fundort im Elquital nahe dem heutigen La Serena – konnte sich im Hinterland und in der Küstenzone rund 1000 Jahre von 300 v. Chr. bis 700 n. Chr. halten. Jedes Tal scheint seine eigenen Riten gehabt zu haben. Um das Jahr 700 setzte sich dann die Las-Ánimas-Kultur durch. Der kulturelle Wandel, der sich nicht zuletzt auf den intensiven Austausch mit den Nachbarregionen zurückführen lässt, ergriff alle Lebensbereiche.

Nach Las Ánimas, im fließenden Übergang, entwickelte sich ab ca. 900 die Diaguita-Kultur, die den *Norte Chico* bis zur Ankunft der Spanier prägen sollte. Die Diaguita führten Bewässerungsanlagen und neue metallurgische Verfahren ein. Berühmt sind ihre filigran verzierten Keramiken. Wie ihre Nachbarn im Norden wurden die Diaguita Opfer der Expansion des Inka-Reichs. Das besondere Interesse der Fremdherrscher galt den Bodenschätzen des *Norte Chico*, von denen Gold, Silber, Kupfer und Halbedelsteine abgebaut und nach Norden transportiert wurden. Der Staat kontrollierte Wirtschaft und Ackerbau. Binnen kürzester Zeit waren die Diaguita so gut in das Inka-Reich integriert, dass sie Hilfstruppen bei der Eroberung Zentralchiles stellten.

In der heutigen Zentralzone sind Spuren menschlichen Lebens in San Vicente de Tagua Tagua gefunden worden, die auf die Zeit um 11 000 v. Chr. geschätzt werden. Die archaische Kultur hielt sich wesentlich länger als in den nördlichen Nachbarregionen. Allerdings war im Lauf der Zeit ein grundlegender Wandel in Gesellschaft und Wirtschaft zu verzeichnen. Der Schritt zur Sesshaftigkeit und zum Anbau domestizierter Nutzpflanzen wird auf ca. 300 v. Chr. geschätzt. Die soziale Ordnung basierte auf unabhängigen Verwandtschaftsgruppen, die keine zentrale Herrschaft kannten. Ab etwa 900 n. Chr. tauchte dann eine neue, Aconcagua genannte Kultur auf, deren Träger im 15. Jh. jedoch von den Inka unterworfen wurden. Nach der Eroberung übernahmen die Hilfstruppen der Diaguita Aufsichtsfunktionen. Zentralchile war der Punkt der südlichsten Ausdehnung des *Tawantinsuyu* und, wie die weiter nördlich gelegenen Teile Chiles, Bestandteil der südlichen Reichsprovinz *Kollasuyu*. Wie weit der Einfluss der Inka tatsächlich reichte, bleibt allerdings umstritten. Ihre Hauptstraße führte mindestens bis zum heutigen Santiago.

Die Inka-Heere stießen dort auf unüberwindbaren Widerstand, wo heute der Großraum des chilenischen Südens beginnt, der die Regionen Bío-Bío, Araucanía und Los Lagos umfasst. Wie eingangs bereits gesagt, konnten in Monte Verde Spuren menschlichen Lebens gefunden werden, die rund 14 500 Jahre alt sind. Aufgrund fehlender archäologischer Untersuchungen ist über die weitere Frühgeschichte des Menschen in diesem Gebiet noch sehr wenig bekannt. Konkrete Spuren werden dann erst wieder auf die Periode ab ca. 3000 v. Chr. datiert. Dabei handelt es sich um die so genannte Quillén-Kultur nahe der heutigen Stadt Lautaro nördlich des Tolténflusses und um die Chan-Chan-Kultur nahe dem heutigen Valdivia südlich des Toltén. Die mobilen Bevölkerungsgruppen dieser Zeit ernährten sich von den im Überfluss vorhandenen Früchten des Waldes, des Meeres, von der Jagd auf Meeressäuger und Guanacos sowie vom Fischfang.

Ungefähr ab dem 5. Jh. n. Chr. erfolgten dann der Übergang zur Sesshaftigkeit und die Herausbildung der Pitrén-Kultur, für die sich erste Keramikfunde nachweisen lassen. Lange Zeit beschränkten sich die Pitrén auf die Hortikultur. Südlich des Toltén sollten sie sich bis zur Ankunft der Spanier halten. Nördlich des Flusses entstand eine weitere Kultur, die nach dem Fundort El Vergel nahe der Stadt Angol benannt wird. Die El-Vergel-Menschen zeichneten sich vor allem durch ihre Urnenbestattungen sowie einen höheren Grad an Sesshaftigkeit aus. Bestattungsriten- und Textilfunde lassen auf kulturelle Einflüsse aus dem andinen Norden schließen.

Man hat in diesem Zusammenhang auch von einer Andinisierung der Urbevölkerung gesprochen.

Wenn man den spanischen Chronisten Glauben schenken darf, sind die Pitrén- und El-Vergel-Kulturen im Wesentlichen drei Bevölkerungsgruppen zuzuordnen, die in *Mapudungun* (Sprache des Landes) «Picunche» (Menschen aus dem Norden), «Mapuche» (Menschen der Erde) und «Huilliche» (Menschen des Südens) hießen und einer gemeinsamen Sprachfamilie angehörten. Der Inka Huayna Cápac (1493–1525/27) scheiterte bei dem Versuch, sie gewaltsam zu unterwerfen. Aufgrund ihres Widerstandsgeistes erhielten sie von ihren Quechua sprechenden Gegnern den Namen «Purumaucas» (wilde, unbeugsame Feinde), kurz «Aucas», eine Bezeichnung, von der die Spanier später wahrscheinlich den Begriff «Araukaner» ableiteten. Organisiert waren diese Bevölkerungsgruppen in kleineren Verbänden mit erblichen Anführern.

Von der Insel Chiloé im Norden bis nach Feuerland erstreckt sich der Großraum des Großen Südens. Frühe paläoindianische Spuren wurden in Cueva Fell unweit der heutigen Stadt Punta Arenas gefunden und werden auf ungefähr 11 000 Jahre geschätzt. Die Wildbeuterkulturen des Landes hielten sich bis zur Ankunft der Spanier. Die im Norden dieses Gebiets (heutige Region Aisén) lebenden Bevölkerungsgruppen waren die Tehuelches, südlich (heutige Magallanes) schlossen die Aonikenk an. Auf der Insel Feuerland lebten die Selk'nam. Daneben gab es Jäger und Sammler wie die Chonos, die Kaweshkar und die Yámanas. Über Jahrtausende blieb die Lebensweise dieser Gruppen nahezu unverändert, bis es ab ca. 1200 durch den Kontakt mit den Mapuche-Völkern zu einem Wandel kam. Für die Bevölkerung des äußersten Südens spielte die Ankunft der Spanier im 16. Jh. zunächst nur indirekt eine Rolle.

Um 1500 lebten rund 800 000 bis 1,2 Millionen Menschen auf dem Territorium des heutigen Chile. Insgesamt lässt sich zum Zeitpunkt des ersten Kontakts mit den Europäern keineswegs von einer einheitlichen Besiedlung des Landes sprechen. Es waren vielmehr sehr unterschiedliche Gruppen, die in mehr oder weniger engem Kontakt mit ihren Nachbarn standen und kulturellen Wandel durch Austausch mit fremden Kulturen erfuhren. Dabei ist spätestens seit dem 15. Jh. eine Spaltung in ein nördliches und ein südliches Chile entlang der Grenze des Inka-Reichs erkennbar, die auch für die spätere Zeit wichtig werden sollte.

Die Grenzen der spanischen Eroberung

Der erste Europäer, der das chilenische Territorium sichtete, kam von Süden. Es handelte sich um den Portugiesen in spanischen Diensten Fernão Magalhães, der im Oktober 1520 auf dem Weg zu den Gewürzinseln Asiens den nach ihm benannten Seeweg entdeckte. Die benachbarte Insel taufte er wegen der von den Schiffen aus sichtbaren Lagerfeuer der indianischen Bevölkerung Feuerland (*Tierra del Fuego*).

Die Eroberung Chiles sollte erst 15 Jahre später und dann von Norden her in Angriff genommen werden. Sie war ein Nebeneffekt der Unterwerfung des Inka-Reichs. Nach der Einnahme Cuzcos 1533 kam es unter den Konquistadoren bald zum Streit. Da er sich gegen die Brüder Pizarro nicht durchsetzen konnte, brach Diego de Almagro auf der Suche nach neuen goldreichen Gebieten 1535 Richtung Süden auf. Die spanische Krone hatte ihm schon ein Jahr zuvor den Anspruch auf die noch zu erobernden Gebiete, das so genannte Gouvernement Nueva Toledo, übertragen. Almagro und seine Männer erreichten im Juni 1536 den Copiapó. Eine Vorhut wurde sogar bis an den Maule geschickt, und in diesem Zusammenhang entdeckte Juan de Saavedra die Bucht von Valparaíso. Am Maule war der indigene Widerstand allerdings so heftig, dass sich die kleine spanische Truppe zurückziehen musste. Die ernüchternden Berichte über den öden Norden Chiles und der Ausbruch des Bürgerkriegs zwischen den Anhängern Almagros und Pizarros in Peru verhinderten zunächst weitere Expeditionen.

Nach der Hinrichtung Almagros (1538) unternahm dann 1540 Pedro de Valdivia, ein Offizier Francisco Pizarros, einen erneuten Eroberungszug nach Süden, obwohl das Zielgebiet in schlechtem Ruf stand, als arm und gefährlich galt. Der Trupp drang nach Zentralchile vor, wo Valdivia am 12. Februar 1541 die Stadt Santiago del Nuevo Extremo als Hauptstadt der von ihm nach seiner Heimat in Spanien Nueva Extremadura umbenannten Provinz gründete und sich vom neuen Stadtrat (*Cabildo*) zum Gouverneur wählen ließ.

Mit diesem für die Etablierung spanischer Herrschaft in Amerika so wichtigen Akt war die Eroberung aber noch nicht abgeschlossen. Zum einen musste Valdivia viele Jahre um die königliche Bestätigung seines Titels kämpfen. Zum anderen musste er auch von Rückschlägen berichten, wobei die gerade noch abgewendete vollständige Zerstörung Santiagos am 11. September 1541 durch die Promaucahues unter ihrem Kriegshäuptling (*Toqui*) Michimalonco einen ersten Höhepunkt darstellte. In den folgenden fünf Jahren gelang es Valdivia, die spanische Position in Zentralchile zu konsolidieren und befestigte Ortschaften wie Valparaíso und La Serena (beide 1544) anzulegen.

Besonders heftigen Widerstand provozierten die Bemühungen um eine Expansion in den Süden des Landes, die Pedro de Valdivia ab 1546 unternahm. Am Bío-Bío-Fluss, wo man 1550 die Stadt Concepción gründete, waren die Kämpfe massiv, und trotz der Anlage diverser Städte wie La Imperial, Valdivia und Villarica gelang es den Spaniern nicht, hier für Ruhe zu sorgen. Im Gegenteil, 1553 nahmen die Kämpfe neue Formen an, als sich die indigenen Gruppen unter dem *Toqui* Lautaro zusammenschlossen. Ende des Jahres besiegte dieser die Spanier bei der Festung Tucapel, wobei Pedro de Valdivia in Gefangenschaft geriet und kurz darauf getötet wurde. Die Widerständler setzten ihre Offensive fort und zerstörten u. a. 1555 Concepción. Erst als sie mit Colo Colo, Lautaro und Caupolicán bis 1558 wichtige Führungspersönlichkeiten verloren, konnten die Spanier die unmittelbare Gefahr auch für die Ansiedlungen in Zentralchile bannen.

Den Mut und die Tapferkeit der indigenen Gegner verewigte der Offizier Alonso de Ercilla y Zúñiga in seinem Werk *La Araucana* (1569–1589), das später zum chilenischen Nationalepos avancieren und Lautaro, Caupolicán und Colo Colo zu Legenden machen sollte. Diese Bewertung blieb jedoch im 16. Jh. noch eine Ausnahme. In den Augen der meisten Spanier waren die Araukaner Barbaren oder gar gnadenlose Menschenfresser. Die Formierung des neuen Herrschaftsgebiets wurde als endlose Auseinandersetzung mit einer «wilden» Grenzregion gedeutet. Die Eroberer hatten größtes Interesse an dieser Wahrnehmung, rechtfertigte der Kriegszustand doch Sondermaßnahmen wie die Stationierung eines stehenden Heeres (ab 1601) und die Versklavung der gefangenen

Indianer, die in Chile 1608 durch königlichen Erlass offiziell erlaubt wurde, in anderen Teilen des spanischen Kolonialreichs aber verboten blieb.

In der Tat stellten die flexibel agierenden und numerisch überlegenen indigenen Kämpfer eine permanente Bedrohung dar. Das zeigten die von großer Brutalität auf beiden Seiten geprägte Kleinkriegsführung wie auch die große Offensive unter dem *Toqui* Pelantaru ab 1598, die zum Verlust der Städte des Südens führte. Angesichts der Niederlagen gingen die Spanier zu Beginn des 17. Jh. zu einer neuen Taktik über. Sie bemühten sich, eine beiderseitig anerkannte Grenze zu finden und die einheimische Bevölkerung durch die Missionsorden der Franziskaner und Jesuiten schrittweise zu christianisieren. Der Friede von Quilín 1641 legte den Bío-Bío als Grenzfluss fest, und die Spanier erkannten die Unabhängigkeit der indigenen Gruppen an. Diese ließen ihrerseits Missionare in ihrem Gebiet zu.

Abgesehen von dem hohen symbolischen Gehalt, der darin lag, dass die Spanier die unabhängige Existenz indianischer Bevölkerungsgruppen anerkannten, hatte der Friedensvertrag wenig faktische Bedeutung. Beide Seiten setzten mit kleinen Überraschungsangriffen (*Maloca*, *Malón*) die Kämpfe fort, um Beute zu machen. Francisco Núñez de Pineda y Bascuñán war wohl der berühmteste Gefangene, der den einheimischen Kämpfern in diesem Zeitraum in die Hände fiel; er schrieb seine Erlebnisse später in dem Prosawerk *El cautiverio feliz* (1673) nieder. Allerdings ließ die Intensität der Kriegsführung im 17. und 18. Jh., insbesondere nach der Abschaffung der Indianersklaverei 1674, nach. Neue Formen des Zusammenlebens bildeten sich heraus. Verhandlungen zwischen Spaniern und indigenen Gruppen wurden im 18. Jh. zu ritualisierten Zeremonien, den so genannten *Parlamentos*, mit Festessen und Austausch von Geschenken ausgestaltet. Auf dem *Parlamento* von Negrete 1726 erklärten sich die anwesenden indigenen Vertreter zu Vasallen des spanischen Königs, was aber ihrer Unabhängigkeit keinen Abbruch tat. Gegen Ende des 18. Jh. entsandten sie gar einen Kaziken als Botschafter nach Santiago.

In Chile war die Expansion des spanischen Weltreichs an ihre Grenzen gestoßen. Wie in vielen Regionen Amerikas hielt sich hier der Widerstand gegen die Eroberer hartnäckig. Das Grundproblem

**Kampfszene zwischen Spaniern und Indigenen um 1640.
Aus: Alonso de Ovalle, Histórica relación del Reyno de Chile y de las misiones y ministerios que exercita en él la Compañía de Jesús. Rom: Francisco Cavallo, 1646**

der Eroberer war, dass ihnen anders als im Fall der Azteken oder Inka kein zentralisiertes Reich gegenüberstand, sondern eine unüberschaubare Zahl von Kampfverbänden. Konnte man einen der Anführer ausschalten, so fand sich schnell ein neuer, der den Kampf weiterführte. Im Gegensatz zu anderen Grenzregionen des Reichs erkannten die Spanier ihr Scheitern in Chile offiziell an. Das war allerdings nicht nur negativ, denn für das Generalkapitanat hatte der Handel mit den Indigenen ebenso wichtige Bedeutung wie der symbolische Wert, der darin lag, eine Gesellschaft von Kriegern zu sein – das «Flandern Amerikas» (*Flandes indiano*), wie es der Jesuit Diego de Rosales in seinem gleichnamigen Geschichtswerk des 17. Jh. nannte.

Grenzgesellschaften in der Kolonialzeit

Der unbeugsame Widerstand der indigenen Gruppen führte zur Herausbildung einer Grenzsituation mit zahlreichen sozioökonomischen und kulturellen Eigenarten. Bis ins 19. Jh. reichte das von den Spaniern kontrollierte Territorium nicht über den Bío-Bío hinaus, wenn man von den Enklaven Valdivia, das seit 1640 erneut besiedelt wurde, und Chiloé absieht. Parallel, allerdings keineswegs isoliert, bestanden die indigenen Gesellschaften im Süden, die sich ebenso wie die der Eroberer im Norden durch den Kulturkontakt tief greifend wandelten.

Die indigenen Gruppen machten in den rund zweieinhalb Jahrhunderten nach dem ersten Kontakt mit den Spaniern einen Prozess der Ethnogenese durch; denn in diesem Zeitraum entwickelte sich, gefördert durch die permanente Kriegführung, ein völlig neues Bewusstsein der Zusammengehörigkeit. Erst gegen Ende dieses Zeitraums setzte sich auch die Bezeichnung «Mapuche» als selbst gewählte Sammelbezeichnung durch. Das bedeutete nicht, dass sich bereits eine geschlossene Einheit gebildet hätte, zu stark waren noch die unterschiedlichen regionalen Identitäten. Doch gab es bestimmte Faktoren des Wandels, die allen Gruppierungen gemein waren. Dazu zählten die Veränderungen in den sozialen Strukturen. Durch die Bedrohung stiegen Ansehen und Einfluss der Kriegshäuptlinge. Aber auch die Anführer in Friedenszeiten gewannen an

Bedeutung. Gegen Ende des 18. Jh. wurde das Amt erblich. Hierarchien und Herrschaftsgebiete bildeten sich und gaben Anlass zu internen Konflikten.

Hinzu kamen die Transformationen, die mit der Annahme von Teilen der materiellen Kultur der Spanier und der Integration in die Marktwirtschaft einhergingen. So übernahmen die Mapuche das Pferd und die eisernen Waffen ihrer Feinde. Dadurch waren sie ihren Nachbarvölkern überlegen, auf deren Kosten sie nun ihrerseits zu expandieren begannen. So kam es zur so genannten «Araukanisierung» der Picunche sowie der Pampas-Indianer jenseits der Anden. Landwirtschaftliche Produkte und Methoden adaptierten die Mapuche ebenfalls. Im stetig wachsenden Handelsaustausch mit den Spaniern, der durch die *Parlamentos* geregelt wurde, lieferten sie vor allem Ponchos und erhielten dafür Vieh oder kauften Alkohol und Werkzeuge.

Je näher die Mapuche an den Forts der Spanier lebten, desto enger waren die Kontakte. Mapuche beteiligten sich teilweise sogar an spanischen Kriegszügen gegen ihre Nachbarn im Hinterland, um Beute zu machen. Dabei spielten so genannte *«Capitanes de Amigos»*, Spanier oder Mestizen, die unter den Mapuche lebten, eine wichtige Rolle als Vermittler zwischen den Welten. Die Koexistenz der mit den Spaniern befreundeten Indianer konnte so weit gehen, dass Häuptlinge ihre Söhne zur Schulbildung in die Städte schickten. Insgesamt fanden diese Entwicklungen vor dem Hintergrund einer stetig zunehmenden Vermischung der Ethnien (*Mestizaje*) statt. Viele Kontakte waren aber nur oberflächlich. Zwar nahm man christliche Namen an, die Christianisierung reichte indes nicht tief. Gegen die Polygamie kamen die Missionare ebenso wenig an wie gegen die Schamanen (*Machi*), die im spirituellen Leben der Gemeinschaften weiterhin die zentrale Rolle spielten. Ein großer Abstand zwischen der Welt der Mapuche und der der *Huincas*, der Spanier, blieb bestehen.

Dass diese Distanz letztlich überlebenswichtig war, zeigt ein Blick auf das Schicksal der indigenen Bevölkerungsgruppen im Norden Chiles in der Kolonialzeit. Sie waren von der spanischen Conquista überrollt worden und sahen sich nach der Eroberung den Krankheiten und der Ausbeutung ausgesetzt, die auch in anderen Teilen Amerikas zur rapiden Dezimierung der einheimischen

Bevölkerung geführt hatten. Folgenschwer war insbesondere der Arbeitszwang im System der *Encomienda* (Zuteilung). Auch der Versuch der Krone, die indigenen Gruppen durch Segregation und Umsiedlung in so genannte *Pueblos de indios* (Indianerdörfer) zu schützen, konnte nichts am Negativtrend ändern. Letztlich bschleunigte sich die umfassende Mestizisierung, die dazu führte, dass am Ende der Kolonialzeit nur noch kleine Gruppen von Aymara und Atacameño-Indianern im Norden des Landes überlebten.

Doch auch die spanischen Eroberer blieben von der spezifischen Grenzsituation im Gouvernement und Generalkapitanat Chile, dem *Reino de Chile*, einem Bestandteil des 1543 gegründeten Vizekönigreichs Peru, nicht unberührt. Die permanenten Kriege verhinderten lange Zeit die Herausbildung einer differenzierten Gesellschaft und Wirtschaft. Bis weit ins 17. Jh. ließ sich soziale Distinktion nur durch militärischen Rang erreichen. Ohnehin hatte die spanische Krone kein Interesse am Entstehen einer Aristokratie und hielt sich mit der Vergabe von Adelstiteln ebenso zurück wie mit der Gewährung von Erbrechtsansprüchen an die Inhaber der *Encomiendas*. Um die Macht der Konquistadoren einzuschränken, entsandte sie königliche Beamte nach Chile und ließ 1609 ein Appellationsgericht (*Audiencia*) dauerhaft in Santiago de Chile einrichten. Der Einfluss des lokalen Stadtrats wurde dadurch begrenzt, und die Mitglieder der königlichen Verwaltung bildeten den Kern einer neuen Elite.

Im Lauf des 17. Jh. entstand eine soziale Oberschicht von Kreolen (in Amerika geborenen Spaniern), deren Macht auf Handel und Landbesitz basierte. Grundlage dafür war das Nachlassen der direkten Kriegsgefahr in der Zentralzone. In dieser Region entwickelte sich eine großflächige Landwirtschaft, die Chile lange Zeit prägen sollte, u. a. weil die Edelmetallvorkommen hier schnell erschöpft waren. Damit einher ging eine «Verländlichung» Chiles, indem sich die Machtzentren von den Städten aufs Land verlagerten. Die stetig abnehmende Zahl indigener Arbeitskräfte machte in diesem Zeitraum eine neue, intensivere Produktionsweise erforderlich. Das schlug sich nieder in der Herausbildung des Großgrundbesitzes, der Hacienda, die zunächst Viehhaltung betrieb und später, im 18. Jh., Getreide produzierte. Bereits um 1650 waren die landwirtschaftlich nutzbaren Flächen zwischen Santiago und La Serena vollständig aufgeteilt. Da afrikanische Sklaven nur in geringem Maß zur Verfügung standen, bearbeiteten vor allem mestizische Arbeitskräfte das Land, und es bildeten sich die typischen Arbeitsverhältnisse heraus. Dabei handelte es sich zum einen um die *Peones*, die Tagelöhner, die zeitlich befristet Feldarbeit übernahmen. Zum anderen entwickelte sich im 18. Jh. eine Pachtbauernschaft (*Inquilinos*), Landarbeiter, denen gegen Arbeitsleistungen auf dem Gut des Herrn Haus und Land zur Verfügung gestellt wurden. Soziale Mobilität war angesichts dieser Entwicklungen kaum noch möglich.

Je mehr das Ansehen der *Encomienda* – sie wurde 1791 endgültig abgeschafft – und des militärischen Rangs abnahm und die Bedeutung der Hacienda stieg, desto mehr gewannen demgegenüber die Großgrundbesitzer an Einfluss. In wirtschaftlicher Hinsicht war dieser Aufstieg der Nachfrage aus dem Vizekönigreich Peru, insbesonderedem Bergbauzentrum Potosí, zu verdanken. In sozialer Hinsicht nahm die Macht der Grundherren zu, weil sich die Hacienda immer mehr zum Siedlungszentrum entwickelte, das neben der Landwirtschaft auch protoindustrielle Produktionsstätten, Schulen, Kirchen, Läden und Gefängnisse aufwies. In diesem relativ isolierten Mikrokosmos übte der Besitzer auf der Basis von personalen und klientelistischen Strukturen sowie des Majorats regelrechte Herrschaftsfunktionen aus. Außerdem stellte er die oft einzige Verbindung zu den kommerziellen Zentren der Städte her, wo er in der Regel einen Wohnsitz hatte, sich um die Vermehrung seines Reichtums durch den Handel mit seinen Produkten bemühte und seinen Wohlstand ostentativ zur Schau stellte. Ergänzt wurde diese Haltung durch das Streben nach politischen Ämtern, die in diesem Zeitraum im spanischen Kolonialreich käuflich erworben werden konnten. Schließlich waren die Pflege und der Ausbau der verwandtschaftlichen Beziehungen sowie der Kontakt zu Gleichrangigen wichtig, welche die Voraussetzungen für den engen Zusammenhalt der chilenischen Oberschicht bildeten. Diese nahm vermehrt die Züge einer Aristokratie an, wenngleich das Hauptkriterium für den Zugang zu dieser Schicht wirtschaftlicher Erfolg und Reichtum waren.

Trotz der sozialen Konsolidierung blieb das Leben in Chile während der Kolonialzeit geprägt durch Unsicherheit. Zahllose Naturkatastrophen ereigneten sich: Erdbeben zerstörten zum Beispiel Städte wie Concepción (1570, 1657 und 1751), Valdivia (1575) und Arica (1605). 1647 traf es die Hauptstadt Santiago besonders schwer, mehr als 10 000 Menschen starben. Die Bevölkerung reagierte darauf u. a. mit einer ausgeprägten Volksfrömmigkeit, die sich an den vielen kirchlichen Festen und Wallfahrten, etwa zur Jungfrau von Andacollo (seit dem 17. Jh.) oder von Candelaria en Copiapó (seit 1776), ablesen lässt. Die Missionsorden förderten diese Traditionen, banden mestizische Laien und deren Bruderschaften in die katechetische Arbeit ein und akzeptierten die synkretistischen Elemente, die damit einhergingen.

Gefahren drohten auch von außen. Wie in allen Küstenregionen Hispanoamerikas bildeten die Angriffe ausländischer Piraten auch in Chile eine ständige Bedrohung. Sie zeigten, dass das für die Schifffahrt zwischen Pazifik und Atlantik günstig gelegene Land keineswegs so isoliert war, wie es oft dargestellt wird – ein Glück übrigens für den schiffbrüchigen Schotten Alexander Selkirk, der 1709 nach vier Jahren auf einer der Chile vorgelagerten Juan-Fernández-Inseln gerettet wurde und dann das Modell für Daniel Defoes *Robinson Crusoe* (1719) abgab. Den ersten Piratenüberfall stellte die Plünderung Valparaísos durch Francis Drake 1578 dar. Bis ins 18. Jh. sollten Seeräuber die kaum geschützten chilenischen Küstenstädte immer wieder heimsuchen.

Aus Sicht der Dynastie der Bourbonen, die 1701 die Thronfolge in Spanien angetreten und diese in einem Erbfolgekrieg bis 1713 durchgesetzt hatten, waren die Piratenangriffe ein Ausdruck der vielen Missstände, die die Kolonialpolitik kennzeichneten. Im Laufe des 18. Jh. und insbesondere während der Regierungszeit Karls III. (1759–1788) versuchte die Krone eine Reihe von Reformmaßnahmen durchzusetzen. Ziel war eine Neuausrichtung Amerikas, dessen Existenz nun den Interessen der Zentrale in Spanien unterworfen werden sollte. Manche sprachen von einer «zweiten Conquista». Auch in Chile, das um 1700 nördlich des Bío-Bío rund 100 000 bis 150 000 Einwohner zählte, machte sich diese neue Politik bald bemerkbar und löste einen tief greifenden politischen und sozioökonomischen Wandel aus.

Besonders wichtig war die graduelle Veränderung der Handelswege in Südamerika. Im Lauf des 18. Jh. wurde immer deutlicher, dass Spanien nicht mehr in der Lage war, seine Monopolansprüche im Handel mit Amerika durchzusetzen. Chile profitierte vom Aufstieg der Hafenstadt Buenos Aires auf Kosten des alten vizeköniglichen Hofes in Lima und seines Hafens Callao. Zunächst handelte es sich noch um Schmuggelhandel, bei dem die Seeroute um das 1613 entdeckte Kap Hoorn eine wichtige Rolle spielte. In den folgenden Jahrzehnten versorgten französische und englische Schiffe chilenische Häfen wie Concepción und Valparaíso. Die Krone reagierte mit Lockerungen der restriktiven Handelspolitik und erlaubte einzelnen spanischen Schiffen 1722 den direkten Warenverkehr mit Buenos Aires, der auf dem Landweg nach Chile fortgesetzt wurde, sowie 1740 die Befahrung des Seewegs um Kap Hoorn. 1776 entstand sogar ein eigenständiges Vizekönigreich am La Plata. Zwei Jahre später lockerte die Krone die noch bestehenden Restriktionen für den interkolonialen Handel und erleichterte den direkten Austausch mit dem Mutterland. Die Konsequenz war eine positive wirtschaftliche Entwicklung, die durch das rasche Bevölkerungswachstum und die steigende Nachfrage nach chilenischem Getreide in Peru weiteren Aufschwung erfuhr.

Die administrativen Reformen der Bourbonen, insbesondere im Zusammenhang mit der Generalvisitation (1778–1785), wirkten sich für Chile positiv aus. Als Generalkapitanat hatte es seit dem 16. Jh. der Kontrolle des Vizekönigs in Peru unterstanden. Phasenweise hatte der Gouverneur in militärischen Angelegenheiten aber unabhängig agieren können und Weisungen der spanischen Krone direkt empfangen. Die Justizverwaltung war mit Ausnahme der Inquisition und der Handelsgerichtsbarkeit ebenfalls gegenüber Lima autonom. Im Lauf des 18. Jh. stärkte die Krone die Autonomie Chiles. So wurden die Enklaven Valdivia und Chiloé ausgegliedert, was der territorialen Konsolidierung Zentralchiles zugutekam und eine erhebliche Kostenersparnis brachte. Durch die Einführung des neuen Amtes der königlichen Intendanten – mit Sitz in Concepción und Santiago – wurde 1786 eine direkte Verbindung zur Krone geschaffen. Ein königliches Dekret von 1798 stellte dann endgültig die Unabhängigkeit des Generalkapitanats Chile vom Vizekönigreich Peru fest. Parallel dazu richtete man wichtige Behörden ein wie die staatliche Münze (1742) sowie den Handels- und den Bergbaugerichtshof (1795 und 1802). Sie boten ehrgeizigen Kreolen Aufstiegsmöglichkeiten im Dienst des Königs.

Das Bildungswesen war ein weiterer Bereich, der durch die bourbonischen Reformen starkem Wandel unterlag. Seit ihrer Ankunft 1593 hatten die Jesuiten diesen Sektor dominiert. Die wichtigsten kolonialzeitlichen Denker Chiles wie der Geschichtsschreiber Alonso de Ovalle oder der Naturforscher Juan Ignacio Molina, später selbst Jesuit, hatten Jesuitenschulen absolviert. Im 18. Jh. sollte sich die Lage ändern, denn nun begann die Krone in diesem Sektor aktiv zu werden. Die Gründung der *Universidad de San Felipe* (1738), der höheren Bildungsanstalt *Convictorio Carolino* (1778) sowie der *Academia de San Luis* (1797) diente der Säkularisierung des Bildungswesens. Hinzu kamen wissenschaftliche Expeditionen, die Chilenen ins Ausland und bekannte Wissenschaftler nach Chile brachten. Akademische internationale Kontakte nahmen zu, so dass das Land neue Ideen erreichten. Dank der laxen Zensur konnten die aufklärerischen Schriften relativ ungestört zirkulieren. Der Geist der Aufklärung, der Vernunft und des Fortschritts hielt seinen Einzug und machte sich selbst im neoklassizistischen Baustil bemerkbar.

Der absolutistische Interventionismus bezog auch das Militär mit ein. Noch um die Mitte des 18. Jh. war der militärische Apparat in Chile aufgebläht und daher teuer. Der lang andauernde Krieg gegen die Araukaner mit seinen vielfältigen Rückschlägen und die stockende Auszahlung des Soldes, der umständlich aus Lima abgerufen werden musste, führten zu Demoralisierung und disziplinarischen Problemen. Die Reformmaßnahmen zielten daher auf eine Effizienzsteigerung und Verkleinerung des stehenden Heeres bei gleichzeitigem Ausbau der Milizen. Außerdem konnte durch die *Parlamentos* die direkte Kriegsgefahr abgeschwächt werden.

Die Reformen hatten allerdings ihren Preis. Insbesondere das Anziehen der Steuerschraube machte sich auch in Chile zunehmend bemerkbar. Ein königliches Tabakmonopol wurde ebenso eingeführt wie die *Contaduría Mayor*, eine Rechnungsbehörde zur Effektivierung der Steuereinziehung und zur Bekämpfung der Korruption. Diese Maßnahmen brachten Härten für die Bevölkerung, und es regte sich Widerstand, der allerdings im Gegensatz zu anderen Regionen des spanischen Kolonialreichs wie Neugranada und Peru moderat blieb und in gewissem Umfang erfolgreich war, da man der Krone einige Konzessionen abringen konnte. Außerdem wurde ein Großteil der Steuereinnahmen vor Ort in Chile in die Verteidigung und in öffentliche Bauten reinvestiert, die die Macht des absoluten Herrschers repräsentieren und dem Gemeinwohl dienen sollten. So legte man zahlreiche neue Städte an und baute Kranken- und Waisenhäuser sowie Straßen. Neue Gefängnisse waren Ausdruck der gestiegenen Bemühungen um öffentliche Sicherheit. Selbst das Postwesen wurde neu organisiert.

Die Auswirkungen der bourbonischen Reformen machten sich nicht über Nacht bemerkbar. Es war vielmehr ein gradueller Wandel, der sich über das 18. Jh. hinzog. Das Ergebnis war für Chile vergleichsweise positiv. Das Generalkapitanat hatte gegenüber dem Vizekönigreich Peru an Eigenständigkeit gewonnen. Die Verwaltung war besser organisiert denn je, und durch die Neuausrichtung der Schifffahrtswege und den Anschluss an die transatlantischen Kommunikationsnetze kam neuer Wohlstand ins Land. Angehörige der kreolischen Oberschicht besetzten überdurchschnittlich viele hohe Ämter im Stadtrat, der *Audiencia* und im Militär. Selbst die fiskalischen Härten fielen vergleichsweise gemäßigt aus. Die Lage Chiles, so schien es vielen Beobachtern, war um 1800 insgesamt gesehen besser als je zuvor.

Die Unabhängigkeit

Es mag daher auf den ersten Blick überraschen, dass Chile zu den Regionen Amerikas zählte, die bereits 1810 den Weg in die Unabhängigkeit einschlugen. Wie konnte es dazu kommen? Eine genauere Analyse der bourbonischen Reformen zeigt, dass die Maßnahmen ein Konfliktpotenzial in sich trugen, das in einem geeigneten Moment zu ernsten Problemen im Verhältnis zwischen Mutterland und Kolonie führen konnte.

Durch ihre zentralistische Tendenz bedeuteten die Reformen insgesamt einen Angriff des absolutistischen Staates auf die Privilegien und Ansprüche der lokalen Oberschicht, ob diese nun offiziell besiegelt waren oder schlicht als Gewohnheitsrecht betrachtet wurden. Ferner brachten einige Bestimmungen tiefe Einschnitte in die Lebensgewohnheiten der Kreolen. Besonders erwähnenswert ist in diesem Zusammenhang die Kirchenpolitik der Krone, die aus dem Anspruch des absolutistischen Gottesgnadentums heraus einen harten Konfrontationskurs einschlug. Eine einschneidende Erfahrung war die Ausweisung der Jesuiten aus Amerika 1767. In Chile waren rund 360 Patres davon betroffen, also ungefähr 40% des gesamten chilenischen Klerus, eine der höchsten Zahlen in ganz Hispanoamerika. Als Folge mussten die wichtigsten Bildungseinrichtungen geschlossen werden, die Kaderschmieden der kreolischen Eliten. Mit den Jesuiten gingen aber auch wichtige Geschäftsleute verloren. Letztlich entzog sich die Krone mit der Ausweisung des Ordens selbst eine wichtige Basis ihrer Legitimation.

Damit leistete sie einer Tendenz Vorschub, die sich um die Wende des 18. Jh. herauskristallisierte und wegen der Kohärenz der chilenischen Führungsschicht rasch gedieh. Es handelte sich um die Abschottung gegen Neuankömmlinge aus Spanien. Wie in anderen Teilen Amerikas grenzten sich die Kreolen Chiles zunehmend von den Europa-Spaniern ab, den *Peninsulares*, wie diese abwertend genannt wurden. Dies taten sie auf der Basis einer neuartigen regionalen Identität, die sich seit der Mitte des 18. Jh. entwickelt hatte. Man entdeckte das typisch Chilenische an der eigenen Region, die wie andernorts in Hispanoamerika mit dem Gebiet der *Audiencia* gleichgesetzt wurde. Aufgeklärte chilenische Denker wie Manuel de Salas beschrieben die Möglichkeiten und das Potenzial dieser Region und betonten die Eigenart und den spezifischen Wert im Vergleich zu anderen Landesteilen. Dabei waren im Fall Chiles die Faktoren, Kriegsgebiet und abhängig von Peru zu sein, von zentraler Bedeutung. Der Prozess der Bildung eines Bewusstseins, das sich eigens auf Chile bezog, ergänzte sich nahtlos mit dem Denken der Aufklärung, das durch den Absolutismus selbst gefördert worden war. Republikanische Überzeugungen verbreiteten sich nicht zuletzt unter dem Einfluss der atlantischen Revolutionen in den USA, Frankreich und Haiti. London wurde um die Jahrhundertwende zu einem Zentrum subversiver Kreise, die insbesondere der Venezolaner Francisco de Miranda zur Vorbereitung einer Unabhängigkeitsbewegung in Lateinamerika organisierte und an denen auch der junge chilenische Kreole Bernardo O'Higgins, ein unehelicher Sohn des königlichen Gouverneurs und späteren Vizekönigs von Peru, Ambrosio O'Higgins, teilnahm. In diesem Kontext entstanden die Voraussetzungen für einen revolutionären politischen Umbruch.

Bis 1810 kam es allerdings in Chile zu keinen größeren Rebellionen gegen die Kolonialmacht. Eine Umbruchsituation entstand erst nach einem Anstoß von außen. Die Ereignisse in Spanien 1808, die Besetzung des Landes durch Napoleon und die Einsetzung von dessen Bruder Joseph Bonaparte als König, der spanische Volksaufstand sowie die Guerillakämpfe gegen die französischen Besatzer schufen ein Machtvakuum in Amerika, das man auch in Chile spüren konnte. Nachdem sich im April und Mai 1810 zuerst in Caracas und dann in Buenos Aires Regierungsjuntas gebildet hatten, die die kolonialen Gouverneure ablösten und die Regierungsgewalt an sich nahmen, zog man in Chile am 18. September, dem heutigen Nationalfeiertag, nach.

Allerdings war an Unabhängigkeit noch nicht zu denken. Im Gegenteil: Der sechsköpfigen Junta, die auf Initiative des Stadtrats zustande kam, stand der kurz zuvor von der *Audiencia* zum Gouverneur ernannte Kreole Mateo de Toro y Zambrano als Präsident vor. Die Mitglieder schworen, das Vaterland anstelle des abgesetzten Königs Ferdinand VII. zu verteidigen, in dessen Namen zu regieren sowie den mittlerweile in Opposition zu Napoleon entstandenen Regentschaftsrat in Spanien als legitimen Vertreter Ferdinands anzuerkennen. Die Junta wollte im Amt bleiben, bis ein Kongress über das weitere Schicksal Chiles entschied. Vordergründig waren das eher konservative Handlungen, die dem Erhalt der bourbonischen Dynastie in Amerika dienen sollten. Auch das Pamphlet eines Unbekannten unter dem Pseudonym José Amor de la Patria mit dem Titel *Catecismo Político Cristiano*, das bereits einige Monate zuvor zirkulierte, zeigte in diese Richtung. Obwohl sich der Autor des berühmten Dokuments zur Monarchie bekannte, machte er deren Nachteile und die Vorzüge der republikanischen Regierungsform deutlich.

Diese Ambivalenz sollte in der Folgezeit noch klarer zum Ausdruck kommen, da die Ereignisse eine Eigendynamik entwickelten, die durch innere und äußere Faktoren verursacht wurden. Innerhalb der Junta drängte der Radikale Juan Martínez de Rozas auf eine Lösung von Spanien. Gleichzeitig kämpften die Vereinigten Provinzen des Rio de la Plata schon bald in Hochperu um die Unabhängigkeit, worauf die chilenische Junta Truppen zur Unterstützung anbot. So schienen nach einem gescheiterten Umsturzversuch der Royalisten im April 1811 in Santiago die Fronten geklärt.

Dennoch war der von den Stadträten des Landes gewählte Kongress, der im Juli 1811 – als einer der ersten in Amerika – in Santiago zusammentrat, nicht sofort zu einem radikalen Bruch bereit. In dieser Situation setzte sich der junge Offizier José Miguel Carrera an die Spitze der Regierung und ließ den Kongress im November wieder auflösen. Carrera zählte zu den Separationsbefürwortern. Unter ihm nahm die radikale Propaganda zu, die beispielsweise der Priester Camilo Henríquez in der von ihm gegründeten ersten chilenischen Zeitung *Aurora de Chile* verbreitete. Die Regierung ließ die Sklavenbefreiung und die Handelsfreiheit proklamieren. Basierend auf der Tradition der kolonialen *Audiencia*, wurde noch 1811 der erste Oberste Gerichtshof gegründet, der in allen späteren Verfassungsdokumenten als unabhängige Instanz vorgesehen war und als solche ein im lateinamerikanischen Vergleich hohes Ansehen genoss. Sogar eine Nationalflagge wurde eingeführt. Dennoch musste sich auch der Caudillo Carrera eingestehen, dass die royalistischen Strömungen in Chile nach wie vor stark waren und er nicht einmal die ungeteilte Unterstützung der revolutionären Fraktion genoss. Daher war Carreras provisorische Verfassung von 1812 ein Ausdruck der Unsicherheit und Unentschiedenheit hinsichtlich einer endgültigen Loslösung vom Mutterland und enthielt eine Loyalitätsbekundung gegenüber Ferdinand VII.

Dass die Royalisten keineswegs bereit waren, das Feld kampflos zu räumen, zeigte sich wenig später, als der Vizekönig von Peru Truppen zur Rückeroberung der rebellischen Provinz nach Süden entsandte. Von den Enklaven Chiloé und Valdivia aus führten die Royalisten ab 1813 ihren Feldzug gegen Zentralchile. Carrera, der eine neue Junta eingesetzt hatte, um sich ganz auf den Krieg konzentrieren zu können, gelang es nicht, den Angriff entscheidend zurückzuschlagen. Daraufhin setzte die Junta im Februar 1814 Bernardo O'Higgins als Oberbefehlshaber ein, der den spanischen Vormarsch erst einmal stoppen konnte. Im Vertrag von Lircay einigte man sich auf einen Kompromiss, wonach Chile eine autonome

Stellung innerhalb des Königreichs einnehmen sollte. Das bedeutete aber nur eine kurze Atempause, denn der Vizekönig erkannte den Vertrag nicht an. Während die Kreolen untereinander zerstritten waren – Carrera setzte im Juli 1814 die Regierung ab und lieferte sich Gefechte mit O'Higgins –, rückten erneut spanische Truppen vor. Dieses Mal waren sie erfolgreich und eroberten Chile wie auch große Teile Amerikas bis auf Argentinien zurück. Nach der Schlacht bei Rancagua (Oktober 1814) mussten sich die geschlagenen Patrioten unter ihren wieder versöhnten Führern Carrera und O'Higgins über die Anden zurückziehen. Die Phase der *Patria vieja* («Altes Vaterland») war damit beendet.

Mit der Rückkehr Ferdinands VII. nach Spanien begann auch für Chile eine Phase harter Restaurationspolitik. Der König ließ alle Reformen rückgängig machen, die *Audiencia* wieder einsetzen und die Republikaner gnadenlos verfolgen. Die Repressionen blieben nicht auf die Köpfe der Unabhängigkeitsbewegung beschränkt, sondern betrafen überdies die Unterschichten. Selbst harmlose Volksbelustigungen wurden verboten, weil die Spanier Tumulte befürchteten. Dies trieb viele Menschen der Guerilla in die Arme, die sich unter dem später zum Helden verklärten Manuel Rodríguez formierte und 1815/16 Widerstand leistete. Der Hass auf die spanischen Unterdrücker wuchs in diesen Jahren rasant, gleichzeitig verbreiteten sich Freiheitssymbole wie die «Panchita», das chilenische Pendant zur französischen «Marianne». Unterdessen entstand jenseits der Anden unter dem argentinischen General José de San Martín, der eng mit seinem Freund O'Higgins kooperierte, die so genannte «Andenarmee» zur Befreiung Chiles.

Der Mythos vom unbesiegbaren Araukaner wurde nun zu einem wichtigen Element bei der Mobilisierung für den Krieg gegen die Spanier und bei der Erfindung einer nationalen Tradition. Dabei bezogen sich die chilenischen Kreolen bezeichnenderweise nicht auf die zeitgenössischen, sondern nur auf die historischen Araukaner. Die Brutalität der spanischen Konquistadoren gegen die Indios übertrugen die Kreolen nun auf ihre eigene Situation. Sie identifizierten sich mit den misshandelten und versklavten Indianern, deren Mut und Tapferkeit nach Meinung der Unabhängigkeitkämpfer auf die chilenische Nation übergegangen waren und deren «demokratische» Standards und föderale Staatsform als vorbildlich gelobt wurden. Ercillas *La Araucana* avancierte zum Ursprungsmythos.

An der Jahreswende 1816/17 rückte das Befreiungsheer vor und schlug bei Chacabuco am 12. Februar 1817 die Royalisten. Da San Martín das ihm angetragene Amt des Staatschefs ablehnte, wurde O'Higgins zum *Supremo Director* (Oberster Direktor) des Landes bestellt. Am Jahrestag der Schlacht von Chacabuco 1818 ließ O'Higgins dann auch formell die Unabhängigkeit Chiles ausrufen. Einen erneuten Rückeroberungsversuch der Spanier konnte er am 5. April 1818 in der Schlacht von Maipú nahe Santiago abwehren. Die Befreiung Zentralchiles war damit gelungen, wohingegen sich im Süden der spanische Widerstand hartnäckig hielt. Erst als im Januar 1826 die spanische Garnison auf der Insel Chiloé die Waffen niederlegte, entfiel die letzte ernsthafte Bedrohung der chilenischen Unabhängigkeit. Dass sich die Spanier so lange behaupten konnten, lag auch an der Haltung, die die Mapuche zu diesem Krieg der *Huincas* einnahmen. Sie verstanden sich nämlich in der Regel nicht als Teil des von den Patrioten angestrebten unabhängigen Chile. Viele Mapuche kämpften gar unter Berufung auf die Abmachungen des *Parlamento* von 1803 und in Erkenntnis des bedrohlichen Landhungers der kreolischen Kolonisten für den Erhalt der spätkolonialen Übereinkünfte und damit in einem mit besonderer Brutalität geführten Kampf, der *Guerra a muerte*, für die Sache des Königs.

Die Unabhängigkeit, die Chile 1818 erreicht hatte, zeichnete sich im lateinamerikanischen Vergleich durch diverse Besonderheiten aus. Einige Faktoren, die andernorts nach dem Erreichen der Unabhängigkeit zu Verwerfungen führten, spielten eine vergleichsweise untergeordnete Rolle. Dazu zählte etwa der Regionalismus. Zwar gab es während der Kämpfe einige royalistische Hochburgen, doch handelte es sich nicht um strukturelle Gegensätze. Mit dem Ende des spanischen Widerstands wurden die regionalen Antagonismen beigelegt. Auch die Interessengegensätze zwischen produzierendem Gewerbe und Importhandel waren nur gering ausgeprägt. Größere soziale und ethnische Umbrüche fanden nicht statt. Vor diesem Hintergrund blieb die in relativ hohem Maße kohärente chilenische Oberschicht die bestimmende Kraft. Wichtig war aber die große Bedeutung, die dem militärischen *Caudillismus* zukam. Chile war eine der am stärksten militarisierten Regionen des spanischen Kolonialreichs, wie sich im Verlauf der Kriegsjahre wiederholt gezeigt hatte. So gab es eine große Zahl militärisch erfahrener Männer, die sich für den Kampf gegen Spanien einsetzten, aber auch politische Macht für sich beanspruchten. Das brachte Rivalitäten mit sich, die sich in der Folgezeit mit aller Deutlichkeit zeigen sollten.

Konsolidierung und territoriale Expansion (1818–1883)

Chile hatte die Unabhängigkeit weniger durch einen Akt nationaler Emanzipation oder durch eine sozial bzw. ethnisch motivierte Revolution als durch die Entschlossenheit der Oberschicht gewonnen, die eine günstige historische Konjunktur genutzt hatte. Am Beginn des unabhängigen Chile stand kein ausgefeiltes republikanisches Programm, es handelte sich vielmehr um eine Entwicklung, die durch ihre Eigendynamik geprägt war. Die Anfänge des republikanischen Lebens standen denn auch in der Kontinuität der Kolonialzeit. Von einer Nation, mit der sich alle Einwohner des Landes identifizieren konnten, war man noch weit entfernt. Die formativen Jahre der chilenischen Republik waren zum einen geprägt durch die Bemühungen um politische Konsolidierung und soziale Beharrung sowie zum anderen durch einen starken Hang zur territorialen Expansion auf Kosten der Nachbarn sowohl im Norden als auch im Süden.

Lehrjahre der Republik

Die *Patria nueva*, wie die Zeitgenossen das endgültig unabhängige Chile zur Abgrenzung von der ersten Phase der Unabhängigkeit nannten, hatte eine schwere Erblast zu tragen, denn die wirtschaftlichen Kosten der zurückliegenden achtjährigen Befreiungskriege waren hoch und im Süden dauerte der Guerillakrieg, die *Guerra a muerte*, noch einmal acht Jahre an. Bis 1818 war es trotz der Bemühungen der Handelskreise und trotz der Freihandelserklärung während der *Patria vieja* zu Einbrüchen gekommen. Das war zum einen darauf zurückzuführen, dass mit Peru der bis dahin einzige Markt für den Hauptausfuhrartikel Getreide entfiel, zum anderen, dass der Seehandel durch die Kriegswirren mit erheblichem Risiko behaftet war. Das wirkte sich negativ auf die landwirtschaftliche

Produktion in Chile aus und führte gleichzeitig zu Versorgungsengpässen.

Erst nachdem sich in den internationalen Beziehungen wieder Sicherheit eingestellt hatte, konnte der Außenhandel sich erholen. Der peruanische Markt erfuhr eine Belebung, wenngleich er nicht wieder die Bedeutung der Kolonialzeit erlangen sollte. Der Austausch mit Ländern wie England, Frankreich und den Vereinigten Staaten wuchs dagegen in diesem frühen Zeitraum rapide an. Chile wurde wie ganz Lateinamerika zum Lieferanten von Rohstoffen und zum Abnehmer von Fertigprodukten. Als internationaler Umschlagplatz für den Pazifikhandel gewann die Hafenstadt Valparaíso an Bedeutung. Zunehmend wickelten ausländische Kaufleute den Handel ab, eine besondere Rolle spielten dabei von Beginn an Engländer. Sie konnten sich relativ mühelos in die chilenische Gesellschaft integrieren. Dank ihres finanziellen und kulturellen Kapitals genossen sie hohes Ansehen und nahmen bald wichtige Positionen im öffentlichen Leben ein.

O'Higgins begrüßte das Vordringen der Ausländer im Geschäftsleben nicht uneingeschränkt. Er erkannte richtig, dass die billigen ausländischen Fertigwaren einheimische Anbieter verdrängten. Chilenische Handwerksbetriebe und Produzenten hatten in der Tat einen schweren Stand. Daher ergriff O'Higgins einige protektionistische Maßnahmen, um das Gewerbe zu schützen und gleichzeitig die staatlichen Einnahmen zu steigern. Das war auch bitter nötig, denn vor allem der Militärhaushalt – Chile unterstützte aktiv die Befreiung Perus – verschlang immense Summen. 1822 nahm die Regierung daher in London eine Anleihe auf – der Beginn der Auslandsverschuldung des Landes.

Besonders die Landwirtschaft hatte unter dem Krieg gelitten. Auch nach 1818 waren Requisitionen in der *Guerra a muerte* im Süden weiter an der Tagesordnung. Erst gegen Ende der 1820er Jahre trat wieder eine Stabilisierung ein. Im Gegensatz dazu hatte der Bergbau die Kriegsphase relativ unbeschadet überstanden, waren die Minen im Norden des Landes doch weit genug vom Geschehen entfernt. In diesem Bereich investierten nun ausländische Unternehmer, die mit der Zunahme der weltweiten Nachfrage nach Kupfer rechneten. Sie führten neue Technologien ein, konnten sich aber zunächst nicht dauerhaft halten.

Zeigten sich im wirtschaftlichen Bereich mehr Kontinuitäten als Brüche im Übergang von der Kolonie zur Republik, so galt dies ebenso für die Struktur der Gesellschaft. Die Unabhängigkeit war in erster Linie ein Werk der Oberschicht, auch wenn es in ihr durchaus zahlreiche Royalisten gegeben hatte. In einem symbolischen Akt schaffte man daher nun die Adelstitel ab. Der Kern der Elitenfamilien blieb erhalten und ergänzte sich u. a. aus Einwanderern. Die Unterschichten, die sich zunächst kaum mit den Kämpfen identifiziert hatten, wurden über die Guerilla des Manuel Rodríguez und dann in der *Guerra a muerte* stärker in den Krieg hineingezogen, dessen zerstörerische Auswirkungen sie ohnehin in der Hauptsache tragen mussten.

Eine der Folgen der Mobilisierung der Bevölkerung in den Grenzgebieten war ein Banditenunwesen (*Bandoleros*), das sich weit über das Ende der Unabhängigkeitskriege fortsetzte. Banden wie die der Gebrüder Pincheira (1819–1833) sorgten dafür, dass das Leben auf dem Land lange Zeit unsicher blieb. Phasenweise erreichten sie in einzelnen Regionen eine Machtstellung, die sich durchaus mit der der *Hacendados* messen konnte. In manchen Fällen pressten sie diesen sogar Schutzgelder ab. In der Vorstellungswelt der ländlichen Unterschichten spielten die Banditen eine wichtige Rolle. Obwohl man ihre Brutalität fürchtete, wurden Verbrecher wie Pancho Falcato in Liedern und Gedichten aufgrund ihres vermeintlich freien Lebens, ihres Widerstands gegen die Oberschichten und ihres oftmals gewaltsamen Endes zu Legenden verklärt. Die Orte, an denen diese Banditen ihr schlimmer Tod (*Mala muerte*) ereilt hatte, verwandelten sich in einigen Fällen geradezu in Objekte der Volksfrömmigkeit.

Trotzdem begann das republikanische Leben durchaus mit optimistischem Elan. Die Verfassung von 1822 sah die Gleichheit aller Chilenen vor dem Gesetz vor. Die Abschaffung der Sklaverei wurde bestätigt. Den indigenen Völkern hatte Bernardo O'Higgins schon 1819 per Dekret alle Rechte und Freiheiten des *Ciudadano chileno* (chilenischen Bürgers) und die Aufhebung der Tribute sowie aller Formen des Arbeitszwangs zugesichert. Die *Pueblos de indios* hatte man schon 1813 abgeschafft. Der Grundgedanke war, die Einheit aller Chilenen – und dazu zählte man eben auch die indigenen

Bewohner im Süden des Landes – zu etablieren und damit eine Nation zu schaffen.

Der Klerus, eine Hochburg der Royalisten, sah sich Angriffen ausgesetzt, da der chilenische Staat die Prärogative der Krone im kirchlichen Sektor beanspruchte. U. a. musste die Kirche in den 1820er Jahren die Konfiskation der Ordensgüter hinnehmen. Die finanziellen Ressourcen nahmen ebenso ab wie die Zahl der Priester. Im Großen und Ganzen behielt die Kirche aber eine mächtige Rolle in der Gesellschaft. Alle Verfassungen dieser Zeit sahen die katholische Religion als Staatsreligion vor, und nur langsam konnte sich die Idee der Religionsfreiheit durchsetzen. Wiederholt fiel die Intensität der Volksfrömmigkeit europäischen Reisenden auf, die die Paralysierung des öffentlichen Lebens an den zahlreichen kirchlichen Feiertagen irritiert zur Kenntnis nahmen.

An sozialreformerischem Eifer mangelte es in dieser nationalen Aufbruchphase nicht. Im Glauben an die Gestaltungskraft der Gesetze ergriff man nun zahlreiche Maßnahmen, um das Leben im aufgeklärten Sinn zu verbessern. Bestimmte Volksbelustigungen (Hahnen- und Stierkämpfe etc.) wurden verboten. Die Nationalbibliothek, die bereits während der *Patria vieja* gegründet worden war, öffnete wieder ihre Pforten. Neue Bildungseinrichtungen wie das *Liceo de Chile* wurden geschaffen. O'Higgins persönlich zeichnete den Plan für die neue Prachtstraße der Hauptstadt, die *Alameda* (1820), die heute seinen Namen trägt.

Die Entwicklungen basierten auf einem grundlegenden politischen Wandel. Schon die Verfassung von 1812 hatte ja die Prinzipien der Volkssouveränität und der repräsentativen Regierung eingeführt. Nach dem Übergang der Regierungsgewalt an Bernardo O'Higgins (1817–1823) setzte dieser 1818 eine autoritäre Übergangsverfassung durch, durch die er zum *Supremo Director*, zum Staatschef, aufstieg. Immerhin wurde die unabhängige Justiz wieder eingeführt, und der Senat bildete ebenfalls ein Gegengewicht zur Exekutive, auch wenn O'Higgins die Mitglieder bestimmte. Da die äußere Bedrohung zu diesem Zeitpunkt im Wesentlichen gebannt war, setzte die traditionelle Oligarchie dem Emporkömmling und Freimaurer O'Higgins Widerstand entgegen. 1822 ließ dieser eine vollständige Verfassung ausarbeiten. Sie sah eine Gewaltenteilung mit einem Zweikammerparlament und eine Regierung mit drei

Ministerien vor. Umstritten war der Plan von O'Higgins, seine Regierungszeit um weitere zehn Jahre zu verlängern. Dieses Vorhaben gab 1823 Anlass zu einem Putsch durch General Ramón Freire.

Nach O'Higgins' Abdankung blieb die politische Lage bis 1830 instabil. Unter seinen Nachfolgern, den als liberal geltenden Generälen Freire (1823–1826) und Francisco Antonio Pinto (1827–1829), brachte man erneut Verfassungsprojekte auf den Weg. Die von dem Intellektuellen Juan Egaña geschriebene Verfassung von 1823, die so genannte *Constitución moralista*, war in der Praxis unbrauchbar und wurde schon Ende 1824 wieder ausgesetzt. Zwei Jahre später kam es zu einem föderalistischen Verfassungsexperiment, das gewählte gesetzgebende Körperschaften in den damals acht Provinzen vorsah. Doch auch dieser Versuch scheiterte. Aufgrund der instabilen Lage trat 1828 schon die vierte Constituante innerhalb von fünf Jahren zusammen. Die liberale Verfassung, die sie produzierte, stieß auf die Ablehnung unterschiedlicher politischer Gruppierungen innerhalb der Oberschicht. Die Spaltung in die Lager der Liberalen (*Pipiolos*) und Konservativen (*Pelucones*) wurde immer deutlicher. Regionale Unruhen und die Disziplinlosigkeit der Armee schufen eine bedrohliche Situation, und als es im September 1829 zu Unstimmigkeiten um die Wahl des Vizepräsidenten kam, entbrannte der Bürgerkrieg. Darin setzten sich in der Schlacht von Lircay am 18. April 1830 die Konservativen durch.

In der konservativen chilenischen Geschichtsschreibung des 20. Jh. wurde die formative Phase von 1818 bis 1830 oft als Periode der Anarchie interpretiert, um sie negativ von der Stabilisierung abzuheben, die folgte. In der Tat war dieser Zeitraum geprägt von tastenden Versuchen zur Etablierung einer neuen institutionellen Ordnung. Diktatorische, föderalistische und idealistische Modelle bewährten sich nicht. Allerdings sammelte man zu dieser Zeit wichtige politische Erfahrungen, und, was noch schwerer wiegt, die republikanische Grundordnung wurde nicht mehr ernsthaft in Frage gestellt. Problematisch waren der Hang zum Personalismus und die starke Rolle des Militärs. Die Reformversuche dieser Jahre schufen die Grundlagen für die politische Konsolidierung, die nun folgen sollte.

Diego Portales und die konservative Vorherrschaft

Nach dem Sieg von Lircay beherrschten die Konservativen bis ca. zur Jahrhundertmitte unumstritten das Land. Mit ihnen kam eine der schillerndsten und in der Historiographie umstrittensten Gestalten der chilenischen Geschichte an die Schalthebel der Macht. Diego Portales, der umtriebige Minister des Präsidenten General Joaquín Prieto (1831–1841), legte die Basis für ein autoritäres politisches System, das von späteren Generationen zum Ideal verklärt werden sollte.

1831 begann ein Verfassungskongress, der 1833 mit der «portalianischen» Verfassung ein Grundgesetz schuf, das sich als äußerst langlebig erweisen sollte. In formaler Hinsicht handelte es sich um ein am US-amerikanischen Vorbild orientiertes, zentralistisches Präsidialsystem mit Gewaltenteilung. Die Wahl des Präsidenten sollte alle fünf Jahre stattfinden. Aufgrund der Möglichkeit zur einmaligen direkten Wiederwahl kam es in der Folgezeit bis 1871 zu den charakteristischen Präsidentschaftsjahrzehnten. Nicht nur daran zeigte sich das eindeutige Übergewicht, das der Präsident in diesem politischen System besaß. Das Parlament, das aus Senat und Abgeordnetenhaus bestand, war ursprünglich durchaus als Gegengewicht gedacht und musste über Haushalt und Steuern befinden, hatte hier also ein Druckmittel in der Hand. In der Praxis war die Volksvertretung bis zur Jahrhundertmitte aber vor allem durch das Wahlsystem vom Präsidenten abhängig. Da dieser über die direkt von ihm ernannten Provinzintendanten die Verwaltung bis in die abgelegensten Winkel Chiles kontrollierte und ihm darüber hinaus die Mittel des Stimmenkaufs und der Ämtervergabe an seine Gefolgsleute zur Verfügung standen, war seine Stellung übermächtig. Eine Opposition konnte sich daher weder im Senat noch im Abgeordnetenhaus entwickeln. Das Parlament gab dem Staatsoberhaupt vielmehr durch die so genannten Notstandsgesetze über lange Jahre ein Werkzeug in die Hand, mit dem es sich selbst entmachtete.

Die Teilhabe am politischen Prozess blieb in der hierarchisch gegliederten Gesellschaft Chiles im 19. Jh. auf eine dünne Schicht oligarchischer Familienclans beschränkt. Die konservative Verfassung verschärfte diese Tendenz ab 1833. Nach ihren Bestimmungen hatten Männer das indirekte Wahlrecht, die mindestens 21 Jahre alt waren und bestimmte Besitzkriterien erfüllten. Wahlberechtigt war eine – ab den 1840er Jahren auch nach Schreib- und Lesefähigkeit ausgewählte – verschwindende Minderheit der Bevölkerung. Hinzu kam, dass der Wahlbetrug seitens der Exekutive intensiv gepflegt wurde. Wahlanmeldungen (*calificaciones*) wurden teils regelrecht gehandelt. Angesichts derartiger Verhältnisse trat die Opposition in vielen Fällen gar nicht erst zur Wahl an. Repressionsmaßnahmen gegen die politischen Gegner sicherten die portalianische Verfassung ab. Paramilitärische *Guardias cívicas* (Bürgergarden) sorgten für Ruhe und stellten sich Eingriffen des Militärs oder einzelner Caudillos in die Politik entgegen. Über drei Jahrzehnte erwies sich das System insgesamt als vergleichsweise anpassungsfähig und stabil. Damit hob sich Chile von den lateinamerikanischen Schwesterrepubliken positiv ab und galt (und verstand sich selbst) bald als Modellrepublik des Subkontinents.

Das bedeutete jedoch nicht, dass die innenpolitische Entwicklung störungsfrei verlaufen wäre. Unzufriedenheit gab es innerhalb des konservativen Lagers, die Liberalen spielten nach den Verfolgungen lange keine Rolle mehr. Allerdings gelang es Portales, Aufstände im Keim zu ersticken. Geschickt lenkte er von den inneren Problemen ab, indem er das Land in ein außenpolitisches Abenteuer stürzte. Trotz der chilenischen Beteiligung an der Befreiung Perus von den Spaniern waren die Beziehungen zum Nachbarland gespannt, da dieses die Rückzahlung ausstehender Schulden verweigerte. 1836 vereinigten sich Peru und Bolivien zu einer Konföderation, die man in Chile als Bedrohung wahrnahm. Als dann noch im Juli 1836 General Freire einen Umsturzversuch von peruanischem Boden aus unternahm, lag der Kriegsgrund vor. Im Inneren stieß der Krieg jedoch auf Widerstand. Portales setzte daraufhin drastische Maßnahmen im Rahmen einer Notstandsgesetzgebung durch. Das provozierte 1837 einen Putschversuch, dem Portales am 6. Juni zum Opfer fiel. Der chilenische Feldzug in Peru war nicht frei von Rückschlägen. Erst in der Schlacht von Yungay gelang General Manuel Bulnes am 20. Januar 1839 schließlich der entscheidende Sieg. Portales' Rechnung war damit aufgegangen: Die Stellung des konservativen Regimes war durch den Triumph ebenso gestärkt wie das Prestige nach außen hin.

Portales' Erben profitierten zunächst von dieser Konstellation. Als Prieto 1841 als Präsident abtrat, war Bulnes ein naheliegender Nachfolger. Sein versöhnlicher innenpolitischer Stil hatte zur Folge, dass die Liberalen wieder in das öffentliche Leben integriert wurden. Allerdings war auch Bulnes' Amtszeit nicht frei von Spannungen. Im Zusammenhang mit den Vorbereitungen zu seiner Wiederwahl kam es 1845 zu Unruhen, die zur Ausrufung des Belagerungszustands führten. Im Gefolge der Revolution in Frankreich spitzte sich 1848 der Widerstand gegen das konservative Regime erneut zu. Mit dem Historiker José Victorino Lastarria verfügten die Liberalen zwar über eine Führungspersönlichkeit, die sich aber letztlich noch nicht durchsetzen konnte. Daneben entstand auf Initiative der jungen Publizisten Santiago Arcos und Francisco Bilbao 1850 die *Sociedad de la Igualdad* (Gleichheitsgesellschaft), die sich vor allem an die Handwerker richtete und gemeinsam mit den Liberalen gegen die konservative Vorherrschaft demonstrierte.

Im Kontext der Präsidentschaftswahl von 1851 spitzte sich die Lage zu, als man in Concepción einen liberalen Gegenkandidaten zu dem konservativen Hardliner Manuel Montt ausrief und dessen Wahlsieg wenig später anzweifelte. Kaum hatte Montt im September sein Amt angetreten, brach in La Serena eine liberale Revolte aus, der sich Concepción und später Copiapó anschlossen. In dieser krisenhaften Situation rettete der gerade erst in den Ruhestand getretene Bulnes die konservative Vorherrschaft.

Die konservativen Präsidentschaften zeichneten sich durch einen ausgeprägten staatlichen Interventionismus und Nationalismus aus. Bereits unter Portales hatte der Finanzminister Manuel Rengifo umfassende Steuer- und Handelsreformen umgesetzt, die die Grundlagen für einen Wirtschaftsboom schufen. Die Förderung des Nationalbewusstseins war ein erklärtes Ziel von Portales und seinen Nachfolgern, wobei man sich an europäischen und US-amerikanischen Modellen orientierte. Passive Untertanen sollten in überzeugte Staatsbürger verwandelt werden. Das war nicht leicht, denn die rund eine Million Menschen, die um 1830 in Chile lebten, waren regional sehr ungleich verteilt. Ein Großteil der im zentralen Landesteil lebenden Mehrheit verfügte kaum über klare Vorstellungen von den Gebieten im fernen Süden oder Norden. Einen gewissen Wandel brachte der Krieg von 1836, der gemeinschaftsstiftend wirkte. Diego Portales sprach in diesem Zusammenhang gar von einer zweiten Unabhängigkeit Chiles. Allerdings steckte das nationale Projekt auch um die Mitte des 19. Jh. noch in seinen Anfängen.

Das lag nicht zuletzt daran, dass sich gesellschaftlich wenig änderte. Immerhin entstand eine dünne städtische Mittelschicht aus Beamten, Offizieren, Ingenieuren und Handwerkern. Diese speiste sich auch aus Einwanderern, zu denen etwa der wichtige aus Venezuela stammende Wissenschaftler Andrés Bello zählte, der 1829 ins Land kam. Bello, der damals wichtigste Denker Lateinamerikas, erhielt die chilenische Staatsangehörigkeit und wurde 1843 Gründungsrektor der neuen *Universidad de Chile*, die die koloniale *Universidad de San Felipe* ersetzte. Das bedeutete einen Neuanfang unter modernen Vorzeichen. Neben Bello zog es in diesem Zeitraum noch diverse Naturwissenschaftler und Künstler wie den Franzosen Claude Gay (1828–1842), den Engländer Charles Darwin (1832–1835), die Deutschen Eduard Poeppig (1827–1829) und Johann Moritz Rugendas (1834–1845) sowie den Polen Ignacio Domeyko (ab 1838) nach Chile.

Bis auf Bello und Domeyko waren die Aufenthalte befristet. Allerdings wünschte man sich in Chile wie in anderen Ländern Lateinamerikas eine permanente Einwanderung aus Europa, um den eigenen Unterschichten die vermeintlich fleißigen Europäer als Vorbild vorzuführen. Da das Land in der Zentralregion in den Händen von Großgrundbesitzern war, sollten Einwanderer im Süden im Gebiet der Araukaner angesiedelt werden. Der deutsche Naturforscher Bernhard Philippi (1811–1852) arbeitete zu Beginn der 1840er Jahre einen Kolonisationsplan für deutsche Siedlungen in dieser Region aus. Als chilenischer Einwanderungsagent warb er ab 1848 in offiziellem Auftrag Immigranten an. Bis 1860 kamen rund 3000 Deutsche und leisteten in der Wildnis des Südens Pionierarbeit. In die chilenische Gesellschaft waren sie kaum integriert.

Soziale Marginalisierung war das Los der armen Landbevölkerung der Kleinpächter und Tagelöhner, die noch immer den bei weitem größten Teil der Bewohner stellte. Während sich die Existenzbedingungen für die *Inquilinos* in diesem Zeitraum durch den Druck der *Hacendados* und des Staates verschlechterten, stieg die Zahl der *Peones*, von denen sich einige nun dauerhaft als Knechte auf den Haciendas niederließen. Andere wanderten in die Städte ab, wo sie die Zahl der dortigen Arbeiter, der *Rotos*, wie sie abschätzig genannt wurden, verstärkten. Wieder andere zog es weiter in den Norden, in den expandierenden Bergbau, wo höhere Löhne zu erzielen waren, wenngleich unter viel härteren Lebensbedingungen. Insgesamt blieb die Unterschicht vom nationalen Geschehen ebenso ausgeschlossen wie vom Wohlstand. Dieser konzentrierte sich weiterhin in den Händen einiger weniger, die ihn mehr denn je zur Schau stellten, indem sie sich mit aus Europa importiertem Luxus schmückten. Für die armen Landsleute hatte diese Oberschicht nur Verachtung übrig.

Sie konnte es sich leisten, denn die Wirtschaft boomte in diesem Zeitraum. Der Außenhandel wuchs weiter, und Valparaíso stieg zum führenden Hafen an der Südpazifikküste auf. Das lief parallel zur Beschleunigung des Seeverkehrs durch die Einführung von Dampfschiffen ab den 1850er Jahren. Die Verbindungen mit England wurden dadurch noch enger. Englische Direktinvestitionen kamen ins Land, und neue Anleihen wurden in London aufgelegt. Die Reisedauer zu Lande wurde durch den Bau der Eisenbahn entscheidend verkürzt. Mit Hilfe US-amerikanischer Ingenieure wie William Wheelwright und Henry Meiggs entstand nicht nur die erste größere Linie Lateinamerikas (Copiapó – Caldera, 1851), sondern auch die wichtige Strecke von Santiago nach Valparaíso (1852–1863) sowie die *Ferrocarril del Sur*, die Südeisenbahn. Wheelwright war auch die treibende Kraft beim Aufbau der ersten chilenischen Telegraphenverbindung zwischen Santiago und Valparaíso (1852).

1832 entdeckte man bei Chañarcillo im *Norte Chico* große Silbervorkommen. Edelmetalle und Kupfer bildeten in der Folgezeit die Grundlage exorbitanter Vermögen. Der «kleine Norden» entwickelte sich zur Wachstumsregion schlechthin. Die Region war auch der wichtigste Absatzmarkt für die Landwirtschaft Zentralchiles, die ab 1848 für einige Jahre vom Goldrausch in den USA profitierte. Ab Mitte der 1860er Jahre exportierten Chilenen darüber hinaus ein Jahrzehnt lang erfolgreich Getreide nach England, ehe US-amerikanische Konkurrenten sie verdrängten. Selbst auf dem industriellen Sektor gab es Entwicklungsansätze, zählte man in den 1870er Jahren doch bereits über 100 Industriebetriebe, die sich vor allem auf die Lebensmittelherstellung konzentrierten. Insgesamt blieben die Produktionsweisen in der Regel allerdings primitiv. Trotz aller äußerer Anzeichen des Fortschritts war Chile bis in die 1860er Jahre noch immer eine vergleichsweise arme Gesellschaft. Wie europäische Reisende berichteten, waren Städte wie Valparaíso und Santiago noch sehr provinziell und zurückgeblieben.

Auch im politischen Leben blieben traditionelle Strukturen dominant. Während Montts Präsidentschaft (1851–1861) konnten die Brüche, die sich im Bürgerkrieg von 1851 aufgetan hatten, aber nur noch mühsam unterdrückt werden. Über die Frage der Beziehungen zwischen Staat und Kirche kam es um die Mitte der 1850er Jahre zu Spannungen unter den Konservativen. Eine Fraktion näherte sich nun den Liberalen an, so dass man im Januar 1858 eine formelle Allianz ins Leben rief, die so genannte *Fusión Liberal-Conservadora*. Die Gründung war auch eine Reaktion auf die «Nationale Partei», die die Montt-treuen Konservativen schon im Dezember des Vorjahres geschaffen hatten. 1858/59 hatte sich der Gegensatz zwischen Konservativen und Liberalen so weit zugespitzt, dass es erneut zu einem Bürgerkrieg kam. Dieses Mal hielt die Armee treu zum Präsidenten. Wiederum konnten sich die Konservativen durchsetzen.

Dieser Sieg läutete jedoch auch das Ende der unumstrittenen konservativen Vorherrschaft ein. Der neue Präsident José Joaquín Pérez (1861–1871) zeigte sich wesentlich konziliánter als sein Vorgänger Montt. Noch 1861 erließ er eine umfassende Amnestie, die den zahlreichen Exilanten der Bürgerkriegsjahre die Rückkehr nach Chile ermöglichte. Einige Rückkehrer gründeten 1863 die Radikale Partei als Abspaltung von den Liberalen. Mit der *Fusión*, der Nationalen Partei und den Radikalen hatten sich erstmals politische Parteien eines neuen Typs herauskristallisiert, die sich von den traditionellen Clubs diverser Fraktionen der Grund besitzenden Elite aus der Anfangsphase der Republik unterschieden. Um Parteien im modernen Sinn einer landesweiten Interessenvertretung handelte es sich allerdings noch nicht.

1864 sollten die innenpolitischen Verwerfungen noch einmal hinter einer außenpolitischen Herausforderung zurücktreten. Im Zusammenhang mit einer spanischen Strafexpedition gegen das Nachbarland Peru kam es zu diplomatischen Spannungen, die 1865 in einem Krieg Chiles gegen das alte Mutterland gipfelten. Abgesehen von der Zerstörung Valparaísos durch ein spanisches Bombardement im März 1866 war dieser Krieg relativ ereignislos, wurde aber erst 1883 offiziell beigelegt. Die Kosten waren für Chile durch den Verlust der Handelsflotte sowie der staatlichen Lagerhäuser in Valparaíso sehr hoch. Die kurze nationale Euphorie, die die Auseinandersetzung auslöste, konnte nicht darüber hinwegtäuschen, dass die Reformer nun immer lautstärker ihre grundlegenden Forderungen nach politischem Wandel anmeldeten.

Blickt man auf die vier Jahrzehnte währende konservative Vorherrschaft als Ganzes, so ergibt sich ein ambivalentes Bild. Die portalianische Ordnung hatte in der Tat eine Zurückdrängung der Militärs alter Schule aus der aktiven Politik zur Folge, und die Helden der Unabhängigkeitskämpfe spielten keine Rolle mehr. Zwar bekleideten Generäle das Präsidentenamt, wurden aber im Hintergrund durch starke Minister gesteuert. Die Institutionalisierung dieser Ordnung führte zum Bedeutungsverlust des Personalismus. Die Stabilität war aber relativ, kam es doch wiederholt zu bürgerkriegsartigen Zuständen, in denen sich das Militär durchaus entscheidend in die Politik einmischte. Trotz der Bürgerkriege konnte die alte Oberschicht auch dank der günstigen wirtschaftlichen Konjunktur ihre Kohärenz und ihren unangefochtenen Führungsanspruch in der Gesellschaft aufrechterhalten. Gleichzeitig machten sich jedoch erste Anzeichen sozioökonomischen Wandels bemerkbar.

Kultureller Wandel und Aufstieg der Liberalen

Trotz der Langlebigkeit der portalianischen Ordnung waren seit der Jahrhundertmitte Veränderungen in Chile erkennbar, die in eine neue Richtung wiesen. Die Modernisierungsansätze, die sich unter der konservativen Vorherrschaft andeutungsweise gezeigt hatten, sollten in der Umbruchdekade der 1870er Jahre sowohl in kultureller als auch in politischer Hinsicht eine Vertiefung erfahren. Dieses Jahrzehnt stand im Zeichen des aufsteigenden Bürgertums, das einen wachsenden Anteil unter den rund zwei Millionen Chilenen ausmachte (Stand 1875), von denen nun schon rund jeder Zehnte in der Hauptstadt lebte. Dieses Bürgertum drängte zunehmend auf politische Partizipation.

Die Verfassung von 1833 war das Symbol der konservativen Ära schlechthin. Erst mit der Kongresswahl von 1870, also nach rund 40 Jahren, kam es zu grundlegenden Verfassungsreformen. Das Verbot der direkten Wiederwahl des Präsidenten war eine entscheidende Neuerung. Damit hatte die Phase der Präsidentschaftsdekaden ein Ende, und mit Federico Errázuriz (1871–1876) bekleidete erstmals wieder ein Liberaler das höchste Staatsamt. Schärfer als zuvor taten sich nun die Gegensätze zwischen Konservativen und Liberalen auf. Die *Fusión Liberal-Conservadora* zerbrach, eine Koalition aus Liberalen und Radikalen trat an ihre Stelle.

Streitpunkte waren die Frage der Säkularisierung und die Ausweitung des Wahlrechts. Die Beziehungen zwischen Staat und Kirche waren aufgrund der Schulfrage gespannt. Die laizistische Weltsicht setzte sich immer mehr durch. Die Kirche und ihre konservativen Unterstützer reklamierten die Lehr- und Prüfungsfreiheit für Privatschulen, die zum großen Teil katholisch waren. Demgegenüber wollten neben den Liberalen auch die Nationale und die Radikale Partei die staatliche Kontrolle insbesondere im Prüfungswesen. Der Direktor des *Instituto Nacional*, der Historiker Diego Barros Arana, setzte sich dafür mit Nachdruck ein. Weitere Streitpunkte taten sich in der Frage der Zivilehe, der Zulassung nicht katholischer Begräbnisse auf öffentlichen Friedhöfen sowie bei der Justizreform auf. Gegen den Widerstand der Konservativen konnte sich die Regierung in diesen Belangen durchsetzen. Hier hatte sich eine Bruchlinie aufgetan, die noch lange die chilenische Innenpolitik belasten sollte.

Mit der Wahlrechtsfrage befasste sich die Regierung Errázuriz 1874, allerdings ohne einen radikalen Wandel zu bewerkstelligen. Immerhin kam es zur Ausweitung des Wahlrechts auf alle Männer im Alter von mindestens 21 Jahren, die lesen und schreiben konnten, was den größten Teil der Bevölkerung nach wie vor ausschloss. Wahlbetrug wurde durch die Reform schwieriger, doch Korruption und amtliche Einmischung in den Wahlvorgang blieben an der Tagesordnung. Immerhin wurde mit dem Gesetz von 1874 auch ein neues Wahlsystem eingeführt, durch das die Opposition eine fairere Chance auf Mandate bekam. Darüber hinaus schränkte der Kongress die Macht des Präsidenten u. a. durch die Einführung der Direktwahl zum Senat ein. Bestimmend blieb das Amt des Staatsoberhaupts, das zwischen 1876 und 1881 der Liberale Aníbal Pinto innehatte, im politischen Prozess dennoch.

Pinto hatte sich im Wahlkampf gegen Benjamín Vicuña Mackenna, den ehemaligen Oberbürgermeister der Hauptstadt, durchgesetzt, dessen Name aufs Engste mit der Modernisierung des Stadtbilds Santiagos verbunden ist. In der Tat waren diese in relativ kurzer Zeit durchgeführten Maßnahmen der Stolz des Bürgertums. Gasbeleuchtung, öffentliche Parks und Straßenbau veränderten das Gesicht der beiden wichtigsten Städte Valparaíso (das um 1875 100 000 Einwohner zählte) und Santiago (ca. 150 000). Mit Hilfe französischer Architekten errichtete man öffentliche Gebäude im neuesten Stil. Wie in anderen Metropolen Lateinamerikas strebte man zu dieser Zeit auch in Chile danach, Europa und vor allem Frankreich möglichst detailgetreu nachzuahmen.

Um den nationalen Fortschritt nach außen zu dokumentieren, betraute die Regierung Errázuriz im Jahre 1873, ganz dem Zeitgeist entsprechend, den 1869 gegründeten Interessenverband der Landwirtschaft, die *Sociedad Nacional de Agricultura* (SNA), mit der Organisation einer internationalen Ausstellung. Zur Jahreswende 1875/76 fand die Schau im Park der *Quinta Normal* in Santiago statt und erregte großes Aufsehen, zeigte sie doch die neuesten Errungenschaften von Wissenschaft und Technik einem Chile, dessen Selbstwahrnehmung als isoliertes Ende der Welt nicht erst seit diesem Zeitpunkt mit der Wirklichkeit nicht mehr übereinstimmte.

Grundvoraussetzung für derartige Veranstaltungen war der weitere Ausbau des Kommunikationsnetzes. Ein Durchbruch ließ sich mit der Anbindung an das Überseekabel erzielen, das den direkten Anschluss des Nachrichtenverkehrs an Europa brachte. 1875 eröffnete das erste Havas-Reuter-Büro in Valparaíso. Es versorgte eine bereits blühende Presselandschaft, die von der 1827 in Valparaíso gegründeten Tageszeitung *El Mercurio* angeführt wurde. Die Presse wandte sich an eine steigende Zahl von Lesern, an deren Wachstum sich die Fortschritte der Alphabetisierung ablesen ließen. Wichtige bildungspolitische Maßnahmen wurden schon unter den Konservativen eingeleitet. Die Einführung der kostenlosen, wenn auch noch nicht obligatorischen Grundschulausbildung (1860) gehörte dazu, wobei die Überzeugung vom Zusammenhang von Bildung und Nation eine Antriebsfeder darstellte. Staatliche (*Liceos*) und private Schulen verbreiteten neue pädagogische Ideen, die Gelehrte wie Bello und Domeyko an der *Universidad de Chile* oder Barros Arana am *Instituto de Chile*, der Kaderschmiede eines Großteils der politischen Elite, bekannt machten. Die Modernität dieses Denkens schlug sich u. a. darin nieder, dass bereits 1877 Frauen prinzipiell zum Studium zugelassen waren.

Die stärkere Ausrichtung auf Europa machte sich im Bereich der Künste und Wissenschaft bemerkbar. Europäische Künstler kamen nun häufiger nach Chile und brachten beispielsweise neue Musik- oder Kunststile mit. Der Kulturkontakt wirkte stimulierend, wie sich insbesondere in der Literatur zeigte. Mit seinem Werk *Martín Rivas* schuf Alberto Blest Gana 1862 nicht nur den ersten chilenischen Roman, sondern auch einen Klassiker der einheimischen Literatur und einen Gründungsroman der Nation. Eine zentrale Rolle bei der Konstruktion der Idee einer Nationalkultur spielten die Historiker. In Chile lebten in diesem Zeitraum zahlreiche, weit über die Grenzen des Landes hinaus bekannte Geschichtsschreiber, die die Historiographie Lateinamerikas nachhaltig beeinflussten. Dazu zählten Bello, Lastarria, Barros Arana, Vicuña Mackenna, die Brüder Miguel Luis und Gregorio Víctor Amunátegui, Valentín Letelier und viele mehr. Neben der Geschichtsschreibung widmeten sie sich – ganz im Sinne des Ideals eines lateinamerikanischen *Pensador* (Denker) – auch politischen Aufgaben und prägten das öffentliche Leben in vielerlei Weise. Was diese *Pensadores* verband, war die begeisterte Aufnahme der neuen positivistischen Philosophie aus Europa, aus der man Reformpläne für das eigene Land vor allem im sozialen Bereich ableitete.

Die Mehrheit der europäisierten Oberschicht empfand es allerdings schlichtweg als störend, dass sich in Anbetracht des intellektuellen und materiellen Fortschritts die soziale Ungleichheit umso deutlicher offenbarte. Während ihre Stadtpaläste die Prachtstraßen der Innenstadt säumten, bildeten sich unweit davon in den Außenbezirken Armenviertel. Hier lebten Großfamilien oft zusammengepfercht in einem einzigen Raum in den so genannten *Conventillos*, einer Reihe von Zimmern, die um einen kleinen Innenhof mit einem

Gemeinschaftsbrunnen gruppiert waren. Die hygienischen Bedingungen in den Elendsquartieren waren katastrophal. Doch auch in den Vierteln der Gutsituierten waren sie angesichts fehlender Abwasserentsorgungssysteme nicht viel besser. Die Säuglings- und Kindersterblichkeitsraten lagen dementsprechend hoch. Tuberkulose-, Syphilis- und Typhusepidemien forderten in den 1870er Jahren zahlreiche Opfer. Vicuña Mackenna reagierte typisch für einen Angehörigen der Oberschicht auf die immer offensichtlicher werdenden Unterschiede zwischen Arm und Reich in der Hauptstadt. Er plante eine Ringstraße, die das moderne Zentrum von den Slums trennen und diese damit quasi unsichtbar machen sollte. Die Tendenz zum Ausblenden der weniger angenehmen Aspekte chilenischer Wirklichkeit zeigte sich auch in anderen Bereichen.

Die Mapuche und die Eroberung des Südens

Artikel 1 der chilenischen Verfassung von 1833 legte die territorialen Grenzen Chiles auf ein Gebiet fest, das von der Atacamawüste im Norden bis nach Kap Hoorn im Süden reichte. Nach diesem Artikel waren alle im definierten Territorium Geborenen Chilenen. Eine solche – zunächst noch rein fiktive – Vereinnahmung der indigenen Bevölkerung widersprach dem Geist der kolonialen *Parlamentos*, da sie die Unabhängigkeit der *Naciones Indias* aufhob. Das änderte aber nichts an der Tatsache, dass sich die Mapuche nicht in den neuen Staat integrieren ließen. Der Status quo der spätkolonialen Grenzsituation mit kriegerischer Gewalt und Banditentum, aber auch mit einem ausgeklügelten System von Grenzgängern blieb nach dem offiziellen Ende der *Guerra a muerte* 1826 rund 40 Jahre lang erhalten.

Die Lebensweise der Mapuche und der Kolonisten änderte sich durch den alltäglichen Kontakt erheblich. Die Mapuche übernahmen Kleidung, Waren und bis zu einem gewissen Grad sogar Sprache und Religion der Chilenen. Dabei waren sie keineswegs nur passive Empfänger, sondern stellten ihre Fähigkeiten – ob im friedlichen oder im kriegerischen Kontext – immer wieder unter Beweis. Auf der anderen Seite gab es Beispiele von Chilenen, insbesondere Flüchtlinge aller Art, die sich völlig in die Gesellschaft der Mapuche integrierten und sogar zu Kaziken aufstiegen. Dieser Zustand kann allerdings nicht über das enorme Konfliktpotenzial hinwegtäuschen, das in der grundsätzlichen Weigerung der Mapuche lag, sich dem chilenischen Staat zu unterwerfen. Dazu bestand auch gar kein Grund, kontrollierten sie durch ihre Präsenz in Patagonien doch ein Gebiet, das größer war als das effektive Staatsgebiet Chiles.

Auf chilenischer Seite wurden die Mapuche in diesem Zeitraum zunehmend als dem Fortschritt im Wege stehende Barbaren wahrgenommen. Diese Perzeption drängte das Bild des edlen, unbeugsamen Araukaners, das in der Unabhängigkeitsphase wichtig gewesen war, nun zusehends in den Hintergrund. Die negative Sichtweise hatte ihre Wurzeln in der Zeit der Conquista und baute auf dem Stereotyp des heidnischen Menschenfressers auf. Sie ließ sich gut in die Entwicklungsvorstellungen des 19. Jh. integrieren, die sich eng an den europäischen Liberalismus anlehnten. Modernisierung bedeutete demnach die Durchsetzung von staatlicher Ordnung bzw. «Zivilisation» gegen die «Barbarei». Die Mapuche erschienen dabei zunehmend als Entwicklungshindernisse und nicht als erst noch zu integrierende Elemente des neuen Staates.

Die klassische Reaktion des Nationalstaates in diesem Prozess war, das «Fremde» in den eigenen Grenzen entweder auszuschließen oder auszulöschen. Beides sollte in der Araucanía im 19. Jh. stattfinden. Zunächst reichte die Macht des chilenischen Staates aber noch nicht weit genug, um diese Aufgabe durchzuführen. Das *Parlamento* von Yumbel bestätigte 1823 noch einmal ausdrücklich den Ansatz der friedlichen Koexistenz. Wie schon in der Kolonialzeit wurde die Politik durch Missionierungsversuche ergänzt, die – so hoffte man – die Zivilisierung, Sesshaftigkeit und Integration der indigenen Bevölkerung des Südens zur Folge haben sollten. Ab 1837 missionierten Franziskaner im Gebiet der Mapuche, und 1848 übertrug die chilenische Regierung italienischen Kapuzinern diese Aufgabe südlich des Cautínflusses.

Dass es in der ersten Hälfte des 19. Jh. noch nicht zu Eroberungsversuchen seitens des chilenischen Staates kam, war vor allem auf die Entwicklung der Region in jener Zeit zurückzuführen. Schließlich wurden die Entwicklungspole nicht vom Süden, sondern vom *Norte Chico* und Zentralchile gebildet. Für ein territoriales Ausgreifen im Süden fehlte es zunächst an Geld und Menschen. Die

Ansprüche des Staates bestanden aber durchaus weiter. Das machten die chilenischen Regierungen schon zwischen 1823 und 1830 deutlich, als sie die Vermessung des staatlich beanspruchten Landes im Araukanergebiet anordneten. Eine deutlich aktivere Rolle des Staates zeichnete sich ab, als Präsident Bulnes 1845 das Kolonisationsgesetz erließ. Daraufhin entstanden Konflikte durch chilenische und aus Europa eingewanderte Siedler, die nun vermehrt in die Araucanía vordrangen, indem sie Land von friedlichen Kaziken kauften oder es sich gewaltsam aneigneten. Um die Jahrhundertmitte entstanden damit die Grundlagen der Hacienda im Gebiet der indigenen Bevölkerung. Dabei spielte die wachsende Nachfrage nach landwirtschaftlichen Produkten im *Norte Chico* ebenso eine wichtige Rolle wie die Entdeckung und Ausbeutung der Kohlevorkommen in dem Gebiet um die neu gegründeten Bergbaustädte Coronel, Lebu, Lota und Arauco. In der Folgezeit explodierte die Kohleproduktion förmlich. Außerdem produzierte die Region des Bío-Bío zwischen 1848 und 1860 den Großteil des Mehls, mit dem das boomende Kalifornien versorgt wurde.

Das Interesse chilenischer Investoren an dieser Region stieg kontinuierlich. Der Zuzug von Land- und Bergbauarbeitern nahm ebenfalls zu. Zu diesem Zeitpunkt handelte es sich aber noch nicht um eine geplante Expansion. Immerhin konnten sich die Neuankömmlinge ebenso wie die schon seit längerem hier lebenden Grenzgänger seit 1835 auf ein Gesetz stützen, das die Übernahme von Land erlaubte, für das nach europäisch-kreolischem Rechtsverständnis kein Besitzer gemeldet war. 1852 ergriff der Staat dann die Initiative, indem die theoretisch das gesamte Gebiet vom Bío-Bío bis zur Provinz Valdivia umfassende Provinz Arauco geschaffen wurde. Das Konfliktpotenzial nahm weiter zu, als sich Teile der Mapuche auf Seiten der unterlegenen Aufständischen an den chilenischen Bürgerkriegen der 1850er Jahre beteiligten und schließlich im November 1860 gar einen französischen Abenteurer zum König der Araucanía krönten.

Wirtschaftliche und politische Interessen in Kombination mit dem Bild des barbarischen Wilden formten die Grundlage des Projekts der *Pacificación* (Befriedung) der Indios, das um 1859 erstmals diskutiert wurde. Hinter dem euphemistischen Begriff verbarg sich die Idee der allmählichen gewaltsamen Unterwerfung der

Mapuche und ihrer Verdrängung in Reservate. Die traditionellen Mechanismen des Zusammenlebens durch *Parlamentos* und Verträge waren damit außer Kraft gesetzt. Ab 1862 rückte die Linie befestigter Militärlager immer weiter in das Gebiet der Mapuche vor. Sechs Jahre später bestanden bereits acht Forts entlang des Mallecoflusses. Der Staat erklärte sich 1866 per Gesetz zum Eigentümer aller Ländereien der Araucanía, für die nicht eine mindestens einjährige kontinuierliche und effektive Nutzung nachgewiesen werden konnte. Auf der Basis dieses Gesetzes, das der Willkür Tür und Tor öffnete, konnte die Enteignung der Mapuche vorangetrieben werden.

Ab 1869 mündeten die Kämpfe in einen regelrechten Vernichtungsfeldzug seitens der überlegenen Chilenen, die eine Armee von 7000 Mann aufbieten konnten. Da die Mapuche in den Augen der Eroberer nun bestenfalls als Rebellen, meistens aber als blutrünstige Wilde angesehen wurden, waren Verhandlungslösungen ausgeschlossen. Einen ethnischen Sonderstatus sprach man ihnen ab und forderte ihre bedingungslose Unterwerfung unter die Gesetze des Staates, der als einzige akzeptable soziale Organisationsform galt. Aus dieser Perspektive erschien die Zurückdrängung der als grausam und pervers stereotypisierten indigenen Bevölkerung geradezu als Pflicht des modernen, zivilisierten Chile.

Allerdings dauerte es wegen des heftigen Widerstands der Mapuche und wegen der Unterbrechung während des chilenischen Salpeterkriegs noch einige Jahre, ehe die euphemistisch als «Befriedung» bezeichnete Eroberung der Araucanía abgeschlossen werden konnte. Zwischen 1870 und 1878 rückte die Militärgrenze bis Traiguén vor. Die zweite und brutalste Phase der Kämpfe spielte sich dann zwischen 1881 und 1883 ab. Seitens des chilenischen Militärs verfolgte man die bewährte Taktik der *Malocas*, die mit der Strategie der verbrannten Erde und der gezielten Kriegführung gegen Frauen und Kinder kombiniert wurde. Die erneute Gründung der 1554 aufgegebenen Stadt Villarica bildete 1883 den Endpunkt des Kriegs. Für die Mapuche, die die mit aller Härte geführten Kämpfe, die Folter und Brandmarkungen, die Plünderungen der marodierenden und schlecht besoldeten Truppen sowie die anschließenden Hungersnöte und Epidemien überlebten, bedeutete die «Befriedung» den Verlust ihrer Unabhängigkeit und ihres

Landbesitzes, blieben ihnen doch nur die vom Staat zugewiesenen Reduktionen.

Der Salpeterkrieg

Die zweite Stoßrichtung des territorialen Expansionismus Chiles war der Norden. Im Laufe der 1860er und 1870er Jahre hatten sich die peruanische Südprovinz Tarapacá, die Küstenregion Boliviens und der Norden Chiles zu wichtigen Zentren der Salpeterherstellung entwickelt. Das als Düngemittel verwendete Exportprodukt fand in dieser Zeit zunehmend Absatzmärkte vor allem in Europa und wurde deshalb zu einer einträglichen Geldquelle. Von Beginn an hatte sich chilenisches Kapital am Geschäft beteiligt. Neben Peruanern waren 1878 vor allem Chilenen Inhaber der Produktionsstätten (*Oficinas*). Darüber hinaus waren einige Werke in europäischem Besitz. Während es sich bei den peruanischen und chilenischen *Oficinas* zumeist um primitive Kleinbetriebe handelte, war das Auslandskapital auf wenige große Firmen konzentriert. Die Europäer verfügten über Wettbewerbsvorteile, waren doch chilenische und peruanische *Salitreros* auf die Vermarktung und die Kredite der englischen und deutschen Kommissionshäuser angewiesen. Den Krisen der Salpeterwirtschaft waren sie stärker ausgeliefert als ihre europäischen Konkurrenten.

Angesichts einer tiefen wirtschaftlichen Krise begann die peruanische Regierung 1875 die Salpeterindustrie zu verstaatlichen. Die ausländischen Privatunternehmen erhielten eine Entschädigung in Form festverzinslicher Schuldverschreibungen. Außerdem sollten sie ihre *Oficinas* weiter betreiben. Die von der Konfiskation betroffenen chilenischen Unternehmer bekamen, von einigen Ausnahmen abgesehen, allerdings keine Produktionsverträge. Für sie bedeutete die Enteignung daher in der Regel das Aus. Der Anteil des europäischen Kapitals stieg auf Kosten des chilenischen stark an. Für diese Entwicklung verantwortlich gemacht wurde die peruanische Politik.

In den südlich angrenzenden bolivianischen Salpeterregionen gestalteten sich die Beziehungen zwischen ausländischen Investoren und der Regierung ebenfalls wenig harmonisch. Hier produzierten

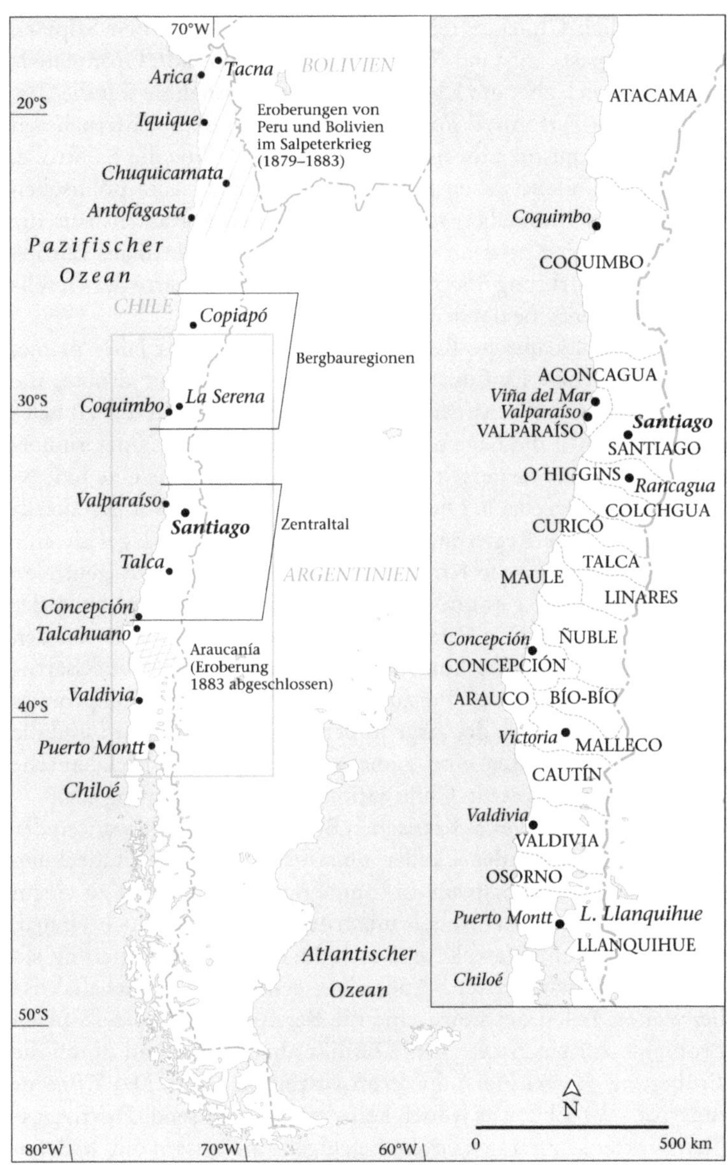

Chile. Übersichtskarte

hauptsächlich Chilenen teils gemeinsam mit Briten den Salpeter. Mit Antofagasta entstand eine regelrechte Boomstadt. Größtenteils handelte es sich aber um Kleinbetriebe, eine Ausnahme war die *Cía. de Salitres y Ferrocarril de Antofagasta*. In diesem Unternehmen teilten sich Agustín Edwards und die Firma Gibbs die Kontrolle, wobei der Chilene neben Kapital hauptsächlich seine politischen Beziehungen einbrachte, während das britische Handelshaus die Versorgung mit Know-how und modernen Maschinen aus Europa und die Vermarktung übernahm. Diese Allianz sicherte der Gesellschaft einen entscheidenden Wettbewerbsvorteil.

Als die bolivianische Regierung Ende der 1870er Jahre plante, den chilenischen Einfluss einzudämmen, und damit drohte, die Antofagasta-Gesellschaft mit einem höheren Ausfuhrzoll zu belegen, spitzte sich die Lage schnell zu. Es gelang dem Salpeterunternehmen, durch eine gezielte Pressekampagne in Chile eine Kriegsstimmung zu erzeugen. Die Rahmenbedingungen dafür gestalteten sich günstig. Die Regierung von Präsident Pinto hatte gerade eine schwere diplomatische Krise in den Beziehungen zu Argentinien überstanden, in der es um die territorialen Besitzansprüche in der Magellanstraße und in Patagonien ging, das ja lange Zeit von den transandinen Mapuche kontrolliert worden war. Der von Barros Arana im Auftrag des Präsidenten ausgehandelte Kompromiss vom Dezember 1878, der Argentinien Patagonien überließ und die Magellanstraße unter eine gemeinsame argentinisch-chilenische Kontrolle stellte, löste in Chile nationalistische Empörung aus.

Auch der Grenzverlauf zwischen Bolivien und Chile war seit der Unabhängigkeit beider Länder umstritten, und die Entdeckung reicher Silber- und Salpetervorkommen machte ihn nun zu einem zwischen beiden Seiten hoch umstrittenen Thema. Noch einmal, so schien es zumindest, konnte sich die chilenische Regierung ein Nachgeben nicht leisten. Außerdem schuf die Wirtschaftskrise bei weiten Teilen der Oligarchie die Bereitschaft, die hauseigenen Probleme auf einen externen Konflikt abzulenken und durch die Eroberung der reichen Salpeterprovinzen zu lösen. Der Konsens innerhalb der Elite war jedoch keineswegs umfassend. Die Kriegsbefürworter setzten sich gegen diejenigen Lobbyisten durch, deren Geldgeber über weitere Investitionen in Bolivien verfügten und daher einen bewaffneten Konflikt verhindern wollten.

Hatten die chilenischen Kriegsbefürworter ökonomisch motivierte Widerstände innerhalb der Elite überwinden müssen, so war die Haltung der europäischen und US-amerikanischen Interessenvertreter in dieser Auseinandersetzung ebenso wenig einheitlich. Während einige Gläubiger auf einen Sieg Perus und die Rückzahlung von Anleihen auf der Grundlage der chilenischen Kriegsentschädigung hofften, setzten andere auf Chile. Von einer neuen chilenischen Verwaltung der Salpeterprovinzen versprachen sich viele ausländische *Salitreros* eine positive Regelung ihrer Ansprüche. Es lassen sich also keine klaren nationalen Trennlinien ziehen.

Im Februar 1879 ließ Pinto Antofagasta und die 1874 an Bolivien abgetretenen Gebiete besetzen. Am 1. März erklärte Bolivien Chile daraufhin einen Krieg, der in der Historiographie wegen der sich daraus ableitenden Territorialforderungen bis auf den heutigen Tag umstritten ist. Aufgrund eines geheimen Bündnisvertrags von 1873, der den Chilenen bekannt war, trat die peruanische Regierung, die sich zunächst noch vergeblich um eine friedliche Regelung bemüht hatte, wenig später an der Seite Boliviens in den Krieg ein. Präsident Pinto hatte die Eskalation so lange wie möglich hinausgezögert, denn er wusste um die ungenügende militärische und finanzielle Vorbereitung seines Landes. Allerdings war der innenpolitische Druck letztlich zu groß.

Um im schwierigen Terrain der Atacamawüste die Oberhand zu gewinnen, war die Kontrolle der Seewege unabdingbar. In den nun folgenden Seegefechten setzte sich die chilenische Flotte trotz des Verlustes der *Esmeralda* mit ihrem daraufhin zum Nationalhelden verklärten Kapitän Arturo Prat in der Seeschlacht von Iquique durch. Auf der Grundlage des Erfolgs zur See konnten sich die Truppen 1879/80 in diversen Schlachten gegen die verbündeten peruanischen und bolivianischen Armeen behaupten. Die siegreichen Chilenen unter ihrem General Manuel Baquedano besetzten 1881 sogar die peruanische Hauptstadt Lima, sahen sich allerdings schon bald in einen verlustreichen Guerillakrieg verstrickt. Der Krieg verschlang immense Summen, weshalb die Regierung vom Goldstandard abrücken und zur Notenpresse greifen musste. Für die kämpfende Truppe waren die Lebensbedingungen katastrophal. Ohne medizinische Versorgung starben weitaus mehr Soldaten an Epidemien oder Verwundungen als auf dem Schlachtfeld selbst.

Ihren Sold erhielten sie unregelmäßig, wenn überhaupt, und für Witwen und Waisen gab es nur minimale Unterstützung. So legte sich die patriotische Begeisterung von 1879 schnell. Die Armee musste zum Mittel der Zwangsrekrutierung in den Unterschichten greifen, um den Nachschub sicherzustellen.

Erst der chilenische Sieg in der Schlacht von Huamachuco am 20. Juli 1883 gegen die Peruaner brachte die endgültige Entscheidung. Der nach der Niederlage zum Interimspräsidenten bestellte peruanische General Miguel Iglesias schloss wenige Monate später den Friedensvertrag von Ancón mit Chile. Damit wurde die Provinz Tarapacá formell Teil des chilenischen Territoriums. Hinsichtlich der Provinzen Tacna und Arica kam man überein, die Einwohner nach Ablauf einer zehnjährigen chilenischen Besatzungszeit in einem Plebiszit selbst über ihr Schicksal bestimmen zu lassen. Mit Bolivien einigte man sich 1884 auf einen dauerhaften Waffenstillstand, der den Chilenen das Recht zur vorübergehenden Besetzung der damals noch bolivianischen Küste einräumte. 1883/84 hatte das Land damit seine wichtigsten expansionistischen Ziele erreicht und lebte in einem wenn auch prekären Frieden mit seinen Nachbarn. Der Mythos von der chilenischen Unbesiegbarkeit – getreu dem (noch heute gültigen) Wahlspruch «un ejército vencedor jamás vencido» («eine siegreiche Armee, die nie besiegt wurde») – war geboren.

Verglichen mit anderen Ländern Lateinamerikas wie z. B. Argentinien, Mexiko oder Venezuela hatte Chile die ersten 75 Jahre seiner Unabhängigkeit in relativer Stabilität durchlebt. In einer Stabilität, die aber, das zeigten die wiederholten Bürgerkriege, durchaus bedroht war. Was waren nun die Gründe für diesen «Sonderweg»? In der Geschichtsschreibung gehen die Meinungen dazu auseinander. Dennoch sind sechs Faktoren erkennbar, die immer wieder genannt werden. Dabei ist zunächst die Kohärenz einer verhältnismäßig kleinen, untereinander verwandten und miteinander vernetzten Oberschicht zu nennen, die über die Brüche der Bürgerkriege hinweg erhalten blieb. Was diese Oligarchie auszeichnete, war der Konsens über die Notwendigkeit der Errichtung einer Republik als einziger für Chile in Frage kommender Regierungsform. Darüber hinaus fehlte ein ausgeprägter Regionalismus, der in manchen anderen Ländern wie Neugranada oder Zentralamerika geradezu in separatistische Bestrebungen münden konnte. Die Kirchenfrage war zumindest wesentlich weniger heikel als in vielen Nachbarstaaten. Das galt auch für das Gefahrenpotenzial durch ethnische oder soziale Destabilisierung, die Länder wie Mexiko in den ersten Dekaden nationaler Selbstständigkeit erschütterte. Letztlich darf die insgesamt positive wirtschaftliche Entwicklung seit der Unabhängigkeit nicht vergessen werden. Chile hatte diese Prosperität der engen Einbindung in die Weltwirtschaft durch Handel und Investitionen schon im frühen 19. Jh. zu verdanken und profitierte dabei von seiner geographischen Lage am Angelpunkt zwischen dem Atlantik und dem Pazifik. Für die kommende Epoche sollten diese Faktoren noch an Bedeutung gewinnen.

Zwischen Modernisierung und Krise (1883–1932)

Der Salpeterkrieg läutete eine neue Ära in der Geschichte Chiles ein. Soziokulturelle Faktoren traten nun als Motoren des Wandels in den Vordergrund. Die fünf Jahrzehnte um die Wende des 19. Jh. sollten im Zeichen einer Modernisierung stehen, die auf einer Exportkonjunktur basierte und sich stark an unterschiedlichen ausländischen Vorbildern orientierte. Diese Modernisierungsprozesse waren allerdings keineswegs geradlinig, sondern wurden wiederholt von schweren Krisen überschattet.

Die Nitratära

Noch während des Kriegs nahm man die Salpeterproduktion in den neu gewonnenen Nordprovinzen wieder auf. Das war angesichts der Wirtschaftskrise auch dringend notwendig. Die Eroberung Tarapacás brachte viele Forderungen der ausländischen Inhaber peruanischer Schuldverschreibungen mit sich, die mit diplomatischem Druck vorgetragen wurden. Durch die Privatisierung zog sich der Staat aus der Affäre und gewann gleichzeitig mit der Einführung des Salpeterausfuhrzolls eine sichere Einkommensquelle.

Über die konkrete Ausgestaltung des Salpeterzolls entspann sich eine Debatte, an der sich die Konkurrenzsituation innerhalb der Oberschicht dokumentieren lässt. Die Vertreter der Salpeterinteressen im ehemals bolivianischen Süden forderten eine dauerhafte Zollvergünstigung, um mit dem weiter entwickelten Tarapacá konkurrieren zu können. Dem standen nicht nur die Interessen der dortigen Investoren gegenüber, die eine Differenzierung ablehnten. Interessengruppen aus Handel, Finanzwelt und Landwirtschaft schlossen sich diesem Standpunkt an, weil es ihnen darum ging, den neuen Absatzmarkt für landwirtschaftliche Produkte möglichst rasch zu nutzen. Die Interessengemeinschaft konnte sich durchsetzen. Am 1. Oktober 1880 wurde ein einheitlicher Salpeterzoll eingeführt. Das Ergebnis war für die Unternehmen in den südlichen Salpetergebieten verheerend. Die meisten machten innerhalb weniger Jahre Bankrott.

Weiter im Norden, in Tarapacá, konnten sich vor dem Ende des Krieges vor allem die ausländischen Investoren die unübersichtlichen Besitzverhältnisse zunutze machen, wobei ihnen der diplomatische Schutz den Ankauf ehemals peruanischer *Oficinas* erleichterte. Auf der Grundlage von Spekulationsgewinnen bildete sich im Lauf des Kriegs eine neue Gruppe von ausländischen *Salitreros*, deren bekanntester Vertreter John Thomas North war. Mit der britischen Kapitalkraft im Rücken führten diese wichtige technologische Verbesserungen ein, weiteten die Produktionskapazitäten aus und verdrängten kleinere Betriebe. An die Stelle der in Chile ansässigen europäischen Unternehmer traten bald Aktiengesellschaften mit Sitz in London. Die Gründe für den Investitionsboom lagen in der stetig steigenden Nachfrage nach Salpeter, der Expansion des Londoner Kapitalmarkts sowie den Werbemaßnahmen von North. Das Ergebnis des Salpeterfiebers war, dass selbst gesunde Unternehmen angesichts enormer Gewinnspannen an die neuen englischen Aktiengesellschaften verkauft wurden.

Der Konzentrationsprozess in der Salpeterwirtschaft schritt in den 1880er Jahren beschleunigt fort. Die chilenischen Nitratunternehmer konnten sich gegen die schon bald offenbar werdenden strukturellen Schwächen der Salpeterwirtschaft nur schlecht schützen. Das zentrale Problem waren die Überproduktionskrisen. Zwar versuchte man dessen durch Kartellbildung und Produktionsverminderung Herr zu werden. Viele unabhängige chilenische *Salitreros* konnten sich dennoch nicht mehr lange halten und mussten nach wenigen Jahren aufgeben.

Die Hinnahme des ausländischen Übergewichts im Salpetersektor fiel den chilenischen Eliten leicht, da sie von der Situation profitierten. Durch die Einkünfte aus dem Salpeterzoll stiegen die Regierungseinnahmen, welche zum Ausbau der Infrastruktur, des Bildungswesens und der Verwaltung verwendet wurden. Auf allen Ebenen der Wirtschaft ergaben sich neue Investitionsmöglichkeiten. Einigen Unternehmern gelang in dieser Zeit der Aufstieg in die soziale Oberschicht des Landes. Namen wie Jorge Ross,

Eduardo Délano und Agustín Edwards Ross sind hier zu nennen. Mit ihrem wirtschaftlichen Engagement wuchs ihr soziales Ansehen durch den Kauf von *Haciendas*, die Übernahme politischer Ämter und eine geschickte Heiratspolitik. Innerhalb der Oberschicht fusionierten moderne kapitalistische und traditionell agrarische Elemente.

Zu Modernisierungseffekten kam es nur eingeschränkt, da die staatlichen Investitionen auf die Interessen der traditionellen Oberschicht abgestimmt waren. Außerdem profitierten Binnenhandel und Großgrundbesitzeroligarchie phasenweise von den neuen Absatzmärkten. Dies war ein notwendiger Ausgleich, hatte man doch die Exportmärkte für chilenisches Getreide an die Konkurrenz aus den USA, Argentinien oder Kanada verloren, ein Prozess, der insbesondere nach der Eröffnung des Panamakanals (1914) unumkehrbar war. Ein Export landwirtschaftlicher Produkte kam auch immer weniger in Frage. Im Gegenteil, immer häufiger war es notwendig, Lebensmittel zu importieren. Daran ließ sich das grundlegende Problem der chilenischen Landwirtschaft ablesen. Die Konzentration des Landbesitzes nahm ebenso zu wie die erbteilungsbedingte Ausbreitung der Minifundien, die ihre armen Besitzer kaum noch ernährten.

In anderen Sektoren der Volkswirtschaft machte sich der Nitratboom dagegen positiv bemerkbar. Die Banken steigerten durch das kurzfristige Kreditgeschäft ihr Finanzvolumen erheblich, was wiederum dem nationalen Geldmarkt zugutekam. Außerdem ergaben sich Industrialisierungsansätze, da die Nachfrage nach Fertigwaren in den nun rasch wachsenden Städten und in der Salpeterregion anstieg. Chile importierte in diesem Zeitraum bereits mehr Maschinen als Konsumgüter und zählte neben Argentinien in diesem Bereich zu den Vorreitern in Lateinamerika, was nicht zuletzt auf den Druck des 1883 gegründeten mächtigen Interessenverbandes der Industriellen, der *Sociedad de Fomento Fabril* (SOFOFA), zurückzuführen war. Mehrheitlich handelte es sich dabei um Betriebe der Lebensmittel- und Getränkeherstellung und mit einigem Abstand auch der Textilproduktion. Durch den Ersten Weltkrieg wurde dieses Wachstum verstärkt. In den 1920er Jahren vertiefte sich die Industrialisierungstendenz, die politisch gewollt war und gefördert wurde. Die Regierungen setzten in diesem Zeitraum wiederholt Maßnahmen zum Schutz der nationalen Produktion durch.

Ein weiterer Wachstumssektor war seit Beginn des 20. Jh. der Kupferbergbau. Schon bis 1870 war Kupfer das wichtigste chilenische Exportprodukt. Eine Kombination von Faktoren – der Fall der Weltmarktpreise, die Entstehung einer Konkurrenz in den Vereinigten Staaten, die Erschöpfung der reichsten Vorkommen und das Fehlen technologischer Innovationen – verursachte den Niedergang der Produktion. Für ausländische Investoren blieb das chilenische Kupfer aufgrund der billigen Arbeitskräfte, der relativen politischen Stabilität und der Investitionsanreize interessant. 1904 stieg US-amerikanisches Kapital in das Geschäft ein und brachte modernste Technologien zum Einsatz. Bis zum Ende des Ersten Weltkriegs entstanden die drei großen Minen El Teniente bei Rancagua sowie Chuquicamata und Anaconda in der Atacamawüste. US-amerikanisches Kapital schuf in diesen abgelegenen Regionen regelrechte Enklaven, die als die *Gran Minería* (großer Bergbau) bekannt wurden und um 1918 bereits rund ein Fünftel des chilenischen Exports erwirtschafteten. Im Vergleich zur Salpeterindustrie flossen die Profite aber in viel stärkerem Maß ins Ausland ab.

Angesichts der Bedeutung des Salpeters für die chilenische Volkswirtschaft nimmt es nicht wunder, dass dem Staat eine Schlüsselrolle zuwuchs. Die auf den ersten Blick liberale Haltung kann nicht darüber hinwegtäuschen, dass der Staat aktiv in die Salpeterwirtschaft involviert war. Er verfügte über Ländereien und kontrollierte die Vergabe von Konzessionen für den wichtigen Eisenbahnbau. Durch die Einnahmen aus dem Salpeterzoll schöpfte er einen erheblichen Teil der ausländischen Profite ab. Andererseits aber war der Staat auf solche Einnahmen angewiesen. Da diese Gelder jedoch nicht ausreichten, um den steigenden Finanzbedarf vor allem der rapide wachsenden öffentlichen Verwaltung zu decken, griffen die Regierungen zum Mittel der Auslandsverschuldung, die in diesem Zeitraum immens anwuchs.

Der Finanzbedarf schuf interne und externe Abhängigkeiten und Gegensätze. Während die Regierungen an einem möglichst großen Exportvolumen interessiert waren, strebten die Produzenten von Zeit zu Zeit eine Reduzierung der Salpetermenge an, um die Preise zu stabilisieren. Außerdem erwartete die chilenische Oberschicht eine ihren Interessen entsprechende Weiterleitung der Gelder, ob es nun um die Vergabe von Krediten oder die Planung öffentlicher Bauvorhaben ging. Im Widerstreit der Meinungen lagen erhebliche Konflikt- und Gefahrenpotenziale. Das politische System wurde bereits in den 1880er Jahren aufs Heftigste erschüttert, da sich die Fraktionen um die Pfründen stritten und der Regierung Verschwendung vorwarfen.

Zwischen 1890 und 1913 erlebte die Salpeterwirtschaft eine Wachstumsphase. Neben den weiterhin dominierenden britischen nahmen nun auch deutsche und US-amerikanische Investoren verstärkt am Wettbewerb teil. Auffallend war ferner, dass der chilenische Anteil wieder stieg, was zum einen auf die Reinvestition von Gewinnen der chilenischen Zwischenhändler und zum anderen auf die Naturalisierung vieler bereits seit langem im Land lebender Ausländer zurückzuführen war, die die Besteuerung in ihrem Heimatland vermeiden wollten. Es handelte sich also um eine Intensivierung der transnationalen Verflechtung.

Selbst diese Boomphase war allerdings nicht frei von Rückschlägen. Periodisch traten Überproduktionskrisen auf, und schwerer noch wogen die inflationsbedingten Schwierigkeiten, die mit dem ständig zunehmenden Überangebot an Papiergeld zusammenhingen. Zweimal (1892, 1895–1898) versuchte die Regierung zum Goldstandard zurückzukehren, doch beide Versuche misslangen. In wirtschaftlich kritischen Phasen wie etwa während eines Rüstungswettlaufs mit Argentinien (1894–1896) erhöhte die Regierung mehrfach die Menge des im Umlauf befindlichen Papiergeldes. Auf die Wirtschaft wirkte dies zunächst durchaus stimulierend, da Geld billig zu haben war. Zu Beginn des 20. Jh. kam es zu einem Aktienboom, der aber schon 1906 kollabierte, als ein schweres Erdbeben Valparaíso zerstörte. Hinzu kam, dass sich die Regierungen einseitig vom Salpeterzoll abhängig machten, indem sie die Reichen steuerlich entlasteten.

Durch den Kriegsausbruch 1914 und den Zusammenbruch des europäischen Marktes stürzte die Salpeterwirtschaft zunächst in eine Krise. Ab Ende 1915 wendete sich das Blatt noch einmal mit der steigenden Nachfrage der Alliierten nach Salpeter zur Herstellung von Sprengstoff. 1918 war der chilenische Peso so stark, dass sogar die Rückkehr zum Goldstandard möglich schien. Im Jahrzehnt nach Kriegsende schwächte sich die Konjunktur allerdings merklich ab, denn der von der europäischen chemischen Industrie hergestellte Stickstoff verdrängte den Chile-Salpeter zunehmend von den Märkten. Daran konnte auch der mit enormem Kapitalaufwand betriebene Einstieg des US-amerikanischen Guggenheim-Konzerns in die Salpeterwirtschaft zwischen 1924 und 1929 nichts ändern. Als staatliche Reaktion auf die Schwäche des Salpetersektors erfolgte eine neue Steuerpolitik, z. B. die Einführung von Genussmittel-, Spekulations- und Grundsteuern. Doch konnte die Abhängigkeit des Staates vom Salpeter nicht beendet werden. Ende der 1920er Jahre standen die Zeichen für dieses Produkt und damit für die gesamte chilenische Volkswirtschaft, die so einseitig auf dessen Export ausgerichtet war, unverkennbar auf Sturm.

Der Bürgerkrieg von 1891

In der politischen Entwicklung ergab sich 1891 ein Umbruch, der in der chilenischen Geschichtsschreibung lange Zeit ähnlich umstritten war wie der Putsch von 1973, ja der einigen Beobachtern gar als «Revolution» galt. Im Bürgerkrieg von 1891 kulminierten wirtschaftliche und politische Konflikte, die sich seit Jahren angestaut hatten. Dieser Kampf brachte mit José Manuel Balmaceda eine nicht zuletzt wegen seines Selbstmords schillernde Figur im Präsidentenamt zu Fall, die seitdem von unterschiedlichen historiographischen und politischen Interessen für sich vereinnahmt oder verurteilt wurde. Warum kam es trotz der im Großen und Ganzen positiven wirtschaftlichen Entwicklung dieser Zeit erneut zu einem Bürgerkrieg, der die Auseinandersetzungen der 1850er Jahre bei weitem in den Schatten stellte?

Noch ehe der Salpeterkrieg offiziell beendet war, konnte der Liberale Domingo Santa María den Kandidaten der Konservativen, den Kriegshelden General Baquedano, ausstechen und 1881 die Präsidentschaft antreten. Einmal mehr hatte der Wahlkampf die tiefe Zerrissenheit der politischen Landschaft gezeigt. Dabei ging es kaum um Fronten, die sich an der Parteizugehörigkeit festmachen ließen, denn Teile der Liberalen unterstützten Baquedano, und auch die Radikale Partei war gespalten. Dennoch gewannen die politischen Parteien in der Folgezeit insgesamt an Gewicht, da sie nun erstmals nationale Organisationsstrukturen aufbauten. Die Konsolidierung stand auch im Zeichen der Gründung einer neuen linken Gruppierung, der Demokratischen Partei, die sich 1887 von den Radikalen abspaltete und sich insbesondere der Interessen von Arbeitern und Kleinhandwerkern annahm. Je stärker sich in Chile das Element der «Straßenpolitik» bemerkbar machte, desto mehr kam es zu politischen Massenversammlungen in der Öffentlichkeit.

Bereits unter der Präsidentschaft von Santa María kristallisierten sich einige Problembereiche heraus, die die 1880er Jahre prägen sollten. Die Beziehungen zwischen Staat und Kirche erreichten 1882 aufgrund der umstrittenen Nachfolge im Amt des Erzbischofs von Santiago einen Tiefpunkt, und es kam zum Abbruch der diplomatischen Beziehungen zum Vatikan. Santa María nutzte die Gelegenheit, um eine Reihe von Säkularisierungsgesetzen durch den Kongress zu bringen, die u. a. die Zivilehe einführten. Besonders umstritten war die Verstaatlichung der Friedhöfe, auf die die Kirche mit dem Entzug der Weihe reagierte. Für die kirchentreuen Konservativen war dies eine Kriegserklärung. Die Folgen zeigten sich bereits 1885/86, als Santa María seine Nachfolge traditionell regelte und Innenminister José Manuel Balmaceda durchsetzte. Die erbittert geführten Auseinandersetzungen im Zusammenhang mit den Wahlkämpfen dieser Jahre gaben einen Vorgeschmack auf das, was folgen sollte.

Balmaceda begann seine Amtszeit mit einer Politik der Versöhnung. Die Beziehungen zum Vatikan ließ er rasch wieder aufnehmen und strebte die Wiederherstellung der Einheit der in sich zerrissenen Liberalen Partei an. Darüber hinaus präsentierte er sich als nationaler Erneuerer. Auf Basis der Einnahmen aus dem Salpeterexport begann Balmaceda ein groß angelegtes Modernisierungsprogramm. Zentrale Punkte dabei waren der Ausbau der Infrastruktur, die Verbesserung des Bildungswesens sowie die Modernisierung des Militärs. Die zahlreichen Großprojekte, wie etwa den Bau der transandinen Eisenbahn nach Argentinien, wusste Balmaceda dank seines Charismas und unter Einsatz neuer Wege der Politikvermittlung, beispielsweise durch zahlreiche Reisen innerhalb Chiles, geschickt für sich zu nutzen.

In der Außenpolitik ließ sich die Regierung vom imperialistischen Zeitgeist anstecken. 1888 annektierte das Land die Insel Rapa Nui. Diese wahrscheinlich im 4. Jh. n. Chr. erstmals von Polynesien her besiedelte Insel «entdeckte» der Holländer Jakob Roggeveen am Ostertag 1722 und taufte sie Osterinsel. In den folgenden Jahrzehnten besuchten Europäer wie James Cook und Jean François de La Pérouse die Insel. Sklavenjäger aus Peru und die den Insulanern unbekannten Krankheiten, die eingeschleppt wurden, dezimierten im 19. Jh. die Bevölkerung. Die chilenische Regierung versprach sich von der Annexion eine Ackerbaukolonie und einen strategisch wichtigen Stützpunkt nach Ozeanien und Asien. Da aufgrund der großen Entfernung eine intensive Bewirtschaftung aber nicht möglich war, wurde der größte Teil der Insel an die Williamson-Balfour Company verpachtet, die dort bis 1953 Schafzucht betrieb. Die Urbevölkerung bekam nur ein kleines Territorium im Westen der Insel zugestanden, und bis ins 20. Jh. wurde die Insel von einem Militärgouverneur verwaltet.

Balmacedas Aktivismus konnte nicht überdecken, dass der innenpolitische Druck wuchs. Seine Gegner warfen ihm die Zunahme des Klientelismus vor, die mit dem Bauprogramm einherging. Außerdem forderte die Opposition die Beschränkung der Macht der Exekutive und freie Wahlen. Wie seine Vorgänger war auch Balmaceda nicht bereit, dies zu akzeptieren. Angesichts der wachsenden Stärke der Opposition gelang es Balmaceda im Lauf seiner Amtszeit immer seltener, eine stabile Regierung zu bilden. 1890 formierte sich ein Parteienbündnis gegen den Präsidenten, an dem sich auch bis dato regierungstreue Liberale beteiligten. Die Krise spitzte sich im selben Jahr zu, als es zur ersten Streikwelle der chilenischen Geschichte kam, die sich von den Salpeterregionen im Norden über Valparaíso bis nach Concepción ausweitete. Balmaceda ließ die Streiks blutig niederschlagen und trieb damit auch noch die Arbeiter ins Lager seiner Gegner.

Eine weitere Frontlinie tat sich für Balmaceda in den Beziehungen zum wirtschaftlich so wichtigen Salpetersektor auf. Der Präsident sah sich mit dem Problem von Kartellbildung und Produktionsbeschränkung konfrontiert, die er ablehnte. Auch seine Politik gegenüber den Eisenbahninteressen in Tarapacá stieß auf Widerstand. North wurde nun zu einem wichtigen Gegenspieler Balmacedas. Eine Koalition aus ausländischen Interessengruppen und ihren chilenischen Verbindungsleuten setzte sich innerhalb des politischen Systems gegen Balmaceda ein.

Entscheidend blieb jedoch der verfassungsrechtliche Streit um die Rechte der Exekutive. Zunehmend machte sich der Unmut in Demonstrationen gegen den Präsidenten breit. In der Presse wurde er heftig angegriffen und verunglimpft. In dieser aufgeheizten Stimmung kam es Ende 1890 zum Entscheidungskampf. Da der Kongress im Oktober Balmacedas Haushalt für 1891 abgelehnt hatte, erklärte der Präsident den alten Haushalt kurzerhand weiterhin für gültig. Als diese Erklärung im Januar 1891 veröffentlicht wurde, hatte die Opposition bereits reagiert. Ein Komitee aus Vertretern aller Parteien verständigte sich darauf, Balmaceda abzusetzen und mit Hilfe der Marine unter Kapitän Jorge Montt eine Regierung zu schaffen, die die Verfassung wiederherstellen sollte. Selbstverständlich war dieser Putschversuch ebenso wenig verfassungskonform wie die selbstherrliche Erklärung des Präsidenten in der Haushaltsangelegenheit, aber darauf kam es nun nicht mehr an.

Im Januar 1891 befand sich Chile im Bürgerkrieg. Während die führenden Köpfe der Kongresspartei Santiago verlassen hatten und sich auf den Schiffen der Kriegsmarine in Sicherheit brachten, konnte der Präsident auf die Armee zählen. Zunächst ergab sich ein Patt, aber mit zunehmender Kriegsdauer schlug die Lage zugunsten der Kongresspartei um. Von See aus eroberte sie im Februar und März den wirtschaftlich wichtigen Norden des Landes. Als Gegenregierung wurde eine Junta gebildet, die aus Kapitän Montt, dem Präsidenten des Abgeordnetenhauses, Ramón Barros Luco, und dem Vizepräsidenten des Senats, Waldo Silva, bestand. Mit dem Geld aus den Salpetereinnahmen ließ man im Ausland Waffen kaufen.

Eine entscheidende Wende trat ein, als sich der preußisch-deutsche Offizier Emil Körner, seit 1886 Militärberater in chilenischen Diensten, auf die Seite der Kongresspartei schlug. Dank Körners organisatorischen Fähigkeiten gelang es den Aufständischen, ein schlagkräftiges Landheer in den Kampf zu schicken. Im August landete die Kongressarmee unweit von Valparaíso und schlug die Streitkräfte des Präsidenten in zwei blutigen Schlachten vernichtend. Im allgemeinen Durcheinander übergab Balmaceda sein Amt

José Manuel Balmaceda auf dem Totenbett, 19. 9. 1891

an General Baquedano und suchte Asyl in der argentinischen Botschaft. Am 31. August rückten die Truppen der Kongresspartei in die Hauptstadt ein. Balmaceda befand sich noch bis zum offiziellen Ende seiner Amtszeit in der Botschaft, ehe er sich am 19. September das Leben nahm. Das Foto des toten Präsidenten sollte eine Ikone der chilenischen kollektiven Erinnerung werden.

Die Politik der Parlamentarischen Republik

Die Phase, die auf den Bürgerkrieg von 1891 folgte und bis zu den Reformen von 1920 andauerte, wird in der Geschichtsschreibung in Anspielung auf das nunmehr etablierte deutliche Übergewicht des Kongresses gegenüber der Exekutive «Parlamentarische Republik» genannt. Dabei handelte es sich allerdings nicht um einen revolutionären Bruch mit der Vergangenheit, sondern vielmehr um die Durchsetzung eines bestimmten Verfassungsverständnisses auf der Grundlage des immer noch gültigen Grundgesetzes von 1833.

Nach dem Ende des Bürgerkriegs kam es zunächst zu einer Verfolgungswelle gegen die Anhänger Balmacedas, die aus öffentlichen Ämtern vertrieben wurden und teils auch ins Exil gehen mussten.

Schon Ende 1891 griff jedoch das erste einer Reihe von Amnestiegesetzen, zu eng waren die verwandtschaftlichen Beziehungen innerhalb der Oberschicht. Auch sonst kehrte man schnell zu verfassungskonformen Zuständen zurück. Jorge Montt trat Ende 1891 die Präsidentschaft an. In den Beziehungen zwischen Präsident und Parlament ergaben sich einige wichtige Veränderungen, die für die politische Geschichte dieses Zeitraums prägend sein sollten. So bekamen die politischen Parteien durch ein Netz von Klientelbeziehungen mehr Einfluss auf die Wahlen, die in zunehmendem Maß käuflich waren. Der Einfluss der Exekutive sank, und in den wichtigen Fragen des Haushalts, der Verwaltungsausgaben und des Militärbudgets war sie von der Zustimmung des Kongresses abhängig. Der Präsident verfügte nicht über das Recht zur Auflösung des Parlaments. Angesichts dieser Konstellation ist es nicht verwunderlich, dass die Parlamentarische Republik nur mäßig begabte Präsidentenpersönlichkeiten hervorbrachte. Auf die Innenpolitik nahmen die Staatsoberhäupter dieser Jahre kaum Einfluss.

In außenpolitischer Hinsicht entfalteten Präsident Jorge Montt und seine Nachfolger dagegen eine gewisse Aktivität, um einen drohenden Krieg gegen Argentinien abzuwenden. Erneut ging es um die Frage des Grenzverlaufs. Zum einen ergaben sich Meinungsunterschiede bei der Vermessung der Wasserscheide zwischen Atlantik und Pazifik, auf die man sich im Vertrag von 1881 als Grenze geeinigt hatte. Zum anderen trat Bolivien 1895 die Hochebene Puna de Atacama an Argentinien ab, die Chile allerdings seit dem Salpeterkrieg besetzt hielt. Ein Jahrzehnt lang zogen sich die Verhandlungen hin und veranlassten ein Wettrüsten auf beiden Seiten. 1904 unterzeichneten Chile und Argentinien dann einen Freundschaftsvertrag. Noch im selben Jahr konnte die chilenische Regierung auch einen formellen Friedensvertrag mit Bolivien abschließen.

Die drohende Kriegsgefahr brachte Bemühungen um die Modernisierung des chilenischen Militärs in Gang. Körner, der zum Chef des Generalstabs aufstieg, war die zentrale Figur. Ab 1895 ließ er die Zahl der deutschen Instrukteure beständig aufstocken. Ziel war es, eine disziplinierte und «entpolitisierte» Truppe nach deutschem Vorbild, kurz die «Preußen Südamerikas», zu schaffen. Die deutschen Militärberater setzten viele Reformen durch. Am wichtigsten war zweifelsohne die Einführung der allgemeinen Wehrpflicht.

Gleichzeitig betätigten sich die Offiziere als Vermittler lukrativer Geschäfte für die deutsche Rüstungsindustrie. Schon bald sahen die chilenischen Soldaten mit ihren Pickelhauben und Kaiser-Wilhelm-Bärten den preußischen Vorbildern zum Verwechseln ähnlich, wenn sie im Stechschritt zum Klang des Fehrbelliner Marsches paradierten. Die engen Beziehungen überstanden selbst die schwierigen Jahre des Ersten Weltkriegs. Chiles Neutralität wurde von Beobachtern häufig auf den Einfluss des germanophilen Militärs zurückgeführt.

Neben ihrer Tätigkeit in der Armee arbeiteten deutsche Berater auch im Bildungswesen. Angeworben von Valentín Letelier halfen sie beim Aufbau des neuen Pädagogischen Instituts, und die Erfolge der bildungspolitischen Anstrengungen dieser Jahre konnten sich sehen lassen. Der Anteil der Analphabeten an der Bevölkerung fiel von 70% im Jahr 1895 auf 50% im Jahr 1920. Obwohl erst 1920 die Schulpflicht gesetzlich festgelegt wurde, stieg die Zahl der Grundschüler schon vorher stark an. Das galt ebenso für die Studierenden, die sich seit 1888 auch an der neuen katholischen Universität sowie ab 1919 an der Universität von Concepción einschreiben konnten.

Überdies sollte die gezielte Förderung der Einwanderung aus Europa zur Modernisierung Chiles beitragen. Die Schaffung einer zentralen Kolonisationsagentur (*Agencia General de Colonización*) diente diesem Zweck. Allerdings kamen im Vergleich etwa zum Nachbarland Argentinien nur kleine Gruppen von europäischen Einwanderern ins Land, wobei das spätere Jugoslawien eine wichtige Herkunftsregion war. Die große Mehrheit der Immigranten rekrutierte sich aus den Nachbarländern Bolivien und Peru. Es handelte sich in der Regel um Angehörige der Unterschichten, denen in Chile angesichts der noch immer bestehenden diplomatischen Spannungen oftmals xenophobe bis offen rassistische Ressentiments entgegenschlugen, hielten die Chilenen sich doch im Vergleich zu den Nachbarländern für eine zivilisierte Gesellschaft von «Weißen».

Die Parteienlandschaft bildete sich in diesem Zeitraum weiter aus. Schon 1893 etablierten sich die *Balmacedistas* mit der Gründung der Liberal-Demokratischen Partei wieder auf der politischen Bühne. Im Kontext der Präsidentschaftsnachfolge von 1896 kristallisierten sich die für die folgenden Jahrzehnte typischen Kombinationen heraus. Die Mehrheitsliberalen einigten sich mit den Konservativen in der so genannten *Coalición* und setzten auf dieser Grundlage Federico Errázuriz Echaurren (1896–1901), Sohn des Präsidenten von 1871–1876, durch. Auf der Gegenseite sammelten sich der Großteil der Radikalen Partei und der *Balmacedistas* sowie versprengte Liberale in der *Alianza*, die 1901 ihren Kandidaten Germán Riesco in das Präsidentenamt brachte. Abgesehen vom Postenschacher blieb die Kirchenfrage der wichtigste Streitpunkt, wobei sich die tiefsten Gegensätze zwischen den Radikalen und den Konservativen ergaben. Prägend für diesen Zeitraum war ferner der schnelle Wechsel der Regierungen. So blieb die politische Lage trotz der auf den ersten Blick scheinbar bestehenden Stabilität angespannt.

Selbst innerhalb der Oligarchie, die die politischen Prozesse kontrollierte, regte sich bald Kritik an den Zuständen. 1906 schien dann mit Pedro Montt, erneut ein Präsidentensohn, ein neuer starker Mann gekommen, von dem viele hofften, er könne ein gewisses Gegengewicht zur Legislative darstellen. Seine Präsidentschaft blieb aber ebenso blass wie die seiner beiden Nachfolger im höchsten Staatsamt Ramón Barros Luco (1910–1915) und Juan Luis Sanfuentes (1916–1920). Sie zeigten jedoch, dass sich Chile trotz seiner Randlage und Neutralität den globalen Umbrüchen nicht entziehen konnte, die der Erste Weltkrieg mit sich brachte.

Belle Époque und soziale Frage

War die Ära der Parlamentarischen Republik an einschneidenden politischen Umwälzungen arm, so kann man von den sozialen und kulturellen Entwicklungen das Gegenteil behaupten. Die Zahl der Chilenen verdoppelte sich in diesem Zeitraum auf knapp vier Millionen. Die kleine Oberschicht genoss das Leben der Belle Époque in den rasch wachsenden Städten wie vor allem Santiago (1907 ca. 330 000 Einwohner) und Valparaíso (ca. 160 000 Einwohner) in vollen Zügen. Zum neuen Stil zählte nun etwa das sommerliche Badevergnügen am Wochenende an den mondänen Stränden von Viña del Mar, über das man dann unter der Woche in den neuartigen Illustrierten wie *Sucesos* (ab 1902) oder *Zig-Zag* (ab 1905) nachlesen konnte. Die öffentlichen Bauten dieser Epoche wie der Zentral- und der Mapochobahnhof in Santiago (1900 und 1913) ließen etwas vom Pariser Glanz in Chile erahnen. Die Modernisierung der wichtigsten Städte war in der Dekade nach der Jahrhundertwende bereits deutlich erkennbar. Elektrisches Straßenlicht gab es in Santiago schon ab 1886, und ab 1900 fuhr auch die Straßenbahn elektrisch. Die Nutzung des Telefons nahm in diesem Zeitraum zu, und die ersten Autos waren ebenso zu sehen wie das erste Flugzeug (1910).

Ihren prächtigen Höhepunkt erlebte die chilenische Belle Époque im Rahmen der 100-Jahr-Feiern der Unabhängigkeit 1910. Unter Beteiligung hochrangiger Delegationen aus dem Ausland wurden im September zahlreiche öffentliche Gebäude wie der Palast der Schönen Künste (*Palacio de Bellas Artes*) feierlich eingeweiht. Der Kongress konnte mit dem uruguayischen Abgeordneten José Enrique Rodó einen der berühmtesten lateinamerikanischen Schriftsteller seiner Zeit als Festredner begrüßen. Kunst-, Industrie- und Landwirtschaftsausstellungen waren ebenso Teil des Festprogramms wie Militärparaden (im preußischen Stil), Sportveranstaltungen und Opernbälle. Stolz präsentierte Chile der Welt seine Errungenschaften.

Der Tod des Präsidenten Pedro Montt im August 1910 warf einen Schatten auf die Feierlichkeiten. Doch auch in anderer Hinsicht waren sie keine ungetrübte Freude. Schon seit der Jahrhundertwende hatten sich in der Öffentlichkeit zunehmend kritische Stimmen zu Wort gemeldet, die eine moralische Krise ihres Landes und vor allem der regierenden Oberschicht beklagten. Ausgehend von einem in ganz Lateinamerika in diesem Zeitraum zu beobachtenden Bewusstseinswandel unter jungen Intellektuellen verlangte man eine Abkehr von der blinden Imitation ausländischer Vorbilder. Der Arzt und Pseudophilosoph Nicolás Palacios forderte in seinem Bestseller von 1904 gar eine Rückbesinnung auf die Überlegenheit der «chilenischen Rasse».

Der krisenhafte Zustand der Gesellschaft ließ sich insbesondere an den zahlreichen sozialen Missständen festmachen. Nicht, dass diese neu gewesen wären, allerdings kamen sie nun erstmals als Gegenstand einer nationalen Diskussion auf die Tagesordnung. Der Luxus der Reichen und Schönen bildete einen scharfen Kontrast zum Leben der großen Mehrheit der Bevölkerung. Bereits 1884 hatte der liberale Politiker Augusto Orrego Luco den Begriff «soziale Frage» (*Cuestión social*) für die scheinbar endemische Armut und die Tatenlosigkeit der Regierenden geprägt. Seit diesem Zeitpunkt entwickelte sich eine intensive Debatte, die vor allem aus Europa durch die internationalen Bemühungen um Sozialreformen viele Impulse erhielt. In der chilenischen Literatur schlug sich dies insbesondere im Werk des realistischen Autors Baldomero Lillo nieder, der die Probleme der Bergarbeiter als literarisches Thema aufgriff.

Mit den Jahrhundertfeiern von 1910 erreichten die Diskussionen einen ersten Höhepunkt. Sie speisten sich aus unterschiedlichen Quellen, von denen besonders der Sozialkatholizismus wichtig war, der mit der Enzyklika *Rerum novarum* (1891) auch in Chile seinen Einzug hielt. Führende konservative Politiker schlossen sich diesem Denken an. Inhaltlich wurde die soziale Krise in erster Linie auf die moralischen Verfallserscheinungen der Moderne zurückgeführt. Die chilenische Version der katholischen Soziallehre forderte von den Eliten ein stärkeres Verantwortungsbewusstsein gegenüber den Armen und aktives soziales Handeln. Neben der sozialkatholischen kristallisierte sich eine laizistische Reformströmung im Umfeld der Radikalen Partei sowie der Balmacedisten heraus, deren Ursachenanalyse eine andere war, deren Forderungen aber ähnlich klangen. Beiden Strömungen war gemein, stärkere staatliche Interventionen in gesellschaftlichen Fragen zu fordern, und beide begründeten ihre Reformforderungen mit der Revolutionsgefahr, die ihres Erachtens bei einer weiteren Nichtbeachtung der katastrophalen sozialen Lage der Unterschichten drohte.

Die angesprochenen Probleme dokumentierten die Grenzen der Modernisierung aufs Deutlichste. Noch 1920 verfügten selbst die beiden wichtigsten Städte Santiago und Valparaíso nur über eine ungenügende Trinkwasserversorgung, so dass es im Sommer zu Engpässen kam. Die 1910 mit großem Aufwand eingeweihte neue Kanalisation in Santiago war längst nicht ausreichend. In kleineren Städten oder gar auf dem Land war an eine Abwasserentsorgung noch lange nicht zu denken. Ebenso wenig gab es eine funktionierende Müllabfuhr, dementsprechend katastrophal waren die hygienischen Zustände in den Städten. Das galt natürlich auch für das

Land, nur lebten die Menschen dort nicht so dicht aufeinander. Die Enge der Wohnungen war nach wie vor das große Problem der Armen in den Städten. Mit der wachsenden Landflucht verschärfte sich die Lage, und die *Conventillos* wurden zum Synonym der sozialen Krise.

Die privilegierten Schichten reagierten auch deshalb sensibel auf die Missstände, weil die Epidemien vor ihnen nicht Halt machten. Ansteckende Krankheiten wie Cholera, Diphtherie und Pocken suchten Chile regelmäßig heim und forderten noch um 1910 rund 100 000 Todesopfer pro Jahr. Besonders erschreckend war die Kindersterblichkeit nicht nur aufgrund von Seuchen, sondern auch durch Aussetzen und Kindsmord. Überhaupt war die Verbrechensrate ein weiterer Indikator der sozialen Probleme. Die Literatur der «Krisenschule» erkannte einen Zusammenhang mit dem bei den Unterschichten vermeintlich genetisch bedingten Hang zum Alkoholismus. So war die Zahl der *Cantinas* groß. Die Sozialkritiker betrachteten auch die vielen legalen oder halblegalen Bordelle als Keimzelle von Seuchen und sozialen Schwierigkeiten. Geschlechtskrankheiten waren weit verbreitet und trugen zur hohen Kindersterblichkeit bei. Die durchschnittliche Lebenserwartung in Chile in diesem Zeitraum betrug gerade einmal 32 Jahre und zählte damit zu den niedrigsten weltweit.

Die Unterschichten hatten unter diesen desolaten Zuständen am stärksten zu leiden. Hinzu kamen beängstigende Arbeitsbedingungen. Die Zahl der Arbeitsunfälle war enorm hoch, und eine soziale Absicherung für Invaliden bestand ebenso wenig wie für Arbeitslosigkeit. Geld für die Alterssicherung zu sparen, war dem durchschnittlichen Arbeiter nicht möglich. Arbeitgeber betrachteten Krankheiten als Schwäche, die es hart zu bestrafen galt. Da ein Rechtsschutz für Beschäftigte nicht existierte, waren sie häufig Opfer der Ausbeutung durch ihren *Patron*. Überall waren die Arbeitszeiten extrem lang. Versprachen die Salpetergebiete hohe Löhne, so etablierte sich gerade hier das besonders ungerechte System der Bezahlung in Gutscheinen, den so genannten *Fichas*, die nur in den unternehmenseigenen Geschäften gegen Waren zu vielfach überhöhten Preisen eingelöst werden konnten.

Arbeitende Frauen in den wachsenden Industriebetrieben litten besonders unter der Ausbeutung, kamen doch zu den Missständen am Arbeitsplatz noch die schwere Hausarbeit und oft auch häusliche Misshandlung durch den Lebenspartner hinzu – Eheschließungen waren nicht die Regel, so dass um 1915 rund 40% aller Geburten unehelich waren. An einen Schutz etwa von Schwangeren oder jungen Müttern war lange Zeit nicht zu denken. Die Zahl der berufstätigen Frauen nahm in diesem Zeitraum rasch zu. Laut den statistischen Erhebungen der Regierung stellten Frauen 1907 bereits ein Drittel der Beschäftigten. In der Regel verdienten sie allerdings weniger als die Hälfte dessen, was man männlichen Arbeitern auszahlte. Die miserable Lage der Unterschichten insgesamt schien schier ausweglos, denn Möglichkeiten zum sozialen Aufstieg gab es praktisch nicht. In nationalen Krisenzeiten wie etwa in den Anfangsjahren des Ersten Weltkriegs steigerte sich die Misere ins Unerträgliche.

Ganz am Ende der sozialen Skala stand die indigene Bevölkerung. Die «Befriedung» stellte im offiziellen Sprachgebrauch das Ende der «Grenze» in Chile dar. Jedoch konnten sich die ca. 100 000 überlebenden Mapuche nicht an die ihnen aufgezwungene neue Lebensform als kleine Landwirte gewöhnen und blieben lange von den Hilfsleistungen der Garnisonen abhängig. Sie wurden zu einer verarmten, marginalisierten und häufig betrogenen ethnischen Minderheit in ihrer eigenen Region. Nach den Vorstellungen des chilenischen Staats, der seine Schutzfunktion kaum wahrnahm, konnte Integration nur die Aufgabe der traditionellen Identität der Mapuche bedeuten. Die Reaktion darauf war in vielen Fällen die Isolierung, und nur selten gelang die Assimilation in die chilenische Gesellschaft durch Schulbildung oder durch eine Karriere im Militär.

Es war bezeichnend, dass die indigenen Bevölkerungsgruppen in den Diskussionen um die soziale Frage kaum vorkamen, fehlte ihnen doch nach den Verfolgungen zunächst die Kraft zum Widerstand. Der entscheidende Grund dafür, dass die katastrophale Lage eines Großteils der chilenischen Bevölkerung als Thema des öffentlichen Diskurses «entdeckt» wurde, war schließlich schlichtweg die Tatsache, dass die betroffenen Unterschichten diese nicht mehr widerstandslos erduldeten. Die erste Streikwelle von 1890 richtete sich gegen das verhasste *Ficha*-System. Schon zuvor hatte es erste vereinzelte Streiks gegeben, und die Gründung der Demokratischen

Partei 1887 stellte die zunehmende Politisierung der frühen Arbeiterbewegung unter Beweis. Aufgrund der Alphabetisierungsfortschritte waren immer mehr Angehörige der Unterschichten wahlberechtigt und damit selbst für die Oligarchie interessant, wenngleich die politische Partizipation weiterhin niedrig blieb.

Eine wichtige Rolle spielte ab 1890 auch der Anarchismus in Chile. Die Anarchisten waren lebhaft an der Schaffung neuer Arbeiterorganisationen beteiligt, zu denen Interessenverbände wie die so genannten *Mancomunales* und Gewerkschaften hinzutraten. 1908 schlossen sie sich den *International Workers of the World* an, und ein Jahr später kulminierte diese Entwicklung in der Gründung der *Federación Obrera de Chile* (FOCH). Auch konservative Verbände wie etwa die *Liga de Damas Chilenas* folgten dem Trend und bemühten sich um die gewerkschaftliche Organisation von Arbeitern und Arbeiterinnen. 1910 zählte man bereits mehr als 400 mutualistische Vereinigungen und eine wachsende Zahl von Gewerkschaften.

Die zentrale Persönlichkeit der frühen chilenischen Arbeiterbewegung war der aus Valparaíso stammende Drucker Luis Emilio Recabarren, der seit 1906 für die Demokraten im Kongress saß. 1912 verließ er diese Partei und gründete den *Partido Obrero Socialista* (POS). Recabarren nahm auch in der FOCH eine Schlüsselrolle ein und verbreiterte deren Basis entscheidend, indem er 1917 die von ihm kontrollierten *Mancomunales* der Salpeterarbeiter in die Vereinigung integrierte. Der höhere Organisationsgrad der Arbeiter ließ sich an den nach der Jahrhundertwende von Jahr zu Jahr größer werdenden Massenaufläufen am Tag der Arbeit ablesen, den die Anarchisten seit 1898 feierlich begingen. Parallel dazu nahm die Zahl und Intensität der Streiks ständig zu. Zwischen 1902 und 1908 zählte man rund 200 Streiks.

Die Entwicklung war nicht frei von Rückschlägen, denn der Staat reagierte mit wachsender Brutalität auf die bedrohlich stärker werdende Arbeiterbewegung. Auf dem Land hatte sich die unnachgiebige Bekämpfung des Banditismus nach der Einführung des *Cuerpo de Gendarmes para las Colonias* (1896) bewährt. Um nichts wesentlich anderes als Banditen handelte es sich aus Sicht der Verantwortlichen auch bei den städtischen Arbeiterführern. Zwar mischten sich staatliche Stellen offiziell nicht in Arbeitskonflikte ein, doch legten sie Massenversammlungen kurzerhand als Gefahr für die öffentliche Ordnung aus, gegen die man einschreiten musste.

Hatte die Arbeiterbewegung bereits 1906 durch das große Erdbeben von Valparaíso, bei dem vor allem die Wohnviertel der Unterschichten zerstört wurden, einen Rückschlag erlitten, so stellten die Vorgänge in Iquique im Dezember 1907 den Tiefpunkt dar. Tausende streikender Salpeterarbeiter waren mit ihren Familien friedlich in der Hafenstadt zusammengekommen. Da sie nicht gewillt waren, den Anweisungen der Arbeitgeber und der Regierung in Santiago zu folgen, spitzte sich der Konflikt zu. Als es dem Kommandierenden des örtlichen Militärs nicht gelang, eine Versammlung in der Nähe der Schule Santa María aufzulösen, ließ er mit Maschinengewehren auf die Menge schießen. Die Schüsse lösten eine Panik aus, und es kam zu einem regelrechten Massaker, das zwischen 500 und 2000 Menschen das Leben kostete. Die Erinnerung an diese Tragödie sollte die Geschichte Chiles jahrzehntelang überschatten.

Allerdings konnte der Staat angesichts der drängenden sozialen Probleme und des Drucks, den private karitative oder sozialreformerische Organisationen der Mittel- und Oberschicht ausübten, nicht mehr nur repressiv reagieren. Es dauerte lange, ehe sich die Regierungen dazu durchrangen, eine zaghafte Sozialgesetzgebung umzusetzen. Das Arbeiterwohnungsgesetz von 1906 war der erste Schritt in diese Richtung. Es bestimmte den Abriss von *Conventillos*, ohne jedoch für genügend Neubauten zu sorgen. Ein Jahr später schuf die Regierung Montt die dem Industrieministerium unterstellte Arbeitsbehörde und erklärte den Sonntag zum gesetzlichen Feiertag. Fast zehn weitere Jahre sollten vergehen, ehe ab 1915 erneut Fortschritte gemacht werden konnten. Parallel dazu setzte man Maßnahmen zur Verbesserung der Volksbildung in der Kinderfürsorge und in der Hygiene um, die sich insbesondere an Frauen richteten, wurden diese doch nun als «Mütter der Nation» wahrgenommen.

Das Wiedererstarken der Arbeiterbewegung im Kontext der mexikanischen und der russischen Revolution wurde in Chile je nach sozialer Schicht mit Angst oder Enthusiasmus verfolgt. Die Aktivitäten der Arbeiter schlugen sich in zahlreichen Streiks nieder. Allein zwischen 1917 und 1920 wurden rund 130 Arbeitsniederlegungen gezählt, die sich über das ganze Land ausweiteten und nicht mehr auf einige wenige städtische Zentren begrenzt blieben. Landarbeiter nahmen erstmals aktiv daran teil. Mit dem Kriegsende setzte eine Wirtschaftskrise ein, weil die Nachfrage nach Salpeter wegfiel und die Preise für Lebensmittel rasant stiegen. Die Arbeitslosenzahlen schnellten in die Höhe, und tausende Salpeterarbeiter suchten Zuflucht in der Hauptstadt. Ein Bündnis von Arbeiterorganisationen, das sich *Asamblea Obrera de la Alimentación* nannte, organisierte im November 1918 Hungermärsche in Santiago, die 1919 in einen eintägigen Generalstreik mündeten. Diese massive Demonstration der Stärke löste bei den Regierenden die alten Reflexe aus, und das Kriegsrecht wurde ausgerufen. Die Radikalisierung der Arbeiterschaft ließ sich nicht mehr unterdrücken.

Gegen Ende der Parlamentarischen Republik hatten sich die traditionellen Gesellschaftsvorstellungen der europäisierten Oligarchie langsam, aber sicher überlebt. Neue soziale Kräfte machten sich unüberhörbar bemerkbar und drängten auf die Bühne der nationalen Politik. Politischer Erfolg wurde immer mehr an der Lösung der sozialen Probleme festgemacht. Was sich hier vollzog, war eine neuartige Politisierung des Sozialen. Die Präsidentschaftswahlen von 1920 sollten dann in der Tat einen Wandel beschleunigen, der das Ende der Parlamentarischen Republik mit sich brachte.

Reformstau und Diktatur

Vor dem Hintergrund der sozialen Kämpfe erwartete man die Wahl von 1920 mit großer Spannung, kandidierte doch mit Arturo Alessandri ein Politiker, dem seine Gegner geradezu bolschewistische Tendenzen nachsagten. Alessandris Hintergrund und Karriere ließen allerdings kaum auf radikale soziale Ansichten schließen. Lange Jahre hatte er als Abgeordneter der Liberalen gewirkt und 1915 den Senatssitz der Provinz Tarapacá erkämpft. Da Alessandri durch seine Rhetorik polarisierte, wandten sich im Vorwahlkampf 1919 Teile der traditionellen Liberalen von ihm ab. Dennoch wurde er zum Kandidaten der Allianz bestimmt. Der Präsidentschaftswahlkampf von 1920 gilt als einer der umstrittensten und emotionalsten der chilenischen Geschichte. Der Ausgang war denkbar knapp, und das Ergebnis blieb lange offen. Beide Seiten versuchten, die Auszählung durch propagandistische Maßnahmen zu beeinflussen. Kurz nach der Wahl kam es sogar zu einer Generalmobilmachung, um von der Niederlage der Regierungspartei abzulenken. Letztlich konnte Alessandri sein Amt Ende 1920 dennoch antreten.

Der Enthusiasmus, den Alessandris Wahlsieg in Teilen der Arbeiterschaft und der Mittelschichten auslöste, sollte sich bald legen. Unter den noch immer gültigen konstitutionellen Spielregeln der Parlamentarischen Republik hatte der Kongress die Macht, jeglichen Reformeifer im Keim zu ersticken, und er machte davon Gebrauch. Wie seine Vorgänger war Alessandri gezwungen, sein Kabinett immer wieder zu verändern. Schwerer wog, dass die von ihm im Wahlkampf versprochene und 1921 eingebrachte Arbeitsgesetzgebung vom Parlament blockiert wurde. Die Wahlerfolge der Allianz im Abgeordnetenhaus 1921 und 1924 änderten nichts an der politischen Pattsituation, da der Senat in der Hand der Opposition blieb und Alessandri mit Widerständen in den eigenen Reihen zu kämpfen hatte.

Selbst in der Außenpolitik schien die Regierung Alessandri glücklos. Das Ende des Ersten Weltkriegs und die Friedenskonferenz in Paris schufen ein Klima der friedlichen Streitschlichtung, das sich auch auf Lateinamerika auswirkte. Die Nachbarländer Peru und Bolivien wollten diese Situation ausnutzen und in der aus ihrer Sicht noch immer offenen Frage der Grenzprovinzen Tacna und Arica eine Revision erzielen. Mit Alessandris Amtsantritt wuchsen die Hoffnungen auf eine friedliche Lösung des Problems. Dieser war bereit, die traditionell ablehnende chilenische Haltung gegenüber ausländischer Vermittlung im Streit mit Peru aufzugeben und die Vereinigten Staaten zu Hilfe zu rufen. In der Konferenz von Washington einigten sich Chile und Peru 1922 darauf, den Schiedsspruch des US-Präsidenten zu akzeptieren, der 1925 erfolgte und eine Volksabstimmung unter Aufsicht der USA vorsah. Den Kritikern von Alessandri ging bereits dieses Zugeständnis zu weit.

Abgesehen vom politischen Stillstand, der in der Öffentlichkeit zunehmend kritisch kommentiert wurde, gab dem aufmerksamen

Beobachter auch die wirtschaftliche Entwicklung Anlass zur Sorge. Zwar erholte sich die Salpeterwirtschaft langsam wieder, doch die Zukunft war in Anbetracht des Aufstiegs der europäischen Nitratindustrie mehr als unsicher. Einzelne Sektoren der Landwirtschaft, vor allem der Weinbau, entwickelten sich zwar günstig, die Grundprobleme der ungerechten Verteilung des Landbesitzes und der fehlenden Modernisierungsanreize blieben jedoch bestehen.

Wirtschaftliche Unsicherheit, gepaart mit Frustration über das politische System, bereiteten den Boden für eine zunehmende Radikalisierung der Politik. Die von Recabarren kontrollierte FOCH und POS traten 1921/22 der Kommunistischen Internationale bei, im Folgenden wurde die POS zur Kommunistischen Partei Chiles (PC). Die Arbeitskämpfe blieben hoch umstritten und forderten weiterhin viele Todesopfer. Dabei stellte sich die Zersplitterung der Arbeiterbewegung in unterschiedliche, miteinander konkurrierende Richtungen von Anarchisten, Kommunisten etc. als Schwäche heraus. Die Haltung der Regierenden änderte sich wenig. Trotz seiner Wahlkampfrhetorik unterschied sich Alessandri beim Umgang mit den Protesten kaum von seinen Vorgängern. Nicht nur die Arbeiter, auch die städtischen Mittelschichten waren von der Krise betroffen. Steigende Lebenshaltungskosten bei gleichzeitiger Kürzung der Gehälter der Staatsangestellten verstärkten die Unzufriedenheit.

1924 war die Situation so gespannt, dass es nur noch des berühmten Tropfens bedurfte, um das Fass zum Überlaufen zu bringen. Er kam, als sich die Parteien der Allianz und der Union im Februar darauf einigten, ein Diätengesetz zu erlassen, und dafür sogar die notwendige Verfassungsänderung in Angriff nehmen wollten. Ein Aufschrei der Empörung gegen die politische Klasse als solche, der es nicht gelang, eine Sozialgesetzgebung auf den Weg zu bringen, wohl aber das persönliche Wohl abzusichern, war unüberhörbar. Die Entrüstung darüber bereitete einem radikalen Umbruch den Boden, der sich im September vollzog.

Mit dem Militär kehrte 1924 eine Institution in den Mittelpunkt des politischen Geschehens zurück, die bereits im 19. Jh. eine wichtige, wenngleich vielfach unterschätzte Rolle gespielt hatte. Allerdings hatte sich das Militär seit dem Bürgerkrieg von 1891 sehr verändert. Die Professionalisierungsanstrengungen hatten sich insofern ausgezahlt, als das Ansehen des Offiziersstands in der Gesellschaft und damit auch die Attraktivität dieser Laufbahn stark gestiegen waren. Ein neuartiges Wirgefühl und Standesbewusstsein der Offiziere, das auf der bewussten Abgrenzung von den Zivilisten basierte, hatte sich herausgebildet. Daraus leitete man eine moralische Überlegenheit, ja geradezu eine Zivilisierungsmission des Militärs in der Gesellschaft ab. Doch fehlte es an den finanziellen und anderweitigen Voraussetzungen, um die Reformen, die das Offizierskorps forderte, durchzusetzen. Kam es zu Problemen in den internationalen Beziehungen wie denjenigen zwischen 1894 und 1904 vor allem mit Argentinien und Bolivien, so wurde fieberhaft aufgerüstet. Legten sich die Krisen, drohten Budgetkürzungen, und die Beförderungsaussichten verschlechterten sich massiv. Von Planungssicherheit konnte nicht die Rede sein.

Das elitäre Missionsbewusstsein der Militärs stieß sich auch an den sozialen Realitäten Chiles. So ließ etwa die Umsetzung der allgemeinen Wehrpflicht in der Praxis viel zu wünschen übrig. Die starke soziale Selektivität zeigte sich daran, dass Ausnahmeregelungen z. B. für die Söhne der Oberschicht an der Tagesordnung waren. Auch Arbeiter entzogen sich auf vielfache Weise, und manche Arbeitgeber lehnten die Wehrpflicht wegen des Entzugs von Arbeitskräften ab. Beförderungen in der Offizierslaufbahn konnten noch immer durch gute Kontakte zu Regierungsstellen beschleunigt werden. Anstatt seine nationale Integrativkraft voll entfalten zu können, wurde das chilenische Militär von den zivilen Oberbefehlshabern zunehmend zur Unterdrückung streikender Arbeiter eingesetzt oder zur Manipulation innenpolitischer Konflikte instrumentalisiert. Die Scheinmobilmachung von 1920 war in dieser Hinsicht der Höhepunkt des Missbrauchs durch die Zivilisten. So wurde die Armee als Instrument zur Erhaltung der oligarchischen Ordnung und des gesellschaftlichen Status quo immer wichtiger. Zu Beginn der 1920er Jahre wollte das professionalisierte Militär diese seinem eigentlichen Auftrag zuwiderlaufende Rolle nicht mehr länger akzeptieren. Hinzu kam, dass die Offiziere von den Haushaltsproblemen der Regierung Alessandri in besonderem Maß betroffen waren. Seit längerem schon warteten sie vergeblich auf die zugesagte Modernisierung ihrer Ausrüstung und Unterkünfte.

Das Eingreifen der Armee in die Politik vollzog sich in mehreren Phasen. Putschpläne hatte es bereits vor 1914 gegeben. Seit 1920 suchte die Opposition ein Bündnis mit dem Militär, um den verhassten Alessandri zu stürzen, und fand offene Ohren vor allem bei älteren konservativen Offizieren. Allerdings hatte das Offizierskorps keineswegs einheitliche politische Reformvorstellungen. Jüngere Mitglieder lehnten die Rückkehr zum Phlegma der Parlamentarischen Republik strikt ab. Am 2. September 1924 spitzte sich die Lage zu, als unzufriedene Offiziere im Senat auftauchten und ihren Unmut demonstrativ durch Säbelrasseln bekundeten. Drei Tage später berief Alessandri unter dem Druck einer neu gebildeten *Junta militar y naval* den Generalinspekteur der Armee, Luis Altamirano, zum Chef eines neuen Kabinetts. Die Junta-Mitglieder entstammten den Jahrgängen, die von deutschen Lehrern an der Militärakademie geprägt worden waren. Einige hatten Lehrgänge in Deutschland absolviert. Kopf der Gruppe war Carlos Ibáñez del Campo.

Zunächst ohne dauerhaft die Regierungsgewalt zu beanspruchen, waren die Militärs darum bemüht, eine Lösung der gesellschaftlichen Probleme durchzusetzen. Am 8. September dekretierte Altamirano die Annahme zahlreicher Gesetze, darunter die Sozialgesetze, durch den Kongress. Da sich die Junta aber nun nicht auflösen wollte, dankte Alessandri am folgenden Tag ab und ging ins Exil. Die Militärs reagierten mit der Bildung einer Regierungsjunta, die aus Altamirano und den Oberbefehlshabern der Waffengattungen bestand. Diese löste den Kongress auf und verkündete in ihrem «Manifest vom 11. September» die Absicht, die Republik zu retten und aus der politischen Sackgasse herauszuführen.

In der Folgezeit kam es zur Spaltung innerhalb des Offizierskorps. Während die älteren Offiziere um Altamirano einen konservativen Zivilisten ins höchste Staatsamt hieven wollten, lehnten die jüngeren Chargen um Carlos Ibáñez dies ab und lösten die Regierungsjunta im Januar 1925 mit Waffengewalt auf. Um sich den nötigen politischen Rückhalt zu verschaffen, riefen sie den immer noch sehr beliebten Alessandri aus dem Exil zurück, und in den Folgemonaten etablierte sich ein Zweckbündnis der Junta mit Alessandri. Der Kongress blieb geschlossen, und Ibáñez zog als neuer Kriegsminister und starker Mann die Fäden. Der Präsident nutzte diese

Monate, um einige Reformen wie die Einführung einer Zentralbank zu dekretieren. Den 1. Mai erklärte er zum Feiertag, ging aber gegen streikende Arbeiter so rücksichtslos vor wie bisher.

Außerdem ging man nun daran, die Verfassung grundlegend zu ändern, um einer Rückkehr zur Bewegungsunfähigkeit der späten Parlamentarischen Republik vorzubeugen. Unter Beteiligung aller Parteien inklusive der Kommunisten arbeitete eine Constituante die neue Verfassung aus, die im Juli 1925, nicht ohne erneuten Druck des Militärs, angenommen wurde. Die Verfassung von 1925, die die portalianische von 1833 ablöste, war die zweite wichtige Konstitution in der Geschichte Chiles. Sie gab dem Staat den Auftrag, die politischen Rechte der Bürger zu schützen, für eine soziale Grundsicherung zu sorgen und die wirtschaftliche Entwicklung zu fördern. Staat und Kirche wurden endgültig getrennt. Die Verfassung knüpfte insofern an ihre Vorgängerin an, als die Rolle der Exekutive wieder gestärkt wurde. Der Präsident erhielt Ernennungsbefugnisse im Bereich der Verwaltung, der Armee und der Justiz. Durch die zentralistische Staatsordnung konnte er seine Kontrolle direkt auf die Provinzen ausdehnen. Damit war aber keineswegs die Rückkehr zum Verfassungssystem von vor 1891 bzw. 1870 verbunden, der Kongress behielt vielmehr eine effektive Kontrollfunktion gegenüber der Regierung. So konnte er mit einer Zweidrittelmehrheit den Präsidenten lahmlegen.

Das Zweckbündnis zwischen Alessandri und Ibáñez zerbrach schnell wieder. Da man in der Frage der Nominierung eines Kandidaten für die Präsidentschaftsnachfolge, die im Dezember 1925 anstand, keine einvernehmliche Regelung fand, trat Alessandri im Oktober ein zweites Mal von seinem Amt zurück. Zum Erstaunen vieler Beobachter kandidierte nun aber nicht Ibáñez, der mit dem Anspruch auf die Kandidatur die Krise erst ausgelöst hatte, sondern der Liberal-Demokrat Emiliano Figueroa Larraín als zunächst einziger Kandidat einer großen Parteienkoalition, und er gewann die Wahl. Unter Figueroa stellten sich allerdings schnell die alten Mechanismen der Parlamentarischen Republik wieder ein, was sein Kriegsminister Ibáñez nicht lange dulden wollte. Ibáñez stieg im Februar 1927 zum Innenminister auf und setzte sofort diverse repressive Maßnahmen durch. Er war nun der unverhohlen starke Mann der chilenischen Politik. Figueroa zog im Mai die Konsequenzen und trat zurück. Noch im selben Monat errang Ibáñez einen unangefochtenen und überwältigenden Wahlsieg. Nach dem Chaos des krisenhaften Parlamentarismus war nun wieder Autorität gefragt.

Vom Anspruch her handelte es sich beim Ibáñez-Regime um eine der ersten reformorientierten Entwicklungsdiktaturen, die die Geschichte Lateinamerikas in den folgenden 60 Jahren prägen sollten. Getreu dem viel beschworenen «Militärethos» versprach Ibáñez, Klassengegensätze zu überbrücken und «antinationale» Ideologien wie insbesondere den Kommunismus zu bekämpfen. Außerdem war er darum bemüht, den Einfluss der Armee auf die Politik wieder zurückzuschrauben. Das Ideal des apolitischen Militärs hatte man nach den Ereignissen von 1924–1927 keineswegs aufgegeben. Um sein autoritäres System zu stützen und oppositionelle Kräfte im Innern zu unterdrücken, degradierte Ibáñez das Parlament zum bloßen Akklamationsorgan, etablierte ein Informantensystem, ließ zahlreiche Politiker ausweisen, sprach ein Verbot gegen den PC aus und ging rücksichtslos gegen die Arbeiterbewegung vor. Er begründete die Willkür mit dem Argument einer angeblich notwendigen überparteilichen Modernisierung. Dabei vertraute er vor allem auf die paramilitärischen *Carabineros*, die er – auch als Gegengewicht zum Heer – durch eine Polizeireform schon 1927 erheblich aufstockte und seinem direkten Befehl unterstellte.

Paradoxerweise erreichte ausgerechnet der nationalistische Ibáñez im außenpolitischen Bereich die Versöhnung mit Peru. Eine US-amerikanische Kommission bereitete das Plebiszit in der Übergangsphase 1925/26 vor Ort in Arica vor. Die Arbeit gestaltete sich wegen der fremdenfeindlichen Stimmung auf beiden Seiten schwierig. Immer wieder kam es zu Übergriffen auf die in der Region lebenden Peruaner, und die US-amerikanischen Kommissionsmitglieder kritisierten die Obstruktionstaktik der chilenischen Autoritäten. Gleichzeitig warf die chilenische Presse den US-Delegierten Parteilichkeit vor. Im Mai 1926 entschied die US-Regierung, die Vorbereitungen abzubrechen, was auf beiden Seiten Schuldzuweisungen auslöste.

Mit dem Beginn des Ibáñez-Regimes ergab sich eine neue Sachlage. Bei den persönlichen Verhandlungen zwischen Ibáñez und dem peruanischen Diktator Augusto Leguía spielte die Öffentlichkeit nur eine untergeordnete Rolle. 1928 wurden die Kontakte zwischen Peru und Chile wieder aufgenommen. Ein Jahr später stimmte das Ibáñez-Regime in einem Geheimabkommen der Rückgabe der Provinz Tacna an Peru zu und erhielt dafür endgültig Arica zugesprochen. Um sich vor der eigenen Bevölkerung in dieser für beide Seiten zur nationalen Glaubensfrage gewordenen Angelegenheit rechtfertigen zu können, kam man auf den Gedanken, erneut die Vereinigten Staaten einzuschalten. Washington wurde gebeten, offiziell als Vermittler und Initiator des Abkommens aufzutreten, was die US-Regierung akzeptierte. Ibáñez konnte die Aufgabe eines Teils des nationalen Territoriums der chilenischen Öffentlichkeit gegenüber nun mit dem Hinweis auf den angeblich starken diplomatischen Druck Washingtons verteidigen.

Im Inneren war Ibáñez' Politik nicht nur repressiv. Im Gegenteil, er war angetreten, um ein «neues Chile», ein *Chile Nuevo*, zu errichten. Das Regime setzte dieses Projekt um, indem es einen modernen Interventionsstaat entwickelte. Durch Machtkonzentration und Zentralisierung konnte dieser Aufgaben sozioökonomischer Politik übernehmen, Ressourcen verteilen und schrittweise selbst zum Produzenten und Finanzier von Gütern, Dienstleistungen und Infrastruktur werden. Der Staat griff direkt in das Marktgeschehen ein und verabschiedete sich vom liberalen Modell der strengen Trennung von Wirtschaft und Gesellschaft.

Das schien insbesondere mit Blick auf den Lebensnerv der chilenischen Wirtschaft, den Salpetersektor, auch dringend notwendig. Angesichts der Abhängigkeit vom Salpeterexport und der Tatsache, dass rund eine halbe Million Chilenen direkt oder indirekt von diesem Wirtschaftszweig lebten, waren die Sorgen durchaus berechtigt. Ein Hoffnungsschimmer ergab sich erst 1924, als die Guggenheims die Salpeterproduktion mit ihren modernen Verfahren revolutionierten. Die weltweite Überproduktion wurde jedoch 1930 im vollen Umfang sichtbar. Daher erließ das Ibáñez-Regime im Juli ein Gesetz zur grundlegenden Reorganisation dieses Wirtschaftssektors, wobei es einer alten Forderung der Produzenten entsprach und die Exportsteuer abschaffte, von der der chilenische Staat mehr als 50 Jahre lang gelebt hatte, gleichzeitig aber die Kooperation von Staat und Privatwirtschaft in einem nationalen Salpeterunternehmen etablierte. Mit dieser Rationalisierungsmaßnahme wollte man im Kampf gegen die Wirtschaftskrise bestehen.

Bei der Ausweitung staatlicher Aktivitäten in allen Bereichen der chilenischen Gesellschaft stützte sich Ibáñez auf eine Gruppe junger Technokraten. Effizienz und apolitisches Handeln wurden zu zentralen Legitimationsargumenten staatlicher Willkür erhoben. Ibáñez profitierte dabei vom nationalistischen Diskurs, der im Zusammenhang mit den Diskussionen um die soziale Frage seit 1900 kontinuierlich an Bedeutung gewonnen hatte. Beim chilenischen Nationalismus der Phase von 1900 bis 1932 handelte es sich weniger um die reaktionär-faschistische oder die linksradikal-kommunistische Variante als vielmehr um einen reformerischen Nationalismus, der vor allem von der aufstrebenden progressiven Mittelschicht getragen wurde. Während ein 1916 gegründeter *Partido Nacionalista* nur kurzlebig war, griffen die traditionellen Parteien die nationalistische Rhetorik dankbar auf. Vor allem der *Partido Radical* entwickelte sich zum Sammelbecken des Reformnationalismus. Ibáñez instrumentalisierte diesen Diskurs zur Stabilisierung seiner Macht. Der Entwicklungsnationalismus wurde in dieser Phase zur Staatsdoktrin erklärt.

Die Forderung nach wirtschaftsnationalistischen Maßnahmen war ein zentraler Bestandteil dieses Dogmas. Der Abfluss der Profite aus den Bodenschätzen ins Ausland, der fehlende Schutz für heimische Produzenten, die Tatsache, dass sich Schlüsselsektoren der chilenischen Wirtschaft in der Hand von Ausländern befanden, all dies wurde seit einigen Jahren heftig kritisiert. Insbesondere die von Ausländern dominierten Kartelle der Salpeterwirtschaft waren immer wieder Stein des Anstoßes, da die Abhängigkeit vom ausländischen Kapital hier besonders spürbar war. Man forderte daher dem Vorbild der mexikanischen Revolution entsprechend die Nationalisierung der Bodenschätze und die Einführung protektionistischer Schritte. Kein Wunder, dass Ibáñez in seiner ersten Rede vor dem Kongress die Durchsetzung eines entsprechenden Programms versprach.

In der Tat zielten viele der von Ibáñez umgesetzten Maßnahmen in die nationalistische Richtung. Die moderne Arbeitsgesetzgebung fand nun in ganz Chile Anwendung und wurde 1931 im neuen Arbeitsgesetzbuch zusammengefasst. Sie wurde begleitet von einer

Reform des Gesundheitswesens. Die Sorge um Mutterschaft und Kinder spiegelten die Diskussionen um die Verbesserung der «Rasse» im Kontext des zeitgenössischen Eugenikdiskurses wider. Das 1925 eingeführte Hygienegesetz (*Ley de la Raza*) sowie die Maßnahmen gegen den verbreiteten Alkoholismus waren ebenfalls Ausdruck dieser Debatten.

Nach der Zerschlagung der sozialistischen Arbeiterbewegung setzte das Regime die Organisation der Arbeiter in so genannten «legalen Gewerkschaften» durch. Die Arbeiterschutzmaßnahmen kosteten gerade auch die ausländischen Investoren viel Geld, doch ihre Proteste verhallten ungehört. Hinzu kamen Sonderzölle für ausländische Waren, die Anhebung der Besteuerung ausländischer Unternehmen und die Vorabnationalisierung der Erdölvorkommen. Besondere Förderung erfuhr zwischen 1928 und 1931 die Landwirtschaft durch eine 71-%ige Erhöhung der Einfuhrzölle auf landwirtschaftliche Produkte, was zu Lasten der Konsumenten ging und zu ersten Unruhen in der Bevölkerung führte. Auch die Schaffung von staatlichen Kreditinstituten zur Unterstützung von Landwirtschaft, Bergbau und Industrie war konzipiert, um die nationale Produktion auszuweiten. Insgesamt handelte es sich um eine planmäßige staatliche Wirtschaftspolitik, die stark protektionistische Züge trug.

Viele der Maßnahmen wirkten aber auf den ersten Blick radikaler, als sie de facto waren. Oft handelte es sich nur um kosmetische Bestimmungen, die den Forderungen der nationalistischen Öffentlichkeit gerecht werden sollten. Tatsächlich verstärkte sich unter Ibáñez nämlich wie unter keinem seiner Vorgänger während der Parlamentarischen Republik die Auslandsabhängigkeit, wobei sich entscheidende strukturelle Veränderungen ergaben. Seit dem Ersten Weltkrieg war es zu einem Boom US-amerikanischer Investitionen in Chile gekommen, der sich nun erheblich beschleunigte. US-Dollars überholten die bis dahin dominierenden britischen Anlagen deutlich. Zwischen 1927 und 1929 verdoppelten sich die Dollarinvestitionen auf die für damalige Verhältnisse enorme Summe von rund einer Milliarde US-Dollar. Ob im Bergbau, im öffentlichen Versorgungssektor, im Handel, im Bau-, Versicherungs- oder Bankwesen, überall waren Unternehmen aus den Vereinigten Staaten geradezu fieberhaft aktiv.

Obwohl sich die chilenischen Staatseinnahmen nicht zuletzt dank einer Steuer- und Bankreform, die eine US-amerikanische Expertenkommission 1925 eingeführt hatte, positiv entwickelten und die einseitige Abhängigkeit vom Salpeterzoll verringert werden konnte, nahm das Regime nun großzügig Kapital in den USA auf. Das Geld wurde vor allem verwendet, um die zahlreichen staatlichen Infrastrukturprojekte, die umfangreichsten seit der Präsidentschaft Balmacedas, zu finanzieren. Anleihen aus New York waren zu vergleichsweise günstigen Bedingungen zu haben, denn Chile galt als stabiles politisches System mit großen Zukunftsaussichten. So verdrängte New York im Lauf weniger Jahre die Londoner City als Hauptquelle von Anleihekapital.

Trotz der grundsätzlich positiven Haltung des Ibáñez-Regimes gegenüber den US-amerikanischen Investitionen ergaben sich zahlreiche Konfliktfälle in den Beziehungen zu den Unternehmen aus den Vereinigten Staaten. Sie beweisen die Kraft des nationalistischen Diskurses, als dessen ausführendes Organ sich das Regime verstand und der Öffentlichkeit präsentierte. Der selbst gestellte Anspruch war hoch, und schnell stieß Ibáñez an seine Grenzen. Wollte er sein Ziel, die Schaffung eines «neuen Chile», nicht aufs Spiel setzen, so benötigte er weiterhin großzügige Dollaranleihen und das Know-how aus den USA. Daher mussten Zugeständnisse gemacht und wichtige nationalistische Gesetzesvorhaben verwässert oder verschoben werden. Andererseits appellierte Ibáñez bewusst immer wieder an nationalistische Emotionen, um bestimmte Maßnahmen zu legitimieren. Damit entstand ein Erwartungsdruck in der Öffentlichkeit, dem das Regime trotz seiner Kontrolle über die Medien nicht mehr standhalten konnte, als sich die wirtschaftlichen Rahmenbedingungen radikal veränderten.

Fundamente der Nordamerikanisierung

Unter dem Ibáñez-Regime erlebte Chile den ersten Höhepunkt eines Prozesses, der für die weitere Geschichte des Landes im 20. Jh. prägend sein sollte. Die Begegnungen mit den USA – und zwar sowohl auf einer greifbaren als auch auf einer symbolischen Ebene – nahmen an Zahl und Intensität zu. Natürlich waren die Vereinigten Staaten mit ihrer durch den Ersten Weltkrieg gewachsenen Macht der stärkere Partner, doch konnten sie Chile nicht einfach im Sinne einer friedlichen Penetration vereinnahmen, wie das später oft behauptet wurde. Die Chilenen eigneten sich vielmehr aus dem breiten Angebot dessen, was sie als US-amerikanischen Lebensstil wahrnahmen, das an, was in ihrem kulturellen Umfeld Sinn machte.

Unter dem Eindruck des spanisch-kubanisch-US-amerikanischen Kriegs von 1898/99 wurden die Vereinigten Staaten vielerorts – nicht nur in Lateinamerika – als neue Führungsmacht angesehen, die die Welt nachhaltig verändern, «amerikanisieren» sollte. Das löste unterschiedliche Reaktionen aus, die von enthusiastischem Zuspruch bis hin zu tief sitzendem Abscheu reichten. Chilenische Intellektuelle der «Krisenschule» setzten sich mit dem Phänomen intensiv auseinander, denn die Missstände im eigenen Land nach 100 Jahren Unabhängigkeit standen scheinbar in krassem Gegensatz zu dem, was der große Nachbar im Norden in diesem Zeitraum erreicht hatte.

Durch die Investitionen in allen Bereichen der chilenischen Volkswirtschaft und ihre außenpolitische Präsenz z. B. in der Tacna Arica-Frage hatten die Vereinigten Staaten eine bisher ungekannte Bedeutung für Chile gewonnen. Dabei ergab sich eine Asymmetrie, die den USA ein immer deutlicher werdendes Übergewicht verlieh. Aus Sicht vieler Chilenen war der Preis dessen, was sie «Nordamerikanisierung» nannten, allerdings hoch. So mussten sie mit ansehen, wie die USA sich zum übermächtigen Schiedsrichter in den eigenen Außenbeziehungen entwickelten und die Bedeutung ihres eigenen Landes als Regionalmacht sank. Gleichzeitig riefen die explosionsartig angewachsenen US-Investitionen ein Gefühl der Abhängigkeit hervor. Das Ergebnis waren zunehmende Konflikte und Kritik.

Seit der Jahrhundertwende lernte eine kontinuierlich wachsende Zahl von Chilenen die Vereinigten Staaten durch Reisen kennen und knüpfte dort persönliche Beziehungen. Oft handelte es sich dabei anders als bei den traditionellen Europareisenden, die in der Regel der Oberschicht angehörten, um Angehörige der Mittelschicht. Schon seit den 1880er Jahren war diese Gesellschaftsschicht merklich gewachsen. Das war nicht zuletzt auf die neuen Arbeitsangebote in Handel und Finanzen, Schulen und Universitäten zurückzuführen. Außerdem war die in diesem Zeitraum sich rasch vergrößernde öffentliche Verwaltung wichtig. Nicht selten war bei der Vergabe von Verwaltungsposten politische Patronage im Spiel, wobei sich die steigende Bedeutung der Radikalen Partei zeigte. In den 1920er Jahren entsandte die Regierung viele meist akademisch gebildete und oftmals noch junge Experten zu Erkundungsreisen in die USA. Auch die große Mehrheit derjenigen, die nicht in den Genuss einer solchen Mission kamen und sich die Reise nicht leisten konnten, hatte in zunehmendem Maß Gelegenheit, «echte» Yankees kennen zu lernen, da diese ihrerseits immer häufiger ins Land kamen. Obwohl nicht selten ein Gefühl der tiefen Fremdheit zurückblieb, waren diese Reisen zwischen Süden und Norden wichtige Interaktionen.

Der Abstecher zum großen Nachbarn im Norden war die Entdeckung einer fremden neuen Welt der Zukunft. Das amerikanische Andere wurde als Modell der Moderne akzeptiert, wenn auch nicht immer geliebt. Industrie, Technologie, Großstädte und moderne Universitäten faszinierten vor allem junge Chilenen. Oft zeichneten die Medien, die ausgiebig über die USA berichteten, aber ein verzerrtes Bild, und Sensationsmeldungen ersetzten die differenziertere Analyse. In dieser Hinsicht ebenso wie mit Blick auf die Nachrichtenagenturen und das Layout folgten die chilenischen Medien dem, was sie als US-amerikanisches Vorbild wahrnahmen.

Die Bilder von den Vereinigten Staaten, die durch die Berichte der Reisenden sowie durch die umfangreichen Reportagen entstanden, setzten sich aus einer Vielzahl oft widersprüchlicher Eindrücke und Wertungen zusammen, die den Hang zu Superlativen gemein hatten. Elemente von Ruhm, Größe und Fortschritt kontrastierten mit den abgründigen und hässlichen Seiten menschlichen Lebens. Die Zunahme an Informationen über die US-amerikanische Gesellschaft in den 1920er Jahren trug nicht zu einem besseren Verständnis des großen Nachbarn im Norden bei, wurden sie doch zumeist direkt mit bereits bestehenden Stereotypen wie zum Beispiel Materialismus oder Arbeitswahn assoziiert. Hintergründe und Motive interessierten nur am Rande, im Mittelpunkt stand die Anwendbarkeit auf die eigene Situation.

Sehr viele Chilenen aus unterschiedlichen sozialen Schichten waren im Zeitraum von ca. 1904 bis 1932 auf die eine oder andere Weise von den wirtschaftlichen Aktivitäten der USA in ihrem Land betroffen. Sie profitierten von den nordamerikanischen Investitionen, indem sie Arbeitsplätze fanden oder in den Genuss neuartiger Konsumgüter kamen. Darüber hinaus beobachteten sie aber auch mit Sorge die Entstehung quasiautonomer Unternehmensenklaven im eigenen Staat.

Die Bergbauenklaven waren das verkleinerte Spiegelbild dessen, was die Vereinigten Staaten als solche in den Augen der chilenischen Beobachter repräsentierten. Sowohl für die einheimischen Arbeiter als auch für die im Bergbau tätigen Unternehmer waren die US-amerikanischen Enklaven eine ambivalente Erfahrung. Hohe Löhne sowie die Modernität und riesigen Dimensionen der Produktionsanlagen standen im Gegensatz zur ebenfalls dort anzutreffenden Ausbeutung und bedrohlichen Konkurrenz. Arbeiterunruhen und Streiks kamen häufig vor, und die Bergbauunternehmen reagierten unter Missachtung chilenischer Gesetze.

Für die Städter war die harte Realität in den Enklaven weit entfernt, und die Möglichkeit der Teilhabe am «amerikanischen Traum» des Konsums lenkte sie ab. Diese Entwicklung steckte zwar noch in den Anfängen, und große Teile der Bevölkerung blieben davon ausgeschlossen. US-amerikanische Waren wurden in Chile aber zu Vorboten der Moderne in einer noch immer zu großen Teilen traditionellen Gesellschaft. Je nach Perspektive des Betrachters stellten die fremdartigen Produkte und Unternehmen der Yankees ein Versprechen für die zukünftige Entwicklung des eigenen Landes oder eine Bedrohung der nationalen Eigenart dar.

Die Kritik am Eindringen des nordamerikanischen Kapitals wurde zum festen Bestandteil der Attacken gegen den Imperialismus der Vereinigten Staaten, die bis in die 1930er Jahre hinein an Intensität zunahmen. Angesichts der unbestreitbaren Dominanz der USA und der Welle des Interventionismus in der von ihnen so genannten «westlichen Hemisphäre» war es nicht verwunderlich, dass die Chilenen empfindlich reagierten. Die Yankees verletzten deren Stolz mehr als einmal, indem sie, wie es schien, die chilenische Wirtschaft zunehmend in ihre Hand brachten, die Regierungen gängelten und auch auf der panamerikanischen Bühne rücksichtslos auftraten. Im Lauf der 1920er Jahre erweiterte sich der Kreis derjenigen, die die US-Außenpolitik öffentlich angriffen. Die chilenische Öffentlichkeit war damit Teil einer weltweiten Diskursgemeinschaft, in der die Bedeutung des Anti-US-Amerikanismus stieg. Die negative Einschätzung des usurpatorischen «Yankee» entwickelte sich zum zentralen Bestandteil volkstümlicher Vorstellungen von den Nordamerikanern und verband sich mit der Sorge vor deren Übermacht in Lateinamerika und in der ganzen Welt.

Ab ca. 1910 bemerkten die Zeitgenossen, dass weitere und anscheinend noch gefährlichere oder – aus anderer Perspektive – viel versprechende Begegnungen mit den Einflüssen aus den USA entstanden. Der Lebensstil der Nordamerikaner, der «American way of life», als Symbol der Modernität und des sozialen Wandels rückte damit in den Mittelpunkt des Interesses sowohl der Kritiker als auch der Befürworter. Er schien sich vor allem in einer spezifisch US-amerikanischen Form von Kultur niederzuschlagen, die Faszination und Konsternation zugleich hervorrief, denn sie unterwanderte und veränderte die Grundlagen der eigenen Gesellschaft. Manche Beobachter begrüßten die Modernisierungsaspekte eines neuen kulturellen Modells, das Freiheit und Abwechslung versprach. Die beeindruckenden Errungenschaften der Yankees fanden Bewunderung und spiegelten sich etwa in den Ansätzen zur Neugestaltung der chilenischen Hauptstadt wider. Andere betonten die bedrohliche Seite von Dekadenz und Verfall, die sie mit der US-Kultur assoziierten.

Die chilenischen Vorstellungen von Kultur an sich verlangten in diesem Zeitraum nach einer Neudefinition, denn kulturelle Ausdrucksformen wurden immer mehr zur vermarktungsfähigen und reproduzierbaren Ware. Das galt vor allem für diejenigen, die von den USA auszugehen schienen und die breite Masse ansprachen. Der moderne Wettbewerbssport war ein wichtiger Teilbereich und überflügelte in diesem Zeitraum traditionelle Formen der Unterhaltung und Freizeitgestaltung. Die US-Populärkultur schien allgegenwärtig zu sein – nicht nur im nationalen, sondern auch im globalen Rahmen – und richtete sich an die Massen, während das kulturelle Monopol der Oberschicht sich schrittweise auflöste. Dieser tief greifende Wandel wurde in Chile intensiv diskutiert und schlug sich in Reformansätzen nieder.

In den kulturellen Ausdrucksformen spiegelte sich dieser Wandel eindrucksvoll wider, und die Einflüsse aus den Vereinigten Staaten lassen sich dabei deutlich erkennen. Neue Hochhäuser schossen in Santiago im modernen Wolkenkratzerstil in die Höhe, wobei New York bis hin zu den Straßennamen Pate stand. Die Jazzclubs, Tanzcafés und Radiosender, die man in den neuen Gebäuden finden konnte, boten einem enthusiastischen Massenpublikum die neuesten Rhythmen und Nachrichten über Sportereignisse aus dem Norden. Was sich hier vollzog, war der Wandel der kulturellen Orientierung eines Teils der urbanen chilenischen Bevölkerung, der im Lauf des 20. Jh. immer wichtiger werden sollte. Die Massenkultur war ein neues Element in Chile, das tief greifende soziale Folgen hatte.

Wie durch kein anderes Medium vermittelte das Kino die neuen Vorstellungswelten. Schon wenige Monate nach den ersten Aufführungen in Europa erreichte der Kinematograph 1896 Chile. Es dauerte rund 15 Jahre, ehe man über die Experimentierphase hinauskam und sich das moderne Massenmedium Kino entwickeln und für Furore sorgen konnte. Ab ca. 1910 wurde es dann aber rasch zum wichtigsten Bereich der Unterhaltung für einen ständig wachsenden Prozentsatz der chilenischen Bevölkerung. Soziale Schicht, Geschlecht und Bildungsgrad waren für den Zugang und für das Verständnis unwichtig. Kino war ein billiges Vergnügen, das fast allen Chilenen offenstand, und mehr als bei allen anderen Medien spiegelten sich hier die neue Massenkultur und ihre Vermarktung ebenso wider wie der soziale Wandel, die Veränderungen in den Geschlechterbeziehungen und der Aufstieg der Konsumkultur. Wenn es einen Bereich gab, der zwischen 1900 und 1930 als genuin modern galt, so war es das Kino. Die bewegten Bilder der Stummfilme wurden als Symbol des neuen Jahrhunderts angesehen. Dass diese Bilder auch in Chile in zunehmendem Maß aus dem «Land der Zukunft», den Vereinigten Staaten, kamen, konnte niemand überraschen.

Die Traumwelten des Hollywoodkinos waren ein zentrales Element in der Begegnung mit den USA. Für Chilenen aus allen Provinzen des Landes und aus allen sozialen Schichten schuf das Kino einen problemlosen und nachhaltig wirkenden Zugang zum symbolischen Kontakt mit dem großen Nachbarn im Norden. Der Starkult setzte neue Standards im Konsumdenken und führte dem chilenischen Publikum gleichzeitig Bilder vor Augen, die aus Sicht vieler Kritiker moralisch verwerflich waren, aber ihre Wirkung auf die Betrachter nicht verfehlten. Die «Yankeesierung» durch die amerikanischen Spielfilme galt als unbestreitbare Tatsache. Was bedeutete dies für das Alltagsleben der Chilenen? Klare Antworten auf diese Frage suchte man in diesem Zeitraum in intensiven Debatten, fand sie aber nicht. Deutlich zeigte sich, dass das Kino aus den USA zwar einerseits befruchtend wirkte, dass andererseits die Übermacht Hollywoods die Bemühungen um die Schaffung einer nationalen Filmindustrie stark behinderte. Die chilenischen Filmschaffenden schlossen sich daher dem Chor der Stimmen an, die nationalistische Gegenmaßnahmen forderten und immer lauter wurden, je mehr die Auswirkungen der Weltwirtschaftskrise die Träume vom Wohlstand zerstörten, die Hollywood mit erschaffen hatte.

Durch das Hollywoodkino veränderte sich die Einstellung gegenüber Nacktheit und Erotik ebenso wie gegenüber traditionellen Geschlechterrollen. Frauen aus den USA bzw. die Hollywoodstars, die man als Prototypen US-amerikanischer Weiblichkeit wahrnahm, entwickelten sich zu Symbolen der Emanzipation, aber auch der Verkommenheit und des Kulturverfalls. Die Frauen, die die Chilenen durch die Linse Hollywoods oder die zahlreichen Abbildungen in der illustrierten Presse zu sehen bekamen, unterschieden sich erheblich vom chilenischen Frauenbild. Das typische US-Girl, so schien es, war in den Beziehungen zum anderen Geschlecht draufgängerisch und freizügig bis lasziv, und die Ehe spielte angesichts hoher Scheidungsraten keine Rolle. Chilenische Frauen aber sollten genau das Gegenteil sein.

Diese Wahrnehmungen waren vor dem Hintergrund der chilenischen Debatten über Veränderungen in den Geschlechterbeziehungen von hoher Relevanz. So diskutierte man seit der Jahrhundertwende über die Legalisierung der Ehescheidung. Diverse Gesetzesanträge scheiterten jedoch am Widerstand der Konservativen, die die ihres Erachtens haarsträubenden Folgen der liberalen Scheidungsgesetzgebung in den USA immer wieder als Negativbeispiel anführten. Die junge chilenische Frauenbewegung hatte in der Tat an allen Fronten gegen ähnliche Argumentationsmuster anzukämpfen. Seit ca. 1910 hatten sich in Chile vor dem Hintergrund des Krisendiskurses zunächst vor allem gebildete junge Frauen aus der Mittelschicht in neuartigen Lesezirkeln zusammengeschlossen, um soziale Verantwortung zu übernehmen. In der Folgezeit kristallisierten sich drei Hauptströmungen heraus: die liberale, die konservative und die sozialistische. Das Wachstum der Frauenbewegung hing auch zusammen mit der Zunahme der arbeitenden Frauen nach dem Ersten Weltkrieg nicht nur in den traditionellen Sektoren wie Landwirtschaft, häusliche Dienste und Handel, sondern auch unter den Angestellten. Die weitaus meisten Arbeiterinnen gehörten allerdings weiterhin der Unterschicht an, und ihre Lage blieb schlecht. Feministinnen wie Amanda Labarca, die in Abgrenzung von den USA einen reformerischen Feminismus für ihr Land forderten, wollten sich diesen Problemen widmen, um einen Beitrag zur sozialen Umgestaltung zu leisten.

Darüber hinaus kämpften sowohl die liberale als auch die sozialistische Frauenbewegung für juristische Reformen, die den Status verheirateter Frauen verbessern sollten. Bis in die 1920er Jahre hatte der Ehemann nach chilenischem Recht geradezu absolute Verfügungsgewalt über seine Frau und die Kinder. Erste Schritte hin zu einer Verbesserung wurden 1925 begonnen, doch zog sich der Prozess lange hin. Das galt auch für den Kampf um das Frauenwahlrecht. Chilenische Feministinnen waren seit 1919 in diesem Zusammenhang sehr aktiv. Allerdings blieben sie zunächst erfolglos, was auch mit dem Nordamerikanisierungsdiskurs zusammenhing, beriefen sich die Widersacher doch auch in den politischen Fragen immer wieder auf die vermeintlich negativen Folgen derartiger Reformen in den USA.

Die intensiven Auseinandersetzungen mit den Vereinigten Staaten standen in engstem Zusammenhang mit dem Aufstieg des Nationalismus in Chile, der ja gleichermaßen eine kontinuierliche

Diskussion über die Vorzüge und Defizite des eigenen Landes war. Je schärfer die Kritik an den «Yankees» wurde, desto lauter wurde der Ruf nach einer Abgrenzung des authentischen chilenischen Lebensstils gegenüber dem US-amerikanischen. Die Suche nach dem typisch chilenischen, *lo chileno*, und der «Chilenität», *la chilenidad*, mündete in die Konstruktion eines Konglomerats angeblich typischer Charakteristika von Geographie, «Rasse» und Geschichte. Dabei wurden die USA in doppelter Hinsicht zum Bezugspunkt: zum einen als das absolut Andere, das sich angeblich diametral vom Eigenen unterschied; zum anderen als Vorbild eines praktizierten Patriotismus und eines starken nationalen Bewusstseins.

Der chilenische Nationalismus schlug sich in diesem Zeitraum in Literatur, Kunst und Wissenschaft nieder. Schon seit der Jahrhundertwende entdeckten Literaten wie Mariano Latorre und Maler wie Pedro Lira sowie Juan Francisco González das ländliche Umfeld und prägten den so genannten Kreolismus. Parallel dazu vollzog sich die Erfindung der chilenischen Folklore, zu der vor allem die Sammlungen volkstümlicher Geschichten beitrugen. Typische Formen einer ausgeprägten Volksfrömmigkeit wie z.B. die *Animitas*, kleine Altäre an Orten tragischer Todesfälle, die Kirche und Staat lange als Aberglauben abgelehnt hatten, fanden nun eine neue Wertschätzung. In diesem Zusammenhang konnte auch eine Wiederentdeckung der marginalisierten Mapuche erfolgen. Innerhalb der chilenischen Mehrheitsgesellschaft hatte man die realen Probleme der Mapuche, deren Behandlung einer eigens geschaffenen Behörde und dem Militär übertragen wurde, über viele Jahrzehnte kaum noch wahrgenommen, auch wenn 1924 der erste Mapuche als Abgeordneter ins Parlament einzog. Die Klagen aufgrund der vielfachen Übergriffe der Siedler in ihrem Gebiet blieben ungehört.

Daran konnten auch die Bemühungen des Ibáñez-Regimes um eine Regelung der Landfrage nichts ändern, die 1927 das Gesetz zur Teilung der indigenen Gemeinschaften zur Folge hatten. Über Jahrzehnte instrumentalisierte die Mehrheitsgesellschaft die einheimische Bevölkerung zur Befriedigung eines voyeuristischen Exotismus. Wanderausstellungen mit Mapuche anlässlich von Stierkämpfen oder Zirkusaufführungen waren in den Städten sehr beliebt. Nach Meinung vieler vom Positivismus beeinflusster Chilenen der

Jahrhundertwende waren die Mapuche das ausgegrenzte, «rassisch» minderwertige und hoffnungslos degenerierte Andere, das durch europäische Einwanderung endgültig verdrängt werden musste, wollte man den Fortschritt des Landes sichern.

Es gehörte aber zu den paradoxen Folgen des Verdrängungsmechanismus, dass die Mapuche nicht zuletzt durch die öffentliche Präsenz in der Form von Ausstellungsobjekten ihre Funktion als wirkungsmächtiges Symbol des chilenischen Nationalgefühls behielten. Das wurde wichtig, als zu Beginn des 20. Jh. die ethnographische Beschäftigung mit dieser Volksgruppe einsetzte, die die Grundlage für eine chilenische Variante des lateinamerikanischen Indigenismus schuf. Die Kultur der Mapuche wurde nun von Teilen der Öffentlichkeit zum *Patrimonio nacional*, zum nationalen Erbe, umdefiniert, so dass sie sich als Element für den Aufbau der *Chilenidad* eignete. Das Militär machte sich den Araukanermythos zu eigen und sah sich als legitimen Nachfolger der tapferen Konquistadoren und «Araukaner». Die Breitenwirkung dieser durch Schule und Militär popularisierten Lehren ließ sich u. a. daran ablesen, dass der 1925 gegründete Spitzenclub im wichtigsten Volkssport Fußball den Namen «Colo Colo» – nach dem berühmten *Toqui* der Conquista – annahm, weil dieser vermeintlich besonders «chilenisch» war, und dass die Anhänger den Anfeuerungsruf «Colo Colo ist Chile» einführten. Die nationalistische Suche nach dem Eigenen, Chilenischen, und die Auseinandersetzung mit dem Anderen, US-Amerikanischen, waren wie zwei Seiten einer Medaille. Sie unterstreichen den Grad der Einbindung Chiles in die Globalisierungsprozesse jener Zeit.

Weltwirtschaftskrise und «Sozialistische Republik»

Dass diese Globalisierung auch eine negative Seite haben konnte, zeigte sich nach den durchaus nicht für alle Chilenen «Goldenen» 1920er Jahren, als die Weltwirtschaftskrise das Land mit unvermittelter Härte traf. Anfang 1931 fielen alle wirtschaftlichen Indikatoren binnen kürzester Zeit auf einen Krisenstand. Die Weltmarktpreise für Salpeter brachen zusammen, während sich die Absatzmärkte durch Prohibitivzölle gegen Einfuhren abschotteten.

Bis 1933 war der Weltmarktanteil des chilenischen Salpeters auf 15% reduziert und der Salpeterzyklus damit beendet. Ebenso katastrophal zeigte sich die Entwicklung des Kupferexports, der in den 1920er Jahren beständig an Bedeutung gewonnen hatte. Zwischen 1929 und 1933 fielen Produktionsvolumen, Weltmarktpreise und der Umfang der Exporte ins Bodenlose, während Inflations- und Arbeitslosenraten in die Höhe schnellten. Insgesamt verringerten sich die Ausfuhren gemessen an 1928/29 quantitativ um 64% und dem Wert nach sogar um 84%.

Das Regime hatte sich, wie gesagt, schon seit 1930 bemüht, eine solche Zuspitzung durch die Reorganisation der Salpeterwirtschaft zu vermeiden. Mit der *Compañía de Salitre de Chile* (COSACH) wurde im März 1931 ein gemischtwirtschaftliches Unternehmen gegründet, in dem Staat und Private je 50% der Aktien hielten. Als wichtigste Teilhaber kontrollierten die Guggenheims das Direktorium. Geradezu revolutionär war die Abschaffung des Exportzolls, der den chilenischen Staat mehr als 50 Jahre lang finanziert hatte. Die trotz der Zensur aufflammende Kritik an der starken Rolle der Ausländer ließ das Regime nicht gelten. Aus der offiziellen Perspektive war die Kooperation wegen der finanziellen Ressourcen und Kenntnisse der US-Amerikaner notwendig. Wer von diesen Argumenten nicht zu überzeugen war, sah sich verschärften Repressionsmaßnahmen ausgesetzt.

Das politische Schicksal des Diktators hing nun vom Erfolg der COSACH ab. Doch die Grundlage des Unternehmens war alles andere als stabil. Die erhoffte Erholung des Salpetermarkts trat nicht ein. Ebenso wenig gelang es den Guggenheims, eine Anleihe in New York zu platzieren. Die sozialen Folgen der Unternehmensgründung waren ebenfalls problematisch. Aufgrund der Rationalisierungsmaßnahmen verloren zehntausende Arbeiter ihre Anstellung. Insgesamt mussten rund 120 000 Menschen aus der nördlichen Salpeterpampa in die Zentralzone abwandern. Nicht nur der Zuzug schuf Probleme, auch der Verlust eines wichtigen Absatzmarkts für die chilenische Landwirtschaft ließ sich nur schwer verkraften. Städte wie Iquique und Antofagasta verarmten. Auch in den anderen Landesteilen waren die Folgen der Wirtschaftskrise verheerend. Laut einem Bericht des Völkerbunds war Chile das weltweit am härtesten von der Krise getroffene Land.

Angesichts dieser Schwierigkeiten war die Bevölkerung nicht länger bereit, dem Regime bedingungslos zu folgen. Bereits im Januar 1931 ließ sich Ibáñez in einem symbolischen Akt diktatorische Sondervollmachten ausstellen, führte im Mai neue Steuern ein und kürzte die Gehälter sowohl der Staatsangestellten als auch der Militärs. Doch auch diese Maßnahmen änderten nichts an der Notwendigkeit, am 15. Juli offiziell den Schuldendienst einzustellen und den Goldstandard wieder zu verlassen. Weder ließ sich die Vertiefung der Krise damit aufhalten noch die Unzufriedenheit innerhalb der Bevölkerung auflösen. Von den Studenten ausgehende Demonstrationen, die schnell auf alle Einwohnerschichten übergriffen, brachten das Regime am 27. Juli 1931 zu Fall, und Ibáñez ging ins Exil. Die Freude über das Ende der Diktatur währte aber nicht lange, denn angesichts der Krise bestand kaum Hoffnung auf Besserung.

Nach dem Sturz von Ibáñez und der Aufhebung der Zensurbestimmungen brach ein Sturm der Entrüstung gegen die COSACH los. Das Unternehmen galt bald als Ursache für den Verlust der sicheren Regierungseinkünfte und die enorme Arbeitslosigkeit im Lande. Hauptverantwortlicher war in den Augen der Kritiker zweifelsohne Ibáñez, aber die US-Amerikaner wurden ebenfalls hart attackiert. Nur acht Tage nach dem Sturz des Diktators setzte man eine Untersuchungskommission ein, die im November ihren Bericht über einen Sumpf von Korruption bei der Gründung des Unternehmens veröffentlichte. Der geflohene Ibáñez wurde des Hochverrats bezichtigt, und die Wut der chilenischen Öffentlichkeit richtete sich gegen seine Helfer.

In dieser angespannten Lage war es nicht verwunderlich, dass die Auflösung der COSACH zum wichtigsten politischen Thema avancierte. In den diversen Wahlkämpfen von 1931/32 bildete sie den zentralen Gegenstand. Innenpolitisch war der Wunsch nach einer Rückkehr zu verfassungsmäßigen Verhältnissen nach dem schmählichen Abgang des «starken Mannes» unverkennbar. Allerdings stellte sich der Weg dorthin als steinig dar. Der Kongress setzte Juan Esteban Montero von der Radikalen Partei, der im Juli noch von Ibáñez in einem «Kabinett der nationalen Rettung» zum Innenminister berufen worden war, als Interimspräsidenten ein. Ende August gab Montero das Amt an Manuel Trucco weiter, um seinen Wahlkampf gegen den mittlerweile zurückgekehrten Alessandri vorzubereiten. Wie unsicher die innenpolitische Lage zu diesem Zeitpunkt war, zeigte ein fehlgeschlagener Matrosenaufstand in Coquimbo und Talcahuano.

In der Wahl vom Oktober setzte sich Montero gegen Alessandri durch. Eine stabile Lage wollte sich dadurch aber nicht einstellen. So kam es im Dezember zu blutigen Auseinandersetzungen zwischen Kommunisten und Carabineros. Die soziale Lage blieb desolat, und die durchaus vorhandenen Maßnahmen der Regierung zur Linderung der größten Not erwiesen sich als ungenügend. Außerdem stand das Thema COSACH schon im Wahlkampf ganz oben auf der Tagesordnung. Die Auflösung des Unternehmens war leichter angekündigt als vollzogen. Zum einen übten die US-amerikanischen Gläubigerbanken Druck auf die Regierung Montero aus. Zum anderen gab die COSACH immerhin noch einigen tausend Menschen Arbeit. Aufgrund dieser Konstellation zögerte Montero, eine Haltung, die ihm in der Öffentlichkeit als Nachgiebigkeit gegenüber den USA ausgelegt wurde. Je mehr sich die Krise vertiefte, desto mehr stieg der Druck auf die Regierung. Am 11. Januar 1932 riefen Arbeiter und Angestellte den Generalstreik aus. Ihre Hauptforderung war die Auflösung der COSACH und die Nationalisierung des Salpeters.

Montero hielt sich letztlich nur wenige Monate und wurde am 4. Juni 1932 von einer Gruppe von Putschisten um den ehemaligen Diplomaten Carlos Dávila, den Chef der Luftwaffe Marmaduke Grove, den Führer einer sozialistischen Splitterpartei Eugenio Matte sowie den Ibáñez-treuen General Arturo Puga gestürzt. Eine Junta, die aus Matte, Puga und Dávila – Grove wurde Verteidigungsminister – bestand, rief noch am selben Tag eine «Sozialistische Republik» aus und löste den Kongress auf. Ein Plan mit einer Vielzahl wirtschaftsnationalistischer Maßnahmen wurde aufgestellt. Er sah die Bestrafung ausländischer Unternehmen vor, die die Geschäfte in Krisenzeiten einstellten, forderte die Konfiskation ausländischer Bankguthaben und die Revision aller bestehenden Verträge und Konzessionen mit Ausländern. Doch noch ehe er in Kraft treten konnte, fand innerhalb der Junta ein Revirement statt, aus dem Dávila mit Unterstützung der Armee als Sieger hervorging.

Dávila erklärte sich nun zum provisorischen Präsidenten und ging daran, die chilenische Wirtschaft und Gesellschaft nach korporatistischen Gesichtspunkten umzubauen. Durch mehr als 600 Gesetzesdekrete nahm der nationalistische Kurs immer radikalere Züge an. So wurde z. B. die Zwangskonversion ausländischer Devisenguthaben in den entwerteten Peso durchgesetzt. Ferner wurde ein Institut für Außenhandel gegründet, an dem sich alle Export- und Importhändler zwangsweise beteiligen mussten. Überdies erhielt der Präsident außerordentliche Rechte zur Enteignung von Landbesitz und industriellen Anlagen. Die Umstürzler vom Juni 1932 legitimierten ihre Vorgehensweise u. a. mit dem Versprechen, die COSACH umgehend zu liquidieren, was sich in Ermangelung echter Alternativen aber nicht umsetzen ließ. Das sorgte zusätzlich für Unruhe. Zahlreiche politische Streiks erschütterten Chile in den kritischen Monaten von Juni bis September 1932 immer wieder.

Schon am 13. September endete nach 100 Tagen die «Sozialistische Republik», als oppositionelle Kräfte im Militär Dávila stürzten. Die Interimspräsidentschaft fiel an Innenminister und Exgeneral Bartolomé Blanche. Das Misstrauen gegen das Militär war aber nun so stark, dass Blanche sein Amt bereits kurze Zeit später an den Präsidenten des Obersten Gerichtshofs Abraham Oyanedel abgeben musste. Im Präsidentschaftswahlkampf vom Oktober 1932, der dem vom Vorjahr ähnelte, konnte sich Alessandri als Kandidat einer neuen Liberalen Allianz gegen den Kommunisten Elías Lafertte und den Kandidaten der Konservativen und Liberal-Demokraten Grove durchsetzen. Mit dem Amtsantritt Alessandris im Dezember 1932 war die Rückkehr zur Verfassungsmäßigkeit vollzogen.

In dem halben Jahrhundert zwischen Salpeterkrieg und Weltwirtschaftskrise durchlebte Chile einen tief greifenden Wandel. Schlüsselelemente dabei waren das Bevölkerungswachstum, die Anfänge der Industrialisierung und die damit verbundenen Migrationsprozesse, der Aufstieg der Arbeiterbewegung, die Zunahme der Staatsaufgaben sowie die Entstehung einer neuartigen städtischen Mittelschicht. Das Weltmonopol für Salpeter schuf lange in diesem Zeitraum die Grundlage einer im lateinamerikanischen Vergleich auffallend stabilen, wenn auch durch starke konjunkturelle Fluktuationen geprägten volkswirtschaftlichen Entwicklung. Für die Integration in den Weltmarkt bezahlte Chile mit einer sich verfestigenden strukturellen Abhängigkeit. Am Ende stürzte das Land in eine der tiefsten sozioökonomischen Krisen seiner Geschichte und wurde von der Weltwirtschaftskrise der 1930er Jahre heftig getroffen. In politischer Hinsicht war die oft kritisierte Parlamentarische Republik auch so etwas wie eine Lernphase. Zweifellos führte sie zu einer beachtlichen Verbreiterung der politischen Partizipation. Die Bedeutung des Ersten Weltkriegs für den Mentalitätswandel und die Politisierung der breiten Masse sowie für die Abkehr von Europa und die Hinwendung zu den USA kann dabei gar nicht hoch genug veranschlagt werden, ist aber bisher nur ungenügend erforscht. Der Eingriff des Militärs in die Politik war ebenfalls von wegweisender Bedeutung, auch wenn er 1931 im Fiasko und in der Diskreditierung der Streitkräfte endete. Wichtig waren die von Ibáñez selbst geweckten und geschürten Hoffnungen der Öffentlichkeit auf ein starkes, unabhängiges Chile, die aber während der Weltwirtschaftskrise bitter enttäuscht wurden. Der Geist des Nationalismus sollte ebenso wie der des Sozialismus, der 1932 erstmals auf Regierungsebene beschworen wurde, prägend für das 20. Jh. bleiben.

Ein Staat der Kompromisse?
(1932–1970)

Zwischen der Weltwirtschaftskrise und dem Regierungsantritt Salvador Allendes zeichnete sich Chile durch eine hohe politische Stabilität aus. Diese Zeit trug erheblich dazu bei, das Bild von der traditionellen Stärke der Demokratie in Chile zu verfestigen. Dass diese Phase in der Geschichtsschreibung dennoch umstritten ist, wird am ambivalenten Begriff «Staat der Kompromisse» deutlich, der für diese Periode gefunden wurde. Er bezieht sich auf die zwischen der traditionellen Oligarchie, den aufsteigenden Mittelschichten und der gewerkschaftlich organisierten städtischen Arbeiterschaft weitgehend auf Kosten der Landarbeiter ausgehandelte Übereinstimmung hinsichtlich der wirtschaftlichen Entwicklungsstrategien und der Rolle des Staates als Schiedsrichter in den Verteilungskämpfen.

Im Zeichen der Industrialisierung

Die ökonomischen Grundlagen, die diese Jahrzehnte prägten, wandelten sich mit dem anhaltenden Industrialisierungsprozess entscheidend. Paradoxerweise schuf die Weltwirtschaftskrise relativ günstige Voraussetzungen für eine Vertiefung der industriellen Fortschritte, ihren Beginn markierte die Krise jedoch nicht, dieser war früher zu verorten. Auch die gezielte staatliche Industrialisierungspolitik war nicht erst eine Reaktion auf den wirtschaftlichen Einbruch Anfang der 1930er Jahre.

In seiner zweiten Präsidentschaft ab Dezember 1932 konnte Alessandri vielmehr an die Politik des Ibáñez-Regimes anknüpfen, die ihrerseits nur im Kontext des seit dem Ersten Weltkrieg gewachsenen Bewusstseins um die Abhängigkeit vom Ausland zu verstehen ist. Politisch war es opportun, weiterhin den nationalistischen Zeitgeist durch protektionistische Maßnahmen zu besänftigen. Alessandri und sein Finanzminister Gustavo Ross nutzten die Spielräume, die die globale Depression bot, durch eine aktive Krisenbewältigungsstrategie. So gelang es der Regierung, einen Großteil der durch das Moratorium entwerteten chilenischen Bonds zu Niedrigpreisen aufzukaufen und damit die Auslandsverschuldung um rund ein Drittel zu senken.

Zwar war Ross alles andere als ein überzeugter Wirtschaftsnationalist, doch ließ die Gesamtsituation keine Möglichkeit, zu einer liberalen Wirtschaftspolitik zurückzukehren. Devisenkontrolle, Einfuhrverbote sowie die Erhöhung der Importzölle erwiesen sich als Steuerungsinstrumente zur Förderung der einheimischen Industrie. Dies schien dringend notwendig, um den Druck der steigenden Arbeitslosenzahlen auszugleichen, der sich auf dem Höhepunkt der Krise 1931/32 angesammelt hatte.

In der Tat hatte der industrielle Sektor im Vergleich deutlich weniger unter der Weltwirtschaftskrise zu leiden als der Leitsektor Export. Die Industrie erholte sich ab 1932 auch wesentlich schneller. Der Wert ihrer Produktion war 1935 bereits doppelt so hoch wie vor dem Ersten Weltkrieg, und Chile behielt seine Stellung als eine der führenden «Industrienationen» in Lateinamerika. Hinzu kam ein Strukturwandel. So wuchs die Zahl der Großbetriebe mit mehr als 100 Arbeitern besonders schnell. Beeindruckend war das Wachstum der industriellen Investitionen. Auch die Palette der Erzeugnisse wurde in diesen Jahren entscheidend erweitert. Neben die Produktionsausweitung in der klassischen Konsumgüterindustrie (Textilien, Lebensmittel und Getränke) trat nun zunehmend die Herstellung von Gebrauchsgütern und Zwischenprodukten der chemischen, Textil-, Papier- und Metallindustrie. Eine positive Wirkung des Industriewachstums war der Rückgang der Arbeitslosenzahlen.

Was waren die Gründe für diese Entwicklung? An erster Stelle sind die Rahmenbedingungen der Weltwirtschaftskrise zu nennen. Durch den Zusammenbruch der Fertigwarenimporte – sie gingen zwischen 1929 und 1934 um 87% zurück – musste sich die Binnennachfrage gezwungenermaßen auf die lokale Produktion umorientieren. Hinzu kam ein Überangebot an billiger Arbeitskraft, das Investitionen in arbeitsintensive Produktionsbereiche lukrativ werden ließ. Schließlich sind die wirtschaftspolitischen Schutzmaßnahmen der Regierung für die einheimischen Industrien zu erwähnen.

Trotz Erfolg in der Entwicklung der Industrie darf nicht vergessen werden, dass diese noch 1940 nur 18% zum Bruttoinlandsprodukt beitrug. Wichtiger blieben in dieser Phase Exportsektor und Landwirtschaft. Der Exportsektor erholte sich vor dem Hintergrund steigender Weltmarktpreise. Dies kam in erster Linie der Kupferausfuhr zugute. Selbst der Salpetermarkt stabilisierte sich bis Ende der 1930er Jahre, wenn auch auf niedrigem Niveau und ohne den Stand der 1920er Jahre wieder zu erreichen. Alessandris erste Amtshandlung, die Einlösung seines Wahlversprechens zur Zerschlagung der COSACH, konnte nichts daran ändern, dass die Ära des Salpeters beendet war. Die Landwirtschaft entwickelte sich dagegen relativ positiv. Obwohl es sich nach wie vor um einen rückständigen Wirtschaftszweig handelte, ergab sich in Teilaspekten ein Strukturwandel, der sich beispielsweise in der zunehmenden Maschinisierung und Diversifizierung der Anbauprodukte niederschlug. 1937 übertraf das reale Bruttoinlandsprodukt erstmals den besten Wert der 1920er Jahre. Die Krise war überwunden.

Diese Entwicklungen standen im Zusammenhang eines für die weitere Geschichte des Landes grundlegenden Wandels der wirtschaftspolitischen Ausrichtung, des Übergangs vom exportorientierten zum importsubstituierenden Wachstumsmodell. Chile lag in dieser Hinsicht voll im lateinamerikanischen Trend. Das neue Denken setzte keineswegs erst mit der Weltwirtschaftskrise ein. Schon in den 1920er Jahren hatte eine Gruppe junger Technokraten ein Projekt planmäßiger staatlicher Organisationsanstrengung zur Importsubstituierung erdacht, dessen zentrales Element die Schaffung einer einheimischen Industrie, insbesondere einer Schwerindustrie, war. Ziel war die Modernisierung Chiles sowie die Lösung der sozialen Probleme.

Mit dem Regierungsantritt des *Frente Popular* (Volksfront) unter Pedro Aguirre Cerda wurde die «Planung der nationalen Wirtschaft» 1938 zum wichtigsten Programmpunkt. Entscheidend war die Gründung der staatlichen *Corporación de Fomento de la Producción* (CORFO), wobei man das verheerende Erdbeben von Chillán im Januar 1939 zum Anlass nahm. Die Ziele der CORFO umfassten den Ausbau der Energieversorgung sowie den Aufbau einer Schwerindustrie, aber auch die Entwicklung von Handel, Landwirtschaft und Bergbau. Die Vorgehensweise bestand darin, Unternehmen zu gründen und diese schrittweise zu privatisieren, wenn sie sich am Markt behauptet hatten. Um dieses anspruchsvolle Programm umzusetzen, nahm man neue Kredite auf und erhöhte die Steuern, besonders in der Kupferindustrie.

Durch den Ausbruch des Zweiten Weltkriegs konnten nicht alle Projekte sofort verwirklicht werden. Erst 1944, als Kredite der gerade in Bretton Woods gegründeten Internationalen Bank für Wiederaufbau und Entwicklung nach Chile flossen, kam es zur Gründung des ersten der geplanten Staatsunternehmen. Die *Empresa Nacional de Electricidad* (ENDESA) stellte in den folgenden Jahrzehnten die Energieversorgung des Landes zu einem erheblichen Teil sicher. Zwei Jahre später legte man mit der *Compañía de Acero del Pacífico* (CAP) nahe Concepción den Grundstein für eine Schwerindustrie, die Eisenerze aus dem *Norte Chico* und Kohle aus der näheren Umgebung verarbeitete. 1950 folgte dann die *Empresa Nacional de Petróleos* (ENAP), die die Erdölvorkommen in der Provinz Magallanes im Süden ausbeutete und in den 1960er Jahren bereits einen Großteil des chilenischen Erdölbedarfs deckte. Auch die Diversifizierung der Industrieproduktion unterstützte die CORFO erfolgreich, so dass nach 1945 zunehmend Elektrogeräte, Motoren oder Autoreifen aus chilenischer Produktion auf den Markt kamen.

Die Vorreiterrolle, die Chile durch die CORFO in der Importsubstituierung gewann, fand kurze Zeit später internationale Anerkennung, als sich der Wirtschafts- und Sozialrat der Vereinten Nationen 1948 dazu entschloss, den Sitz der neu gegründeten regionalen Wirtschaftskommission für Lateinamerika, der *Comisión Económica para América Latina* (CEPAL), nach Santiago zu verlegen. Chile wurde damit zum Zentrum des neuen wirtschaftspolitischen Denkens, das Entwicklung in den Mittelpunkt rückte. Die importsubstituierende Industrialisierung galt als Königsweg, um der strukturellen Abhängigkeit zu entkommen.

Trotz der Anfangserfolge in der Phase bis 1952 waren die Schwierigkeiten unübersehbar. Als grundlegend zeigte sich das Problem der künstlichen Schutzzone, die der Ineffizienz Vorschub leistete. Nicht immer waren die chilenischen Produkte qualitativ hochwertig, meist waren sie noch dazu überteuert. Das Fehlen von Kapital und Facharbeitern machte sich negativ bemerkbar. Obwohl die Zahl der Industriearbeiter deutlich anstieg, blieben die erwarteten umwälzenden Effekte für den Arbeitsmarkt aus. Hinzu kam, dass mit der einseitigen Konzentration auf die Industrialisierung andere Bereiche wie die Landwirtschaft, in der noch 1960 der Großteil der arbeitenden Bevölkerung beschäftigt war, ins Hintertreffen gerieten. Gleichzeitig trugen die mit der Industrialisierung verbundenen Hoffnungen auf ein besseres Leben zu einer Verstärkung der Migration in die Städte bei. Die Einkommensunterschiede vergrößerten sich.

Nicht dass die CORFO die landwirtschaftliche Entwicklung völlig außer Acht gelassen hätte – Ansätze zu einer Agroindustrie entstanden in den 1950er und 60er Jahren in der Zuckerherstellung und der Milch- und Geflügelverarbeitung. Außerdem förderte die CORFO gezielt den Obstanbau und die Viehzucht sowie die Diversifizierung der Produktpalette. Seit 1950 erhielt Chile darüber hinaus technische und finanzielle Hilfe der US-amerikanischen Regierung für den landwirtschaftlichen Sektor. Dennoch war die Landwirtschaft insgesamt ein Problembereich. Bis in die 1960er Jahre blieb sie eine traditionalistische Enklave in einem sich industrialisierenden Land. Große Flächen lagen brach, die Produktivität war niedrig und hielt mit dem Bevölkerungswachstum nicht Schritt. Chile, der einstige Agrarexporteur, musste zunehmend Produkte wie Fleisch oder Getreide importieren, die es eigentlich selbst herzustellen in der Lage war.

Einen gewissen Ausgleich in der volkswirtschaftlichen Leistungsbilanz bot der Kupferexport. Während des Zweiten Weltkriegs boomte der Kupferbergbau und blieb auch danach zumeist auf einem hohen Niveau, wenngleich er weltmarktbedingten Schwankungen unterworfen war. Die beiden US-amerikanischen Konzerne Kennecott und Anaconda kontrollierten den größten Teil der Produktion. Durch steigende Steuer- und Zolleinnahmen floss viel Geld in die Kassen des Fiskus. Die Kupferausfuhr finanzierte in einzelnen Jahren bis zu 40% der Staatsausgaben und erbrachte bis zu 80% der Deviseneinnahmen. Dennoch verstärkten sich die Vorbehalte gegen die ausländischen Unternehmen, die sich bereits während der Weltwirtschaftskrise gezeigt hatten, in diesen Jahrzehnten.

Man warf den Konzernen vor, einen Großteil ihrer Profite aus Chile abzuziehen und in den Krisenzeiten des Kalten Kriegs die Kupferpreise künstlich zu drücken. Es setzte sich ein parteienübergreifender Konsens durch, wonach die *Gran Minería* zu wenig zur Entwicklung – und das hieß zur Industrialisierung – des Landes beitrug. Die Christdemokraten trugen dieser Stimmungslage in der zweiten Hälfte der 1960er Jahre mit der so genannten «Chilenisierung» des Kupfers Rechnung, was einen Aufkauf in Abstimmung mit den Konzernen und der US-Regierung bedeutete. Insgesamt zeigte sich also auch auf dem Exportsektor ein Strukturwandel, der die Wirtschaftsentwicklung zwischen 1932 und 1970 prägte, auch wenn grundlegende Parameter erhalten blieben.

Auf dem Weg zur Massengesellschaft

Der wirtschaftliche Strukturwandel war eng verbunden mit tief greifenden sozialen Veränderungen. Die Rahmenbedingungen gestalteten sich zwischen 1932 und 1970 in vielerlei Hinsicht neu. Das Bevölkerungswachstum beschleunigte sich ab 1940 erheblich und erreichte in den 1950er Jahren seinen Höhepunkt. 1970 hatte sich die Zahl der Chilenen mit rund 8,9 Millionen im Vergleich zu den 4,3 Millionen von 1930 mehr als verdoppelt. Die durchschnittliche Lebenserwartung stieg von rund 40 auf 60 Jahre, obwohl das Problem der Mangelernährung insbesondere in den Unterschichten in diesem Zeitraum ungelöst blieb. Vor allem die Kindersterblichkeit sank rapide. Seit Ende der 1930er Jahre lebte die Mehrheit in den ständig wachsenden Städten, während die Landbevölkerung auch in absoluten Zahlen seit den 1940er Jahren schrumpfte. 1970 hatte der Urbanisierungsgrad bereits 75 % erreicht. Parallel dazu wuchs der Alphabetisierungsgrad. Dies spiegelte sich in den Veränderungen der Berufsstrukturen wider. 1970 waren nur noch 21 % der Beschäftigten in Landwirtschaft und Fischerei tätig, wohingegen der Großteil im Dienstleistungssektor arbeitete.

Alle sozialen Schichten waren mehr oder weniger stark von diesem Wandel betroffen. Die Oberschicht profitierte am meisten von der Industrialisierung. Die Konzentration des Reichtums auf einige wenige, oft noch miteinander verflochtene Konzerne, die führenden Familien wie etwa dem Edwards-Clan gehörten, nahm zu. Mit dem Unternehmerverband *Confederación de la Producción y del Comercio* (COPROCO) entstand 1934 ein schlagkräftiger Dachverband. Allerdings zeigte sich der Strukturwandel auch hier. Neue Gruppen mussten in die traditionellen Führungsschichten integriert werden. Dazu zählten wie bisher Einwanderer, aber zunehmend auch Aufsteiger aus der Mittelschicht. Hatten sich die Ideale und Statussymbole der alten Oligarchie des 19. Jh. – die Hacienda, das Haus im alten Zentrum Santiagos, die politische Zugehörigkeit zu den Konservativen oder den Liberalen, die kulturelle Orientierung an Paris – schon im Jahrzehnt nach dem Ersten Weltkrieg vor dem Hintergrund der Nordamerikanisierung relativiert, so wurden sie nun mehr und mehr verdrängt. Obschon die Zugehörigkeit zu einer Familie der alten Oberschicht nach wie vor Sozialprestige garantierte und – bis heute – viele Türen öffnet, gewannen andere Faktoren wie vor allem wirtschaftlicher Erfolg an Bedeutung. Nicht in allen Fällen gelang es den Clans der chilenischen Oligarchie, auf die Herausforderungen der Wirtschaftskrise und des sozialen Wandels erfolgreich zu reagieren, die ihren Status bedrohten. Im Großen und Ganzen waren sie jedoch erstaunlich anpassungsfähig. Zunehmend wurden Personen integriert, die unternehmerisch tätig waren, der Radikalen Partei nahestanden, studiert hatten und in den neuen hauptstädtischen Stadtvierteln wie Providencia wohnten. Insgesamt konnte die aus alten und neuen Elementen bestehende Oberschicht trotz der unverkennbaren Prozesse sozialen Wandels den Abstand zu den anderen Gesellschaftsschichten und eine paternalistische Einstellung ihnen gegenüber auch deshalb bewahren, weil sie ihre Interessen im Staat der Kompromisse wirksam durchzusetzen verstand.

Der Anteil der Mittelschicht an der chilenischen Gesellschaft stieg zu jener Zeit nachhaltig, und diese entwickelte sich zum Motor des soziokulturellen Wandels. Ihr Aufstieg war nicht zuletzt auf den Ausbau der staatlichen Bürokratie und des Bildungssektors insbesondere unter den Regierungen der Radikalen Partei seit 1938 zurückzuführen, die sich als Interessenvertretung der Mittelschicht sah. Von den Sozial- und Bildungsreformen, die diese Jahrzehnte prägten, profitierten die Angestellten weit mehr als die Arbeiter. Auch der Ausbau des Kreditwesens kam ihnen in besonderem

Maße zugute. Angehörige der Mittelschicht konnten zunehmend Statussymbole erwerben, wobei ab den 1960er Jahren vor allem Autos, die nun den Schienenverkehr verdrängten, sowie Fernsehapparate wichtig waren. Was sich in diesen Dekaden vollzog, war die soziale Konsolidierung der Mittelschicht. In der Öffentlichkeit respektiert und als Wähler umworben, boten sich ihren Angehörigen verschiedene Aufstiegsmöglichkeiten. Allerdings zeigte sich auch immer wieder die fehlende politische Mobilisierung dieser Schicht, die auf ihre Heterogenität zurückzuführen war, sowie ihre Krisenanfälligkeit.

Die Verfassung von 1925 hatte dem Staat soziale Verantwortung übertragen, und in der Tat war ein angestrebter Effekt der Industrialisierungspolitik die Schaffung von Arbeitsplätzen und die Anhebung des Lebensstandards der arbeitenden Bevölkerung in den Städten. Die Zahl der Industriearbeiter stieg kontinuierlich, während die der Landarbeiter stagnierte, phasenweise sogar rückläufig war. In der Gesamtsumme blieb sie aber hinter der der Landarbeiter zurück. Auch die Lebensbedingungen verbesserten sich nicht so umfassend wie ursprünglich erhofft. Die Löhne der Arbeiter stiegen zwar, doch langsamer als die anderer städtischer Berufsgruppen. Durch die hohen Inflationsraten, die nicht zuletzt auf die beträchtlichen Staatsausgaben zurückzuführen waren, relativierten sich die Zuwächse erheblich.

Außerdem fanden längst nicht alle Zuwanderer vom Land Arbeit in den Städten. Die soziale Situation war noch Ende der 1960er Jahre unbefriedigend. Hunger und Mangelernährung blieben ein ungelöstes Problem, das angesichts der Fortschritte in vielen anderen Bereichen besonders deutlich ins Auge fiel. Der Ansturm der perspektivlosen Landbevölkerung auf die Städte schuf neue Schwierigkeiten. Die Armutsviertel an den Stadträndern (*poblaciones callampas*) breiteten sich pilzartig aus, wovon insbesondere die Hauptstadt betroffen war. Dabei handelte es sich in der Regel um die illegale Besetzung von Land und den Bau von Behelfsunterkünften, die dann nach und nach in Hütten und regelrechte Häuser umgebaut wurden. 1957 kam es zur ersten systematischen Landbesetzung durch organisierte *Pobladores*, die die Siedlung La Victoria am Südrand Santiagos gründeten. Die *Pobladores* stellten einen neuen Typus sozialer Bewegungen dar, der für die Geschichte Chiles in der zweiten Hälfte des 20. Jh. immer wichtiger werden sollte. Um die Mitte der 1960er Jahre lebten bereits ca. eine halbe Million Menschen in derartigen Slumsiedlungen: ohne Wasser, Elektrizität und unter katastrophalen hygienischen Bedingungen.

Die Landbesetzungen waren ein Indiz für die Defizite des Sozialstaats. Anknüpfend an die Sozialgesetzgebung des Ibáñez-Regimes gab es auch unter Alessandri entsprechende Maßnahmen. So behielt man beispielsweise die Preiskontrollen der späten 1930er Jahre bei, um die Lebensmittelpreise zu senken. Die Regierungen der 1940er und 1950er Jahre unternahmen ebenfalls sozialpolitische Anstrengungen, bauten Schulen und billigen Wohnraum, weiteten die Sozialversicherungspflicht aus und verbesserten die Gesundheitsversorgung, ein entscheidender Faktor für das Bevölkerungswachstum dieser Jahre. Die Leistungen waren in der Tat beachtlich, aber die ständig steigende Zahl der nicht organisierten Arbeiter im «informellen Sektor», die Straßenhändler, Heimarbeiter, Dienstmädchen, Kleinhandwerker, hatten daran kaum Anteil.

Dennoch gewann die Arbeiterbewegung in diesem Zeitraum an Gewicht. Nach dem Ende der Diktatur erlebte sie bereits unter Alessandri einen Aufschwung, obwohl dieser keineswegs arbeiterfreundlich war und bereits 1934 einen nationalen Eisenbahnerstreik gewaltsam auflösen ließ. Die Regierung konnte aber nicht verhindern, dass die Streikführer zu den treibenden Kräften bei der Gründung der neuen Dachgewerkschaft *Confederación de Trabajadores de Chile* (CTCH) wurden. Unter den Regierungen aus Radikalen und Kommunisten, die auf Alessandri folgten, gewann die CTCH zunächst großen Einfluss, verlor diesen dann jedoch, als es 1948 zum Bruch zwischen Radikalen und Kommunisten kam. Erst 1953 entstand mit der *Central Unitaria de Trabajadores* (CUT) unter dem charismatischen Clotario Blest ein neuer schlagkräftiger Dachverband. Die CUT entfaltete in der Folgezeit eine lebhafte Streiktätigkeit. Anlässe gab es genug, denn die Lohnentwicklung blieb angesichts der galoppierenden Inflation vor allem in den 1950er Jahren hinter den Erwartungen zurück. Hinzu kam ein Zeitgeist, der spätestens seit der kubanischen Revolution von 1959 den Kampfeswillen der organisierten Arbeiterschaft stimulierte.

Mit der Kirche wandte sich ein weiterer wichtiger gesellschaftlicher Akteur entschieden den sozialen Problemen zu. Anfänge, die auf der Sozialenzyklika *Quadragesimo anno* (1931) aufbauten, gab es schon seit den 1940er Jahren z. B. in der Arbeit des 2005 heiliggesprochenen Jesuitenpaters Alberto Hurtado. Mit dem Umbruch in der katholischen Kirche nach dem Zweiten Vatikanischen Konzil und einem Generationenwechsel im chilenischen Klerus machte sich die neue von der Befreiungstheologie inspirierte Strömung in den 1960er Jahren flächendeckend bemerkbar. Insbesondere den Bewohnern der Elendsviertel wandten sich engagierte katholische Priester und Laien zu. Die Linke kritisierte diese Aktivisten, die oft eng der ab 1964 regierenden Christdemokratischen Partei (*Partido Demócrata Cristiano*, PDC) verbunden waren, und warf ihnen vor, eine Alternative zur traditionellen Arbeiterbewegung aufbauen zu wollen. Dieser Vorwurf war nicht von der Hand zu weisen, denn ein zentraler Bestandteil des Regierungsprogramms des PDC war die so genannte *Promoción Popular*, d. h. die Schaffung von Selbsthilfegruppen in diesem Sektor. Doch engagierte sich auch die Linke hier zunehmend und erzielte Erfolge.

Mindestens ebenso zentral wie die Bemühungen um die städtischen Armen war in diesen Dekaden die Frage der Landarbeiterschaft und der Agrarreform. Die soziale Lage auf dem Land war kaum besser als in den städtischen Elendsvierteln und rückte als wichtiges Thema in den Mittelpunkt des politischen Wettstreits. Zunehmend sah man die Gründe für die Probleme der Landbevölkerung in der ungerechten Besitzstruktur, bei der eine sehr kleine Schicht abwesender *Hacenderos* nach wie vor den größten Teil des Landes kontrollierte. Der Druck zur Veränderung dieser Zustände verstärkte sich seit den 1930er Jahren enorm, wobei die Landarbeiter selbst eine zentrale Rolle spielten. So erhoben sich 1934 landlose Campesinos in Ranquil am Bío-Bío zu ihrem ersten größeren Aufstand in der Geschichte Chiles, der jedoch von den *Carabineros* blutig niedergeschlagen wurde. Wenig später erfolgte die Gründung einer nationalen Interessenvertretung der Landarbeiter, der *Liga Nacional de Defensa de Campesinos Pobres*, in Santiago. Die organisatorischen Bemühungen, die die Liga danach unternahm, führten zur Schaffung zahlreicher Gewerkschaften. Der Staat reagierte, indem er Mindestlöhne festsetzte und die Wohnverhältnisse kontrollieren ließ. In den 1950er Jahren engagierte sich auch die Kirche zunehmend auf dem Land. Die Forderung nach einer umfassenden Agrarreform gewann an Überzeugungskraft.

Allerdings stießen die Reformmaßnahmen auf den zähen Widerstand der Großgrundbesitzer mit ihrem mächtigen Verband Sociedad Nacional de Agricultura (SNA). Dieser Lobby gelang es, die Regierungen der Radikalen dazu zu bewegen, bremsend auf die Landarbeiterbewegung einzuwirken. Unter den konservativen Präsidentschaften der 1950er Jahre schienen die Vorzeichen für eine Reform ohnehin ungünstig zu stehen. Als zu Beginn der 1960er Jahre der politische Druck im Zeichen der US-amerikanischen Allianz für den Fortschritt wuchs, änderte sich die Lage allerdings. Nun schien es der Regierungskoalition aus Konservativen, Liberalen und Radikalen opportun, den Reformforderungen ein Stück weit nachzugeben. Ein neues Agrarreformgesetz von 1962 sah den Aufkauf von brachliegendem Land durch den Staat und die Umverteilung an Landlose vor. Gleichzeitig verschärfte das Gesetz die Bestimmungen zur Verbesserung der sozialen Lage der Landarbeiter. Mit der *Corporación de Reforma Agraria* (CORA) und dem *Instituto de Desarrollo Agropecuario* (INDAP) schuf man Behörden zur Umsetzung dieser Vorhaben und zur aktiven Unterstützung der Landbevölkerung. Die weitreichenden Pläne und Hoffnungen, die sich mit dem Gesetz verbanden, konnten allerdings nicht ansatzweise verwirklicht werden, denn nur eine verschwindend geringe Landfläche kam letztlich zur Verteilung.

Das änderte sich mit dem Regierungsantritt der Christdemokraten 1964. Die neue Regierung erhöhte das Reformtempo nun deutlich, indem sie auf einer Durchsetzung des Agrarreformgesetzes bestand. Als dies nicht die erhofften Erfolge brachte, erließ sie 1967 zwei neue, wesentlich radikalere Agrargesetze. Eines förderte die gewerkschaftliche Organisation der Landarbeiter, das andere ermöglichte die Enteignung von Großgrundbesitz. Für letzteres Gesetz war eigens eine Verfassungsänderung notwendig. Diese Maßnahmen erwiesen sich als effektiv. In der Folgezeit kam es zu zahlreichen Enteignungen. Die Vorbesitzer erhielten Entschädigungen und das Land ging in den Besitz von landwirtschaftlichen Kommunen der ehemaligen *Inquilinos* über, die von CORA und INDAP organisiert wurden und nach fünf Jahren entscheiden konnten, ob sie den Boden unter den Mitgliedern aufteilen wollten. Mit den

Fortschritten stiegen allerdings auch die Erwartungen der Landarbeiter, zumal die vielen nicht organisierten Tagelöhner kaum in den Genuss der neuen Errungenschaften kamen. Das führte Ende der 1960er Jahre zu zahlreichen Streiks und wilden Landnahmen (*tomas*), die das gespannte Klima dieser Zeit noch zusätzlich anheizten.

Dieser neuen Situation passten sich auch die Mapuche an und wurden politisch aktiv. Von linksliberalen Gruppierungen bis hin zu radikal indigenistischen Bewegungen mit messianischen Untertönen, die unter Manuel Aburto Panguilef 1932, auf dem Höhepunkt der Krise, gar eine «República Indígena» ausriefen, deckten diese Organisationen die gesamte politische Bandbreite ab und trugen oft heftige Konflikte untereinander aus. Erst mit der Schaffung der einflussreichen *Corporación Araucana* (1935) schwächte sich der interne Streit bis 1960 ab. Insbesondere in den 1950er Jahren verfügte die Organisation unter Venancio Coñoepán, der zum Direktor der 1953 gegründeten *Dirección de Asuntos Indígenas* aufstieg, über politischen Einfluss. Zentrale Probleme der Mapuche waren angesichts der Abwanderung vieler junger Leute in die Städte das Überleben in den Reduktionen, der Erhalt ihrer kulturellen Traditionen sowie die Abwehr der illegalen Landnahmen durch Siedler. Im politisch polarisierten Klima der 1960er Jahre beteiligten sich viele von ihnen an den gewaltsamen Landbesetzungen und wurden darin von der Linken bestärkt, in deren Konzept die Mapuche als ärmste und am stärksten diskriminierte Gruppe ein Eckpfeiler beim Aufbau der sozialistischen Gesellschaft werden sollten. Für die Linke waren die Indigenen allerdings nicht als ethnische Minderheit in ihrer kulturellen Eigenart, sondern als Symbol des unterdrückten chilenischen Proletariats interessant.

Angesichts dieser Entwicklungen ist es nicht erstaunlich, dass die Diskussionen über die soziale Krise nicht abrissen. Trotz der Modernisierungsbemühungen lebten noch immer große Teile der Bevölkerung in tiefer Armut. Der chilenische Dependenztheoretiker Aníbal Pinto präsentierte Chile Ende 1959 als einen «Fall gescheiterter Entwicklung». Über die Notwendigkeit der Überwindung der Krise durch Entwicklung bestand weitgehend Konsens, und die Universitäten, deren neue sozialwissenschaftliche Studiengänge regen Zulauf verzeichneten, versuchten die Frage zu klären:

«¿Por qué somos pobres?» (Warum sind wir arm?) In den politischen Diskussionen seit 1932 war Entwicklung zum zentralen Thema geworden. Der Dissens über den richtigen Weg dorthin war 1970 allerdings größer denn je zuvor.

«Populärkultur» oder «Volkskultur»

Dieser Dissens prägte auch die Auseinandersetzungen um die kulturelle Deutungshoheit. Der Kulturbegriff, den die durch europäische Einflüsse geprägte Oligarchie im Sinne einer dominanten «Hochkultur» definiert hatte, erhielt zum einen durch die Konstruktion der chilenischen Folklore und zum anderen durch die Massenkultur nordamerikanischen Stils eine wesentliche Erweiterung. Dieser Wandel, der sich in den folgenden Jahrzehnten noch vertiefte, war Ausdruck des Demokratisierungsprozesses, in dem das «Populäre», die «Masse» ihre negativen Konnotationen schrittweise verloren. Zugleich war er nicht zuletzt auf die Entdeckung der breiten Bevölkerungsschichten als potenzielle Konsumenten kultureller Produkte zurückzuführen. Die enge Verbindung von Konsum und Massenkultur sowie die Deutung dieses Konsums als Nordamerikanisierung riefen in Chile heftige Diskussionen hervor.

Die Regierungen des *Frente Popular*, in denen die nationalistischen Reformer aus der Mittelschicht wieder eine zentrale Rolle spielten, strebten einen kulturellen Wandel an, um die anvisierte Demokratisierung voranzutreiben. Ein bedeutendes Element dabei war die Bildungsreform, da man mit dem Ausbau des Bildungssystems die Hoffnung verband, soziale Ungleichheiten abzubauen. Präsident Aguirre Cerda hatte seine Amtszeit unter das Motto «Gobernar es educar» (Regieren bedeutet bilden) gestellt. In der Tat entwickelte sich das Bildungswesen nach den Reformdebatten der 1920er Jahre rasch weiter, wobei auch in diesem Bereich US-amerikanische die lange dominierenden preußisch-deutschen Modelle ablösten. So wurden die Grundlagen für ein im lateinamerikanischen Vergleich sehr erfolgreiches Bildungssystem geschaffen, wozu die Alphabetisierungskampagnen sozialer Organisationen beitrugen. Die Universitäten, deren Studentenzahlen rapide wuchsen und die ihrerseits in den 1960er Jahren einen Reformprozess durchlebten, trieben die Wandlungsprozesse voran. Trotz aller Verbesserungen stellten sich die erhofften sozialen Effekte aber nur teilweise ein. Der Großteil der Schüler aus den ärmeren Schichten kam über wenige Jahre Grundschulausbildung nicht hinaus. Außerdem blieb das chilenische Schulsystem ein Zweiklassensystem, weil diejenigen, die es sich leisten konnten, ihre Kinder auf eine Privatschule schickten.

Dennoch konnten durch die Bildungsreformen bislang marginalisierte Bevölkerungsgruppen in den nationalen Markt und in die nationale Kultur integriert werden. Parallel dazu vollzog sich zwischen 1933 und 1969 eine bedeutende Vertiefung der Medien- und Kommunikationsrevolution. Das Radio erlebte seinen Höhepunkt zwischen 1930 und 1960. Das Aufkommen der Transistortechnik und die Zulassung zahlreicher neuer Sender im ganzen Land ließen es zu einem echten Massenmedium werden, das führende Politiker seit 1932 in zunehmendem Maß zur Verbreitung ihrer Botschaften nutzten. Einen Höhepunkt erlebte die Radio-Ära während der Fußballweltmeisterschaft in Chile 1962, bei der der Gastgeber den dritten Platz belegte, was im Land eine Welle nationaler Euphorie auslöste.

In den 1960er Jahren erhielt das Radio ernst zu nehmende Konkurrenz durch das Fernsehen. Die 1959 eingerichteten Sender standen unter der Kontrolle der chilenischen Universitäten. Mit Regierungsantritt der Christdemokraten (PDC), die 1964 das neue Medium als Instrument nutzen wollten, um die nationale Integration gezielt zu fördern, stieg die Bedeutung des Fernsehens, das darüber hinaus seinen elitären Charakter verlieren und Programme mit Unterhaltungs- und Bildungswert für die große Masse der Bevölkerung anbieten sollte. Die Zahl der Empfangsgeräte stieg, und das Sendegebiet wurde stetig vergrößert. Selbst die Bewohner der Armenviertel nahmen oft große Belastungen in Kauf, um einen Fernseher zu erwerben. Für die anderen Medien stellte diese Entwicklung ein großes Problem dar. Insbesondere das Kino verlor einen Großteil seiner Stammkundschaft an das Fernsehen.

Die beliebtesten Sendungen stammten aus den Vereinigten Staaten und galten bei rechten und linken Kulturkritikern gleichermaßen als Schund. Die Auseinandersetzung mit den US-amerikanischen Einflüssen brachte vielfältige Entwicklungen in der chilenischen Filmproduktion in Gang. So gab es in den 1940er Jahren erneut einen Versuch zum Aufbau einer nationalen Filmindustrie. Die staatlich geförderte Firma Chile-Films sollte exportfähige Filme herstellen. Dabei griffen die Regisseure auf die bewährten Strickmuster der US-Amerikaner zurück. Der Exporterfolg blieb jedoch aus, und als die staatlichen Subventionen gegen Ende des Jahrzehnts eingestellt wurden, brach das Unternehmen zusammen. Erst in den 1960er Jahren lebte das Filmwesen im Gefolge der Entstehung des politischen Films in Lateinamerika, des so genannten «dritten Kinos», wieder auf. Festivals in Viña del Mar brachten in dieser Dekade mehrmals die Avantgarde des lateinamerikanischen Kinos zusammen. Gegen Ende des Jahrzehnts produzierten talentierte chilenische Nachwuchsregisseure wie Raúl Ruiz, Miguel Littín und Helvio Soto ihre ersten Streifen. Die Hinwendung zu chilenischen Stoffen und sozialkritischen Botschaften stand in bewusster Abkehr von Hollywood. Diese kulturellen Achtungserfolge konnten jedoch nichts daran ändern, dass die nordamerikanischen Kino- und die immer wichtiger werdenden Fernsehprogramme weiter dominierten und von der Masse der Bevölkerung auch bevorzugt wurden. Allerdings kam es zu einer Kreolisierung dieser Produktion, da chilenische Fernsehsender dazu übergingen, nach den Vorgaben der US-Amerikaner eigene Spielshows wie vor allem die 1963 erstmals ausgestrahlte Show *Sábados Gigantes* zu entwickeln, die sich rasch zum erfolgreichsten Fernsehprogramm mauserte.

Ähnliche Entwicklungen zeigten sich in der Musik. In den 1950er und 1960er Jahren verbreitete sich der Rock and Roll im Land in rasendem Tempo. US-amerikanische Superstars wie Chuck Berry, Bill Haley und Elvis Presley fanden ihre Nachahmer in der chilenischen *Nueva Ola* (Neue Welle), die von neuen Jugendzeitschriften und speziellen Radio- und Fernsehprogrammen popularisiert wurde. Die *Nueva Ola* kopierte nicht nur die US-Stars – Danny Chilean war das bekannteste Beispiel –, sondern auch die Konzepte des Discjockeys und der Hitparade sowie die englischen Texte. Damit veränderten sich die Kleidungskonventionen ebenso wie die Frisurenmode nachhaltig. Chile erlebte – wenn auch in vergleichsweise kleinem Maßstab – seine Hippiewelle.

Die Abhängigkeit und fehlende Authentizität dieser Moden zeigte sich nach Meinung der Kritiker des Kulturimperialismus

u. a. an der Tatsache, dass sie von den großen US-amerikanischen Plattenfirmen vermarktet wurden. Die Folklore sollte ein Gegengewicht zur US-amerikanischen Popmusik schaffen. Aus der Folklorebewegung der 1920er und 1930er Jahre hatte sich im Lauf der Zeit der Volksmusikstil der *Tonada chilena* entwickelt, den als *Huasos* gekleidete Musiker interpretierten und der wie die Popmusik in Radio und Fernsehen Verbreitung fand. Internationales Aufsehen erregte dann aber vor allem die Welle der *Nueva canción chilena* (Neues chilenisches Lied), deren Aufstieg eng mit dem Namen der berühmten Liedermacherin Violeta Parra verbunden ist. Die Wiederentdeckung der Folklore ging in den 1960er Jahren mit einer zunehmenden Politisierung einher. In der Musik spielte der Ruf nach «authentischen» Traditionen weiterhin eine wichtige Rolle.

Diese Authentizität suchte man auf den unterschiedlichsten Ebenen. Auf Regierungsebene fand die Suche ihren Ausdruck etwa in der Ritualisierung der nationalen Mythen im Rahmen von Gedenkfeiern – insbesondere im «Monat des Vaterlands», September – und einer Reorientierung der Bildungsinhalte. In der Literatur standen Gabriela Mistral und Pablo Neruda, die 1945 und 1971 den Literaturnobelpreis erhielten, für die Weltgeltung chilenischer Poesie. Doch auch in den anderen Künsten kamen neue Strömungen zum Vorschein, die sich zumeist vom Kreolismus abwandten und – inspiriert von den Entwicklungen weltweit – neue Stile fanden. Dabei war man bemüht, genuin chilenische Themen aufzunehmen. Dies war nach Meinung der vielen linken Intellektuellen auch dringend notwendig, um der Homogenisierung, politischen Demobilisierung und Vereinzelung sowie der Herstellung eines hegemonialen Konsenses zu entgehen, die sich der Kulturimperialismus auf die Fahnen geschrieben hatte, um Entwicklung zu verhindern. Die Massen der Konsumenten sahen das allerdings entspannter.

Politisches System im Wandel

Kämpfe um den richtigen Weg zur Entwicklung, um die Ausweitung der Rechte der Industrie- und Landarbeiterschaft spielten sich nicht nur im Kontext der Kulturkritik oder der Landnahmen und Streiks ab. Sie wurden in diesen Jahrzehnten auch im politischen

Tagesgeschäft mit zunehmender Härte ausgetragen. Hatte sich schon seit 1920 gezeigt, dass die traditionellen Eliten die Politik nicht mehr nach Belieben kontrollieren konnten, so vertiefte sich dieser Trend nun mit dem Aufkommen neuer Kräfte in allen Sektoren des politischen Spektrums.

Den Rahmen dafür bot das politische System der Verfassung von 1925. Der Ruf Chiles als stabile Demokratie gründete darauf, dass es von 1932 bis 1970 zu keinen konstitutionellen Umbrüchen kam. Die Verfassungsreformen, die zwischen 1932 und 1970 auf den Weg gebracht wurden, zielten im Wesentlichen auf die Erweiterung des Wahlrechts und auf den Ausbau der Kompetenzen des Präsidenten im Gesetzgebungsverfahren. Die Präsidenten nutzten denn auch ihre weit reichenden Ernennungsbefugnisse ausgiebig.

Eingeschränkt war die Macht des Staatsoberhaupts durch das Instrument der Ministeranklage, die eigentlich nur im Fall eines Rechtsbruchs zur Anwendung kommen sollte, die der Kongress in der Praxis jedoch häufig benutzte, um Regierungen zu destabilisieren. Dies unterstreicht das hohe Konfliktpotenzial im Umgang der Verfassungsorgane miteinander. Die Regierungsfähigkeit wurde bis in die 1950er Jahre oft durch Absprachen auf lokaler Ebene, durch klientelistischen Tauschhandel und durch eine parteiübergreifende Kompromissbereitschaft gewährleistet, die Gegenleistungen in Form von Ämtern und Posten voraussetzte, welche der staatliche Interventionismus zunehmend produzierte. Die koalitionsähnlichen Vereinbarungen, die der Präsident zur Gewährleistung der Regierungsfähigkeit benötigte, waren in der Regel allerdings kurzlebig und hingen von wahlstrategischen Überlegungen ab.

Das entscheidende Element des Wandels im politischen System dieser Jahrzehnte war zweifellos die Universalisierung des Wahlrechts. Anknüpfend an ein Reformprojekt von Ibáñez aus dem Jahr 1931, ratifizierte das chilenische Parlament 1934 auf kommunaler Ebene das Frauenwahlrecht, das 1935 erstmals zur Anwendung kam. Die an Bildung, Alter und Steuerzahlung gebundenen Einschränkungen bestanden aber zunächst weiter. Die Mehrheit der analphabetischen Frauen aus der Unterschicht bzw. der Hausfrauen blieb also von der Reform ausgeschlossen. Der 1935 neu gegründeten Frauenrechtsorganisation *Movimiento Pro Emancipación de la Mujer Chilena* (MEMCH) ging dies nicht weit genug. Sie kämpfte um das uneingeschränkte Wahlrecht. 1949 kam es dann zur Einführung des Frauenwahlrechts auf nationaler Ebene. Knapp 30 Jahre nach den Vereinigten Staaten und 20 Jahre nach dem ersten lateinamerikanischen Land (Ekuador) hatte Chile diesen wichtigen Reformschritt vollzogen. Den endgültigen Durchbruch erzielte man dann 1970 mit der Ausweitung des allgemeinen Wahlrechts auf Analphabeten und der Senkung des Wahlalters auf 18 Jahre.

Parallel zur Ausweitung führte man Reformen des Wahlrechts durch. So konnte der Wahlbetrug vor allem auf dem Land eingedämmt werden. Die Eintragung in die Wählerlisten war seit 1962 verpflichtend, woraufhin sich die Zahl der Wahlberechtigten bei den Präsidentschaftswahlen zwischen 1958 und 1964 verdoppelte. Die Wahlkreiseinteilung zum Abgeordnetenhaus begünstigte allerdings nach wie vor das Land auf Kosten der großen Städte. Ungerechtigkeiten ergaben sich auch aus der Verteilung der Mandate nach dem d'Hondt'schen Verfahren, von der die stimmenstärksten Parteien profitierten.

Trotzdem etablierte sich zwischen 1932 und 1970 ein neues Parteiensystem. Obwohl durch ihre Kollaboration mit dem Ibáñez-Regime stark diskreditiert, ermöglichten die politischen Parteien die Rückkehr zur Verfassungsmäßigkeit, da sie im politischen Aufruhr der Jahre 1931/32 einen Anker der Stabilität darstellten. In diesem Zeitraum bildeten sich die drei politischen Lager der Rechten, des Zentrums und der Linken endgültig heraus. Neben den großen nationalen Parteien waren lange Zeit viele kleinere regionale Gruppierungen aktiv. Daran zeigte sich die Fragmentierung der Parteienlandschaft, die kennzeichnend für das politische System Chiles war.

Im Lager der Rechten formierte sich 1932 unter dem Eindruck der politischen Umwälzungen der Weltwirtschaftskrise mit dem *Movimiento Nacional Socialista* (MNS) unter ihrem *Jefe* Jorge González von Marées eine radikale Partei nach dem Vorbild des deutschen Nationalsozialismus, die aber nach einem gescheiterten Putschversuch im September 1938 wieder in der Versenkung verschwand. Dominierende Kräfte der Rechten waren nach wie vor die seit 1931 wieder vereinigten Liberalen und die Konservativen. Diese blieben Wahlclubs der alten Oligarchie und entwickelten sich nicht zu modernen Parteien weiter. Ihr wichtigstes politisches Ziel war die Verhinderung grundlegenden sozialen Wandels besonders in der Landbesitzfrage. Da sie sich hauptsächlich auf die ländliche Wählerschicht stützten, erklärte dies langfristig auch ihren Niedergang. Bereits in den 1950er Jahren konnten sich rechte Präsidentschaftskandidaten wie Ibáñez und Alessandri besser als parteilose Populisten denn unter dem Banner der Liberalen oder Konservativen durchsetzen. Deren Anteil an den Parlamentssitzen ging von 70 im Jahr 1937 auf nur noch zehn im Jahr 1965 zurück. Ein Jahr später kam es zur Neuorganisation der Rechten im *Partido Nacional*, der Nationalen Partei (PN), die die beiden alten Gruppierungen aufnahm und sich zu einer durchaus ernst zu nehmenden Kraft entwickelte.

Im Zentrum ergaben sich noch stärkere Veränderungen. Zunächst blieben die Radikalen die stärkste Kraft, wohingegen die Demokratische Partei, die einstige Hoffnungsträgerin der Arbeiterschaft, durch ihren Koalitionskurs mit der Rechten erheblich an Ansehen einbüßte. Seit Ende der 1930er Jahre bekamen die Radikalen Konkurrenz von rechts durch die *Falange Nacional*, eine reformerische, sich auf die katholische Soziallehre stützende Abspaltung der Konservativen. Die Falange fusionierte 1957 mit einigen kleineren Parteien zur Christdemokratischen Partei (*Partido Demócrata Cristiano*: PDC). In der Folgezeit ging der Niedergang der Radikalen mit dem Aufstieg des PDC einher, der 1964 mit Eduardo Frei Montalva nicht nur den Präsidenten stellte, sondern 1965 auch zur stärksten Partei wurde.

Auch am anderen Ende des Spektrums kam die Parteienlandschaft in Bewegung, denn es entstand eine neue schlagkräftige Linke. 1933 wurde unter der Führung von Grove und Matte aus einer Sammlung marxistischer, aber nicht moskautreuer Splitterparteien der *Partido Socialista*, die Sozialistische Partei (PS), gegründet, die eine evolutionistische Linie zur Sozialisierung des Landbesitzes und der Produktionsmittel vertrat. Die Sozialisten standen im Wettbewerb mit den Kommunisten. Trotz der Verfolgung durch die Regierung Arturo Alessandri konnten sich die Sozialisten schnell etablieren. Schon bald gingen sie Bündnisse mit anderen linken Parteien ein. Durch den *Frente Popular*, dem sich u. a. auch die Kommunisten, Radikalen und Demokraten anschlossen, waren die Sozialisten schon 1938 erstmals an der Macht beteiligt. Obwohl das heterogene Wahlbündnis nicht lange hielt, kooperierten PC, PS und Demokraten auch in der Folgezeit, so im *Frente Acción Popular*, der «Aktionsfront des Volkes» (FRAP) von 1956, der trotz des fehlenden durchschlagenden Wahlerfolgs bis 1969 einen Block der marxistischen Parteien darstellte. 1969 mündete der FRAP in die *Unidad Popular* (UP), der sich neben einigen kleineren Parteien auch noch die Radikalen und der *Movimiento de Acción Popular Unida* (MAPU), eine linke Abspaltung des PDC, anschlossen.

Die relative Stabilität des politischen Systems in diesen Dekaden gründete nicht zuletzt darauf, dass sich das chilenische Militär Zurückhaltung auferlegte, nachdem es zwischen 1924 und 1932 mehrfach entscheidend in den politischen Prozess eingegriffen hatte. Putschpläne insbesondere gegen die Regierungsbeteiligung der Kommunisten gab es zwar bereits in den späten 1930er Jahren, doch handelte es sich zunächst noch um kleinere Gruppierungen von Offizieren, die sich nicht durchsetzen konnten. Dafür war das Militär nach den negativen Erfahrungen, die man unter seiner politischen Führung gemacht hatte, in der Bevölkerung zu stark diskreditiert.

Mit dem Beginn des Kalten Kriegs bestimmte die Doktrin der nationalen Sicherheit und der Verteidigung gegen die kommunistische Bedrohung Denken und Handeln des chilenischen Offizierskorps. Dabei spielten geopolitische Erwägungen eine entscheidende Rolle. Getreu der traditionellen Auffassung von der Unantastbarkeit der im 19. Jahrhundert mit Waffengewalt gewonnenen Territorien konnten sich die Militärs auf die Stabilität des von den USA geschaffenen «interamerikanischen Systems» als Grundlage für die Aufrechterhaltung des geopolitischen Status quo im Cono Sur berufen. Nicht mehr Preußen, sondern die Vereinigten Staaten waren nun die wichtigste Quelle von militärischem Know-how und moderner Ausrüstung.

Darüber hinaus wurden chilenische Offiziere in stetig wachsender Zahl in US-amerikanischen Institutionen aus- und weitergebildet. Unter dem Eindruck der kubanischen Revolution wurde das Training zur Terrorismusabwehr im Innern mit regelmäßigen Lehrgängen in der US-amerikanischen Panamakanalzone zum Schwerpunkt der Ausbildung. Die Innenorientierung und die damit verbundene wachsende Bedeutung des chilenischen Militärs als politischer Faktor fanden ihren Niederschlag auch im neuen entwicklungspolitischen Diskurs, der im selben Jahrzehnt einen ersten Höhepunkt erreichte. Viele Offiziere beanspruchten für ihre Institution eine besondere Rolle als Motor der Entwicklung. Angesichts des Scheiterns der zivilen Politik in diesem Bereich sah man das Militär als Alternative, um das Land zu modernisieren und dabei die innere Sicherheit zu garantieren. Dies schien als Reaktion auf Fehlentwicklungen der Zivilgesellschaft und des politischen Systems notwendig.

Grundlage dieses Denkens blieb die aus Zeiten preußischer Militärberaterschaft stammende Idee von der Überlegenheit des Militärischen über das Zivile. Diese Argumentation war integraler Bestandteil der Doktrin der nationalen Sicherheit. Führende Militärs definierten im Lauf der Zeit z. B. Streiks, Pressekampagnen gegen die Regierung oder staatliche Institutionen sowie Ausschreitungen infolge von Demonstrationen als kriegerische Akte, gegen die mit militärischer Härte vorzugehen sei. Diese Haltung spiegelte sich im politischen Handeln wider. Von der Armee ausgehende Unruhen traten in den 1940er und 1950er Jahren immer wieder auf. Seit den 1960er Jahren war das Militär dann wieder eine ernst zu nehmende Bedrohung für die chilenische Demokratie.

Angesichts der strukturellen Vorgaben des politischen Systems prägten die Präsidenten bzw. die von ihnen geführten Regierungsbündnisse in diesen Jahrzehnten das politische Geschehen, wenngleich sie nun viel stärker als zuvor auf die Forderungen der sozialen Akteure reagieren mussten. Es ist ein Grundzug der Geschichte Chiles, dass sich regelrechte Präsidentenclans herausbildeten. Nachdem traditionelle Familien wie die Errázuriz' und Montts im 19. Jh. mehrfach Präsidenten gestellt hatten, sollten es im 20. Jh. die Alessandris und Freis sein. Vater und Sohn Alessandri brachten es in den 1920er, 30er, 50er und 60er Jahren auf insgesamt 17 Amtsjahre, Vater und Sohn Frei in den 1960er und 90er Jahren auf zwölf. Hinzu kam das Element der Wiederwahl. So übten in diesem Zeitraum mit Arturo Alessandri und Carlos Ibáñez zwei Männer das höchste Staatsamt aus, die bereits eine Amtszeit in den 1920er Jahren hinter sich hatten. Beides zeugt von der großen Bedeutung einflussreicher Familien im politischen Leben des Landes.

Von Alessandri bis Alessandri

Die Präsidentschaften von Arturo Alessandri (1932–1938) und seinem Sohn Jorge Alessandri (1958–1964) umrahmten gut drei Jahrzehnte chilenischer Geschichte, die abwechselnd von konservativen und radikalen Staatsoberhäuptern geprägt wurden. Arturo Alessandri gewann Ende 1932 mit Unterstützung der Radikalen und der moderaten Teile der Rechten und Linken seine zweite Präsidentschaftswahl zu einem Zeitpunkt, als der Tiefpunkt der Krise überwunden war. Sein Wahlsieg war mit rund 55 % der Stimmen überwältigend, distanzierte er damit doch den Zweitplatzierten, den Sozialisten Marmaduke Grove (18 %), sowie die offiziellen Kandidaten der Konservativen und Liberalen um Längen. Im Wahlkampf hatte er sich einerseits als Reformer präsentiert, der noch immer zum Programm von 1920 stand. Andererseits sahen viele konservative Wähler Alessandri, dessen Wahl 1920 noch Ängste vor einer Sozialrevolution geweckt hatte, mittlerweile als geläutert und als einzig aussichtsreichen Kandidaten gegen politisch radikalere Visionen. Außerdem galt er als dezidierter Nationalist und Gegenpol zum politisch diskreditierten Militär.

Alessandri konnte sich zunächst auf die Unterstützung der Radikalen, Konservativen, Liberalen und Demokraten stützen, die seinem Ruf nach einer Regierung der nationalen Einheit Folge leisteten. So erreichte er eine deutliche Mehrheit im Kongress. Die wichtigsten Ministerposten vertraute er konservativen Politikern wie Gustavo Ross (Finanzen) oder Emilio Bello (Verteidigung) an. Insbesondere Ross machte keinen Hehl aus seinen «sozialreaktionären» Ansichten. Außerdem bediente sich die Regierung der inmitten des politischen Chaos des Jahres 1932 gegründeten Republikanischen Miliz (*Milicia Republicana*). Dabei handelte es sich um paramilitärische Einheiten der Rechten, die sich vor allem aus der Ober- und Mittelschicht rekrutierten und deren Ziel es war, die vermeintlich verlorenen Ideale des traditionellen Chile wiederherzustellen und weitere Staatsstreiche abzuwehren. Erst 1936 wurde die Miliz auf Druck des Militärs wieder aufgelöst.

Alessandri nutzte die Milizen, um ein zentrales Ziel seiner Agenda zu erreichen, die Wiederherstellung der inneren Sicherheit.

Bedrohungen gab es in den 1930er Jahren viele, kam es doch auch in Chile zu regelrechten Straßenkämpfen zwischen den im Stil der deutschen SA auftretenden *Nacistas* und linken Studierenden und Sozialisten. Die blutigen Auseinandersetzungen im Zusammenhang mit dem Landarbeiteraufstand von Ranquil 1934 und dem Eisenbahnerstreik 1936 verstärkten den Eindruck, dass der Staat dezidierter auf die Bedrohung reagieren müsse. Alessandri ließ mehrfach den Ausnahmezustand erklären. Die Situation spitzte sich 1936 zu, als die Regierung Arbeiterführer inhaftieren ließ, die Pressefreiheit einschränkte und sogar zeitweise den Kongress schließen ließ. 1937 legalisierte die *Ley de seguridad interior del Estado* (Gesetz zur inneren Sicherheit des Staates) die Repression. Dieses Gesetz gab den staatlichen Autoritäten weitgehende Vollmachten zur Kontrolle und zum Verbot politischer Versammlungen und Kundgebungen in der Öffentlichkeit.

Angesichts der repressiven Tendenzen wandte sich die Radikale Partei schon bald von Alessandri ab und suchte neue Bündnispartner bei der Linken. Dies geschah zu einem günstigen Zeitpunkt, denn 1935 trat der PC mit der auf dem VII. Weltkongress der Kommunistischen Internationale beschlossenen Volksfrontstrategie aus der selbst gewählten Isolierung. Auch die Sozialisten zeigten sich verhandlungsbereit. Förderlich erwies sich ferner das erfolgreiche Vorbild der Volksfronten in Spanien und Frankreich. Innerhalb der Radikalen gab es durchaus Widerstand gegen einen Zusammenschluss mit der Linken, der sich um den ehemaligen Minister in der ersten Präsidentschaft Alessandri, Pedro Aguirre Cerda, gruppierte. Letztlich konnte sich der linke Flügel aber durchsetzen. 1936 schließlich gründeten Sozialisten, Kommunisten und Radikale gemeinsam mit einigen kleineren Parteien das Wahlbündnis des *Frente Popular*. Die CTCH, der MEMCH sowie der *Frente Único Araucano* unter Manuel Aburto Panguilef schlossen sich an.

Bereits bei der von einem hitzigen Wahlkampf begleiteten Parlamentswahl von 1937 trat der *Frente Popular* an, doch das Ergebnis war eher enttäuschend. Die Sozialisten waren mit mehr als 11% zwar sehr erfolgreich, und die Radikalen konnten zumindest einen halben Prozentpunkt zulegen, die Kommunisten indes schnitten mit 4,2% ziemlich mäßig ab. Die konservativen Regierungsparteien übertrafen den *Frente Popular* deutlich. So überholten sowohl die

Konservativen (21,3 %) als auch die Liberalen (20,8 %) die Radikale Partei (18,7 %), die 1932 noch stärkste Kraft gewesen war, und verdrängten sie auf den dritten Platz. Insgesamt erreichte das Regierungslager die absolute Mehrheit in beiden Kammern. Auch drei *Nacistas*, darunter González von Marées, zogen ins Parlament ein. Gründe für den Sieg der Rechten waren die repressiven Maßnahmen der Regierung einerseits und ihre erfolgreiche Wirtschaftspolitik andererseits.

Nachdem die Kommunalwahlen vom April 1938 den Trend bestätigten, schien bei den anstehenden Präsidentschaftswahlen ein Sieg des Kandidaten des Regierungslagers sicher. Dieser Kandidat, der im selben Monat mit fast 98 % der Stimmen gekürt wurde, war Finanzminister Ross, mit dessen Namen sich die wirtschaftliche Erholung im Wesentlichen verband. Er galt als neuer «starker Mann». Allerdings war Ross im Gegensatz zu Alessandri kein charismatischer Politiker. In einem äußerst polemisch geführten Wahlkampf, der die tiefe Polarisierung des Landes verdeutlichte, hielten ihm seine politischen Gegner die abwertenden Äußerungen über die chilenische Bevölkerung vor, die für die traditionelle Oligarchie, der er entstammte, typisch waren. Selbst die vom Sozialkatholizismus inspirierten Teile der konservativen Jugend lehnten Ross ab und formten ihre seit 1936 unter demselben Namen bestehende Bewegung *Falange Nacional* in eine eigenständige Partei um.

Fast zeitgleich schritt auch die Linke zur Kandidatenkür. Hier war die Entscheidung wesentlich umstrittener. Für die Sozialisten trat der beliebte Marmaduke Grove an, für die Radikalen der gestandene Parteipolitiker Aguirre Cerda. Erst nach mehreren Wahlgängen verzichtete Grove zugunsten seines Kontrahenten. Damit hatte sich der Spitzenmann der stärksten Partei innerhalb des *Frente Popular* durchgesetzt. Der Führungsanspruch der Radikalen wurde dadurch unterstrichen.

Überraschenderweise kam es zu einer dritten Kandidatur. Exdiktator Ibáñez, der alte Gegenspieler Alessandris, war 1937 aus dem Exil zurückgekehrt. Mit Unterstützung der Splitterpartei *Unión Socialista* und vor allem des MNS, der sich nun vom Faschismus abwandte, gründeten seine Anhänger im Juni 1938 die *Alianza Popular Libertadora*, die Volksbefreiungsallianz. Trotz der Zugkraft des Namens Ibáñez gelang es der Allianz aber nicht, die Massen zu mobilisieren, wie der Aufmarsch in der Hauptstadt am 4. September 1938, bei dem die Kandidatur offiziell bekannt gegeben wurde, zeigte. Da die Teilnehmerzahl enttäuschend war, entschloss sich González von Marées zu einem Putschversuch am folgenden Tag. Junge *Nacistas* besetzten am 5. September die Zentrale der *Universidad de Chile* sowie ein Stockwerk im Gebäude der *Caja del Seguro Obrero* (Arbeiterversicherung) nahe dem Präsidentenpalast. Die erwartete Unterstützung seitens des Militärs blieb jedoch aus, zumal Ibáñez sich nicht offen auf die Seite der Putschisten schlug. Schnell hatte die Polizei die Aufständischen im Griff, die sich der Übermacht ergaben. Was nun folgte, ging als *Masacre del Seguro Obrero* in die chilenische Geschichte ein, denn die *Carabineros* ermordeten die jungen Aufständischen.

Der sensationelle Putschversuch gab dem Wahlkampf eine entscheidende Wende. Die Entrüstung über das brutale Vorgehen der Sicherheitskräfte, das man der Regierung anlastete, war groß. Alessandris Antrag auf Sondervollmachten zur Aufrechterhaltung der inneren Sicherheit stieß im Parlament auf Widerstand, und die Vertreter des *Frente Popular* warfen ihm vor, die Wahlen manipulieren zu wollen. Auch innerhalb des Regierungslagers gab es heftigen Streit. Ausschlaggebend waren aber die Vorgänge in den Reihen von Ibáñez, der seine Kandidatur am 12. Oktober zurückzog. Aguirre Cerda besuchte González von Marées kurz vor dem Wahltermin im Gefängnis. Wenig später riefen der «Jefe» und mit ein paar Tagen Abstand auch Ibáñez ihre Anhänger auf, für den Kandidaten des *Frente Popular* zu stimmen.

Der Ausgang der Wahl am 25. Oktober war denkbar knapp. Mit einem Vorsprung von weniger als 1 % gewann Aguirre Cerda. Die Stimmen der *Nacistas* hatten den Ausschlag gegeben. Direkt nach seinem Amtsantritt begnadigte der neue Präsident González von Marées. Angesichts der enormen Spannungen, die der Wahlkampf mit sich gebracht hatte, feierten die Anhänger des *Frente Popular* ihren Erfolg als gleichsam revolutionären Umbruch, ja als Neugründung der Republik. In der Tat läutete diese Wahl eine Phase der Vorherrschaft der Radikalen Partei ein, die 14 Jahre andauern sollte. Allerdings war der Umbruch keineswegs so radikal, wie es im ersten Augenblick scheinen mochte. Das Parlament blieb fest in der Hand der konservativen Opposition, so dass der Handlungsspielraum des neuen Präsidenten eng war. Immerhin gelang es ihm, nach der Katastrophe von Chillán Anfang 1939 das Wiederaufbaugesetz mit knapper Mehrheit durch den Kongress zu bringen. Die ablehnende Haltung der Konservativen gegenüber dem sozialen Aufsteiger Aguirre Cerda, den man verachtete und als *Roto* bezeichnete, war prinzipieller Art. Auch im Militär gab es Widerstand gegen den Präsidenten. Im August 1939 scheiterte ein Putschversuch, bei dem Ibáñez erneut seine Hand im Spiel hatte.

Innerhalb des Wahlbündnisses gab es ebenfalls heftige Interessenkonflikte. Das fing in der Radikalen Partei an, in der Aguirre Cerda für den antikommunistischen rechten Flügel stand, der sich einer umfassenden Agrarreform widersetzte. Die innerparteilichen Auseinandersetzungen gingen so weit, dass sich der rechte Flügel phasenweise um ein Bündnis mit dem konservativen Block bemühte. Daneben kämpften Kommunisten und Sozialisten um die Dominanz in der Arbeiterbewegung. Die Sozialisten wiederum, die mit dem jungen Salvador Allende den Gesundheitsminister stellten, mussten die Abspaltung ihres linken Flügels verkraften. Nach dem Ausbruch des Zweiten Weltkriegs und dem Bekanntwerden des Hitler-Stalin-Pakts ergab sich ein weiterer Konfliktpunkt, da die Radikalen und Sozialisten dem Lager der Alliierten zuneigten, während die Kommunisten dieses heftig angriffen.

Aufgrund des zunehmenden Drucks löste sich der *Frente Popular* Anfang 1941 mit dem Austritt der Restsozialisten und der Gewerkschaften auf, ohne dass sich dadurch etwas Grundlegendes änderte. Bei der Parlamentswahl wenige Monate später trat die Linke wieder als Bündnis an und erzielte ein positives Wahlergebnis. Die Radikalen wurden wieder stärkste Partei, während die Konservativen und insbesondere die Liberalen Stimmenverluste zu verzeichnen hatten. Das linke Wahlbündnis hatte nun eine komfortable Mehrheit im Abgeordnetenhaus, konnte sich daran aber nicht lange erfreuen; denn nun erlebten die Radikalen die Abspaltung ihres linken Flügels als Protest gegen die Repressionsmaßnahmen des Innenministers Arturo Olavarría Bravo. Erst nachdem ihn der Präsident im Herbst entlassen hatte, kehrten die Radikalen ins Kabinett zurück. Schon einige Monate vorher hatten die Kommunisten nach dem deutschen Angriff auf die Sowjetunion eine Kehrtwende vollzogen. So stand einer Fortsetzung des *Frente Popular* eigentlich nichts mehr im Wege, als Aguirre Cerda am 25. November 1941 starb.

Bei der Kür des Kandidaten für die anstehenden Neuwahlen konnte sich der konservative Flügel der Radikalen erneut durchsetzen. Mit Juan Antonio Ríos wählte man einen Parteiführer, der in den 1920er Jahren sowohl mit Alessandri als auch mit Ibáñez zusammengearbeitet hatte, was ihn in den Augen seiner innerparteilichen Kritiker unglaubwürdig machte. Rückendeckung erfuhr er vom neuen Wahlbündnis der Demokratischen Allianz, dem die Radikalen, Kommunisten, Sozialisten und der Alessandri-treue Flügel der Liberalen angehörten. Letztere hatten sich dazugesellt, weil der Gegner erneut Carlos Ibáñez hieß, der dieses Mal die Unterstützung der Konservativen, der restlichen Liberalen sowie nationalistischer Splittergruppen erhielt. Ríos gewann die Wahl im Februar 1942 mit deutlichem Abstand. Der Grund dafür lag weniger in der Überzeugungskraft des Kandidaten der Radikalen Partei als im Faschismusverdacht, unter dem Ibáñez stand und den seine Gegner nutzten, um ihn zu diskreditieren. Hinzu kam die Spaltung der Rechten, die nicht als geschlossener Block auftrat.

Ríos' Amtszeit war geprägt durch die Bemühungen um eine Stärkung der Exekutive, die sich 1943 in einer Reform der Verfassung von 1925 niederschlugen. Eine starke Präsidentschaft war dies jedoch nicht, das erste «Kabinett der nationalen Einheit» zerfiel schon nach wenigen Monaten. Späteren Regierungen erging es ähnlich. 1943 zogen sich die Sozialisten ganz aus der Regierungsverantwortung zurück. Auch den Kabinetten, die sich aus parteilosen Experten zusammensetzten, war keine lange Lebensdauer beschieden. Stärker noch als sein Vorgänger sah sich Ríos den Anfeindungen aus der eigenen Partei ausgesetzt. Neben der Kritik an seinem Bündnis mit den Liberalen und seinem konservativen innenpolitischen Kurs wuchs seit dem Kriegseintritt der Vereinigten Staaten der Druck, die diplomatischen Beziehungen zu den Achsenmächten abzubrechen. Ríos erfüllte diese Forderung schließlich im Januar 1943, ohne jedoch dem Deutschen Reich den Krieg zu erklären, und schuf somit die Grundlage für den Beitritt Chiles zu den Vereinten Nationen 1945. Trotzdem kam es 1944 zum offenen Bruch mit der eigenen Partei.

Angesichts dieser Entwicklungen war es nicht erstaunlich, dass die Linke die Kongresswahlen von 1945 verlor, was die Regierungsbildung zusätzlich erschwerte. Außerdem scherten die Kommunisten nach Kriegsende wieder aus der Regierung aus. Wie sein Vorgänger starb auch Ríos vor Ablauf seiner Amtszeit im Juni 1946. Vizepräsident Alfredo Duhalde, der die Präsidentschaft wegen der Erkrankung des Staatsoberhaupts bereits im Januar übernommen hatte, sah sich in seiner kurzen Amtszeit Mitte des Jahres mit einer von den Kommunisten organisierten Streikwelle konfrontiert, deren blutige Niederschlagung das Klima der politischen Konfrontation weiter anheizte. Alle Anzeichen deuteten darauf hin, dass die für den September angesetzte Präsidentschaftswahl hoch umstritten sein würde. Dieses Mal gingen vier Kandidaten ins Rennen. Gabriel González Videla, der Vertreter des linken Flügels der Radikalen, fand die Unterstützung der Kommunisten, wobei sich insbesondere der Dichter und Senator des PC Pablo Neruda hervortat. Bei seinen Gegnern handelte es sich um den Konservativen Eduardo Cruz Coke, der dem christdemokratischen Ideengut der *Falange* nahestand, den Liberalen Fernando Alessandri, Sohn des Expräsidenten, und den Sozialisten Bernardo Ibáñez.

Die erneute Spaltung der Rechten kam dem Kandidaten der Radikalen entgegen. González Videla gewann mit mehr als 10% Vorsprung vor Cruz Coke die Wahl, erreichte aber nicht die absolute Mehrheit. Daher musste erstmals die Vollversammlung des Kongresses entscheiden – so sah es die Verfassung vor. Es gelang González, durch Versprechungen sowohl die Abgeordneten der Kommunisten als auch die der Liberalen auf seine Seite zu ziehen. Gegen die Stimmen der Konservativen Partei wählte ihn der Kongress daraufhin zum Präsidenten.

War die Regierungsbildung für seine beiden Vorgänger Aguirre und Ríos problematisch, so musste González quasi die Quadratur des Kreises vollbringen. In den Kabinettssitzungen saßen nun liberale Plutokraten Seite an Seite mit erstmals in der Regierungsverantwortung stehenden kommunistischen Agitatoren. Das ging nicht lange gut. Die Kommunisten nutzten ihre Regierungsbeteiligung zur Förderung ihrer Klientel in der Gewerkschaftsbewegung, was sich bei den Kommunalwahlen 1947 bereits positiv für sie auszahlte. Liberale und Radikale, denen der Einfluss des PC zu weit ging, traten aus Protest aus der Regierung aus. Der Präsident reagierte mit einer Kabinettsumbildung, bei der sich die Kommunisten zu Recht hintergangen fühlten, was dazu führte, dass der PC den Protest gegen die Regierung nun auf die Straße trug. Streiks im ganzen Land und deren zunehmend brutalere Unterdrückung prägten die zweite Hälfte des Jahres 1947. González Videla berief einen Offizier zum Innenminister und versuchte überdies, die Arbeitskämpfe durch seine persönliche Vermittlung beizulegen, doch gelang ihm dies nicht.

Ein härteres Vorgehen gegen die Kommunisten, die für die Arbeiterunruhen verantwortlich gemacht wurden, schien unumgänglich. Zunächst brach González Videla die diplomatischen Beziehungen zu den Staaten des sowjetischen Machtbereichs ab, deren Botschaften die chilenischen Kommunisten unterstützten. Der Druck der US-Regierung, die kurz zuvor die Kreditvergabe an Chile mit dem Hinweis auf die Regierungsbeteiligung des PC abgelehnt hatte, spielte dabei eine wichtige Rolle. Für den Präsidenten waren gute Beziehungen zu den Vereinigten Staaten von zentraler Bedeutung. 1947 unterzeichnete Chile den Interamerikanischen Vertrag zur gegenseitigen Unterstützung und zählte im Folgejahr zu den Gründungsmitgliedern der Organisation Amerikanischer Staaten (OAS). Auch in den Vereinten Nationen folgte die Regierung den Vorgaben der USA.

Für die nun einsetzende Verfolgung der Kommunisten gab es aber vor allem innenpolitische Gründe. Im Juli 1948 berief González Videla ein «Kabinett der nationalen Konzentration», an dem sich die Konservativen beteiligten. Der Unabhängige Jorge Alessandri, ein weiterer Sohn Don Arturos, wurde Finanzminister. Eine der ersten Amtshandlungen der neuen Regierung war die Verabschiedung des Gesetzes zur «Verteidigung der Demokratie», das im September in Kraft trat und die Kommunistische Partei verbot. Dieses «verfluchte Gesetz» (*Ley Maldita* – so der Volksmund) war die Fortsetzung der Notstandsgesetze, die seit dem Aufruhr des Jahres 1932 immer wieder erlassen worden waren. Es folgte eine Welle der Repression gegen Parteianhänger und -funktionäre sowie gegen die Arbeiterbewegung.

Manchen ging dies nicht weit genug. Eine Verschwörung unter Führung des pensionierten Generals Ramón Vergara Montero konnte im Oktober rechtzeitig aufgedeckt werden. Wieder war Ibáñez' Name mit im Spiel. Der Präsident erhielt daraufhin weitere Sondervollmachten zur Bekämpfung des Extremismus, die schon Mitte 1949 bei der Niederschlagung eines Streiks der Studierenden gegen die Erhöhung der Busfahrpreise Anwendung fanden. Als sich die Lage bedrohlich zuspitzte, ließ die Regierung schwer bewaffnete Ordnungskräfte in der Hauptstadt aufmarschieren. Unter diesen Vorzeichen fand 1949 eine Parlamentswahl statt, bei der 14 Parteien Sitze gewannen und Carlos Ibáñez als Kandidat der neuen, überraschend erfolgreichen Protestpartei, *Partido Agrario Laborista* (PAL), in den Senat einzog. Die extreme Fragmentierung der Parteienlandschaft ging vor allem auf Kosten der Linken, während sich die Radikalen mit 22% der Stimmen relativ gut behaupten konnten.

Dennoch wurde ein politischer Richtungswechsel erforderlich, als Anfang 1950 Streiks der Angestellten gegen die Sparpolitik der Regierung ausbrachen. González Videla gab dem Druck schließlich nach, zeigte Entgegenkommen gegenüber den Gewerkschaften und bildete ein neues moderateres «Kabinett der sozialen Sensibilität», an dem Mitglieder der *Falange* beteiligt waren. Diese Regierung sollte sich bis zum Ende der Amtszeit halten. Der Opportunismus von González Videla und seine vielen Richtungswechsel hatten jedoch seine politische Überzeugungskraft ausgehöhlt. Mehr noch: In Verbindung mit einem für den außen stehenden Betrachter zunehmend anarchischen politischen Prozess büßten auch die Parteien an Glaubwürdigkeit ein. Die Rückkehr zum Personalismus, der Wunsch nach einem neuen «starken Mann» war unüberhörbar, als die Vorbereitungen auf die Präsidentschaftswahl von 1952 begannen.

Ein Populist wie Carlos Ibáñez hatte in diesem Klima leichtes Spiel. Seine mehr oder weniger direkte Beteiligung an den Putschversuchen der 1930er und 40er Jahre hatte man ihm verziehen oder rechnete sie ihm gar als Verdienst an. Seine Wahlversprechen insbesondere zur Beendigung der Inflation sprachen die Sorgen, seine Rhetorik von Tugenden und Willensstärke die Hoffnungen vieler Wähler an. Bei der Wahl, an der erstmals auch Frauen teilnahmen, konnte sich Ibáñez gegen seine Konkurrenten Pedro Enrique Alfonso von den Radikalen, Arturo Matte von der Allianz aus Konservativen und Liberalen sowie Salvador Allende von den Sozialisten problemlos durchsetzen und verfehlte mit rund 47% der Stimmen nur knapp die absolute Mehrheit.

Angesichts der Heterogenität seiner Anhänger, zu denen Kleinstparteien unterschiedlicher Couleur und soziale Bewegungen vom rechten bis zum linken Feld des politischen Spektrums zählten, und der fehlenden Mehrheit im Kongress ließen die Probleme allerdings nicht lange auf sich warten. Die Regierung hatte keine klaren Vorstellungen über den einzuschlagenden Weg, und einzelne Ministerien blockierten sich gegenseitig. Es fehlte die notwendige Verhandlungsbereitschaft gegenüber der übermächtigen parlamentarischen Opposition. Ibáñez, der sich selbst als apolitisch, ja als dezidierten Gegner des als *politiquería* verunglimpften politischen Systems bezeichnete, griff auf die ihm vertrauten repressiven Mittel zurück. Auf den Streik im Kupferbergbau 1954 reagierte er mit der Ausrufung des Staatsnotstands, der Unterdrückung der Pressefreiheit sowie der Inhaftierung politischer Gegner. Weitergehende Maßnahmen zur Aussetzung der Bürgerrechte verweigerte ihm der Kongress. Daraufhin liebäugelte Ibáñez erneut mit der Idee eines Staatsstreichs. Im Offizierskorps, dessen Politisierung im Zuge der schweren inneren Krisen wieder zunahm, wurden Geheimlogen gegründet, die sich den Kampf gegen den Kommunismus zum Ziel setzten und einen Umsturz forderten. 1955 sorgte das Bekanntwerden eines Treffens des Präsidenten mit Mitgliedern der Loge *Línea Recta* für einen Skandal.

Mittlerweile hatte sich auch die wirtschaftliche Lage dramatisch zugespitzt. Die Inflationsrate erreichte neue Rekordwerte und ließ die Lebenshaltungskosten in die Höhe schnellen. Die Zahl der Arbeitslosen schwoll stark an, während das Bruttosozialprodukt sank. Ibáñez suchte sein Heil in ausländischer Beratung und beauftragte die US-amerikanische Consulting-Firma Klein & Saks mit der Erarbeitung eines Plans zur wirtschaftlichen Gesundung. Die mit knapper Mehrheit durch den Kongress gebrachten deflationistischen Maßnahmen umfassten die Abschaffung der Außenhandels- und Preiskontrollen. Allerdings setzte man die Vorgaben nur halbherzig um. Eine Steuerreform kam ebenso wenig zustande wie eine

Einschränkung der Staatsausgaben. Immerhin konnte die Inflation eingedämmt werden. Die sozialen Kosten der Deflationspolitik waren aber so hoch, dass sich die Regierung – auch wegen eines erneuten wirtschaftlichen Einbruchs aufgrund fallender Kupferpreise – schon 1957 entschloss, den Austerity-Kurs wieder zu verlassen.

Ihren Niedergang konnte sie damit nicht mehr aufhalten. Die schlechten Wahlergebnisse der Ibáñez nahestehenden Parteien führten zum Abfall vieler Bundesgenossen. Bereits 1955 verließ selbst der PAL die Regierung, gleichzeitig formierten sich die Oppositionsparteien neu. Das zeigte sich etwa an der Gründung des FRAP 1956. Die Kongresswahlen von 1957 brachten einen Sieg der Radikalen, die den Kampf gegen Ibáñez zum Programm erklärt hatten. In einem Zweckbündnis mit dem im selben Jahr gegründeten PDC sowie der Linken betrieben die Radikalen in der Folgezeit die Wiederzulassung der Kommunisten sowie die Ausweitung und Reform des Wahlrechts. Letztere führte zu einem wesentlichen Anstieg der Zahl der Wahlberechtigten sowie zum Ende des Stimmenkaufs. Dies und die traurige Bilanz von Ibáñez ließen einen Sieg der Linken bei der anstehenden Präsidentschaftswahl 1958 wahrscheinlich werden.

Allerdings konnte sich das Anti-Ibáñez-Bündnis nicht wie 1938 dazu entschließen, einen gemeinsamen Kandidaten zu benennen. Stattdessen traten mit Salvador Allende für den FRAP, Eduardo Frei für den PDC und Luis Bossay für die Radikalen sogar drei Bewerber an. Die Konservativen und Liberalen dagegen vermieden die erneute Zersplitterung ihrer Kräfte und schickten mit Jorge Alessandri einen zugkräftigen Namen ins Rennen. Der Präsidentensohn vereinigte einige Qualitäten auf sich, die ihn trotz der negativen Erfahrungen der zurückliegenden Jahre für viele Wähler attraktiv machten: Er war parteilos, galt als charakterlich untadelig und stand im Ruf, ein erfolgreicher Technokrat und «Macher» zu sein. Das Wahlergebnis war ähnlich knapp wie 1938, doch Alessandri setzte sich durch und verwies Allende auf den zweiten Platz. Die dritthöchste Zahl der Stimmen konnte überraschend Frei auf sich vereinen, während Bossay nur 15,6% erzielte. Erneut war offenkundig geworden, dass sich die Wählerbasis der einstmals stärksten Radikalen Partei aufzulösen begann.

Zunächst bemühte sich Alessandri, seinem Ruf gerecht zu werden und mit einem Kabinett von unabhängigen Experten zu regieren. In wirtschaftspolitischer Hinsicht verfolgte er einen liberalen Kurs, baute Handelshemmnisse ab und schuf Investitionsanreize. Erstmals seit der Weltwirtschaftskrise war der Import fast aller Waren wieder möglich. Ein öffentliches Bauprogramm sowie ein Förderplan für den Bau kleiner Privathäuser waren weitere die Konjunktur belebende Maßnahmen. In der Geldpolitik führte die Regierung mit dem *Escudo* eine neue Währung mit Dollarparität ein. 1960 besuchte US-Präsident Dwight D. Eisenhower Santiago und stellte ein stärkeres Investitionsengagement der US-Wirtschaft in Chile in Aussicht. In der neuen Lateinamerikapolitik der Regierung Kennedy, der «Allianz für den Fortschritt», spielte das Land dann ab 1961 eine besondere Rolle bei dem Bemühen, durch Wirtschafts- und Finanzhilfe soziale Reformen durchzusetzen, die wiederum den Kommunismus in Lateinamerika eindämmen sollten. Die chilenische Wirtschaft reagierte zunächst positiv. Wachstum stellte sich ein, und die Arbeitslosenzahlen sowie die Inflationsrate waren rückläufig.

Doch handelte es sich nur um eine kurze Erholung. Da die erhofften Investitionen ausblieben und das Handelsdefizit aufgrund der rasch wachsenden Importe rasant zunahm, kam es schon Ende 1961 wieder zu Krisenerscheinungen. Bald musste die Dollarbindung des *Escudo* aufgehoben werden, und die Inflation gewann wieder an Fahrt. Mit der Einstellung der öffentlichen Bauprogramme gingen negative soziale Begleiterscheinungen einher, insbesondere ein sprunghafter Anstieg der Arbeitslosigkeit. Die Auslandsverschuldung erreichte ungeahnte Höhen. Teilweise waren die Probleme der Regierung Alessandri darauf zurückzuführen, dass sich im Mai 1960 eine Naturkatastrophe ereignet hatte, die das Drama von Chillán 1939 noch weit in den Schatten stellte. Das stärkste je gemessene Erdbeben und ein Tsunami, der noch die Küstenregionen im tausende von Kilometern entfernten Hawaii und Südafrika verwüstete, begleitet von Vulkanausbrüchen, hinterließen im chilenischen Süden verheerende Zerstörungen und zahllose Todesopfer.

Zu den wirtschaftlichen Problemen gesellten sich politische, da die Kongresswahlen von 1961 Stimmengewinne für die Linke und den PDC brachten. Außerdem kam es 1961/62 erneut zu einer Streikwelle, an der sich neben den Arbeitern im ganzen Land auch Bankangestellte, Lehrer und sogar Ärzte beteiligten. Verbunden waren diese Arbeitskämpfe mit den mittlerweile schon üblichen gewaltsamen Auseinandersetzungen. Alessandri reagierte darauf schon im August 1961, indem er ein «politisches» Kabinett unter Beteiligung der Radikalen berief. Gemeinsam mit den Konservativen und Liberalen bildete die Radikale Partei nun den *Frente Democrático* und dominierte beide Kammern. Doch diese Dominanz war trügerisch, führte doch die Wahlrechtsreform von 1962, die u. a. die Registrierung der Wähler wesentlich vereinfachte, zu einem explosionsartigen Wachstum der Wählerschaft. Bei den Neuwählern handelte es sich zumeist um Arme aus der Stadt und vom Land. Ihr Gewicht zeigte sich in den Kommunalwahlen von 1963 unübersehbar. Christdemokraten und FRAP erzielten zusammengenommen mehr Stimmen als der *Frente Democrático*. Der PDC wurde gar zur stärksten Partei. Erstmals zahlte sich der Einsatz in den *Poblaciones* politisch aus.

Bei der Vorbereitung auf die Präsidentschaftswahl von 1964 war die Nervosität der etablierten Parteien offenkundig. Nach langen Diskussionen einigte sich der *Frente Democrático* auf einen gemeinsamen Kandidaten, den Radikalen Julio Durán. Für den PDC trat Parteiführer Eduardo Frei und für die Linke erneut und nun zum dritten Mal Allende an. Nach dem Tod eines Abgeordneten wenige Monate vor dem nationalen Wahltermin kam es im März zu einer Nachwahl in Curicó. Überraschenderweise konnte sich in diesem traditionell konservativen Bezirk der Kandidat des FRAP durchsetzen. Dies veranlasste die Konservativen und Liberalen, den *Frente Democrático* aufzukündigen und ihre Wähler aufzufordern, bei den anstehenden Präsidentschaftswahlen für Frei zu stimmen. Damit wollte man einen Wahlsieg des Marxisten Allende verhindern, der schon 1958 einem Triumph – aus Sicht des konservativen Blocks – bedenklich nahe gekommen war.

Waren schon frühere Wahlkämpfe durch rhetorische Schärfe und gewaltsame Konfrontationen gekennzeichnet, so stellte das Rennen um die Präsidentschaft von 1964 alles bisher da Gewesene in den Schatten. Der von den konservativen Kräften unterstützte PDC schürte erfolgreich die angesichts der kubanischen Revolution gestiegenen Ängste vor einem marxistischen Umsturz im Falle eines Wahlsiegs Allendes. Dabei erhielten die Christdemokraten finanzielle Unterstützung durch den US-amerikanischen Geheimdienst CIA und die bundesdeutsche CDU. Wie stark diese Ängste ausgeprägt waren, zeigt sich daran, dass die Rechte Frei unterstützte, obwohl auch er ähnlich wie Allende mit einem sozialreformerischen Programm antrat. Beide kritisierten den Kapitalismus und die herrschenden Oligarchien. Beide strebten Sozialisierungen an. Beide wollten die Demokratisierung Chiles fördern. Der Wahlausgang unterstrich den Erfolg von Freis Kampagne der Angst, denn er errang die absolute Mehrheit und verwies Salvador Allende mit deutlichem Abstand auf den zweiten Platz. Durán, der Kandidat der Radikalen Partei, errang nur 5% der Stimmen. Die Ära der altehrwürdigen Radikalen Partei, die den «Staat der Kompromisse» zunächst durch ihre Reformvisionen und später zunehmend durch ihre opportunistische Sprunghaftigkeit geprägt hatte, war endgültig vorüber.

Die «Revolution in Freiheit»

Zweifelsohne trug diese Wahl Umbruchcharakter. Die Christdemokraten hatten sich als die neue führende Kraft der Mitte erwiesen. Wofür aber standen der neue Präsident und seine Partei? Der von Schweizer Einwanderern abstammende Frei zählte zu den Gründungsmitgliedern der *Falange Nacional*. Unter Duhalde hatte er bereits ein Ministeramt bekleidet und 1949 einen Senatssitz gewonnen. Seit ihrer Gründung war er der unumstrittene Kopf der Christdemokratischen Partei. Deren Mitglieder speisten sich aus heterogenen Quellen. Das zeigt ein Blick auf die Abgeordneten nach der Parlamentswahl von 1965. Nur 23 waren von Beginn ihrer Karriere an im PDC aktiv, 33 entstammten der *Falange*, acht waren ehemalige Konservative, zwei hingen zuvor den *Nacistas* an, vier rekrutierten sich aus der Liberalen Partei und sechs aus dem PAL. So entwickelte sich die *Falange*, die einst vor allem durch ihre ideologische Geschlossenheit hervortrat, zu einer modernen Massenpartei mit Reformprogramm weiter. Insbesondere ihre Mobilisierungsbemühungen durch Netzwerke von Aktivisten in den Uni-

Eduardo Frei Montalva, 1964. (Aus: F. D. Garcia und O. Sola (Hg.), Salvador Allende. Das Ende einer Ära, Aufbau Verlag, Berlin 1998 © COPESA)

versitäten, in den *Poblaciones* und auf dem Land trugen zu ihrem raschen Aufstieg bei. Die Nähe zu den reformorientierten Kreisen innerhalb der katholischen Kirche war ebenfalls hilfreich.

Ihre innere Heterogenität spiegelte sich auch in der Programmatik wider. Der auf der Sozialdoktrin der Kirche basierende «christliche Humanismus» verband die Prinzipien von Freiheit und demokratischer Partizipation mit dem Gleichheitsanspruch der Linken. Das Wahlkampfmotto Freis, die «Revolution in Freiheit», drückte dies aus. Grundsätzlich ging es den Christdemokraten also um einen «dritten Weg» zwischen Kapitalismus und Sozialismus. Es gab allerdings unterschiedliche Auffassungen darüber, wie das Ziel aussehen sollte, wobei u. a. kommunitaristische und marktsozialistische Modelle diskutiert wurden. Weniger umstritten waren die konkreten Programmpunkte der Christdemokraten, die u. a. die Landreform, die Sozialreform unter dem Schlagwort der *Promoción Popular* sowie wirtschaftsnationalistische Maßnahmen umfassten. Sie sprachen eine Wählerschaft an, die sich aus unterschiedlichen sozialen Schichten rekrutierte und auch Teile der Arbeiterschaft einschloss, wobei die Mittelschicht dominierte.

Die Zugkraft des PDC war Mitte der 1960er Jahre so stark, dass ihm die Parlamentswahl von 1965 einen erdrutschartigen Sieg auf Kosten insbesondere der Konservativen, aber auch der Radikalen bescherte. Zwar erreichten die Christdemokraten mit 42,3 % der Stimmen keine absolute Mehrheit, doch entschieden sie sich, entgegen der politischen Tradition Chiles, allein zu regieren, um ihre Programme nicht durch Kompromisse verwässern zu müssen. Das wurde ihnen von den politischen Gegnern auf der Rechten und Linken als Arroganz ausgelegt, so dass sich der PDC gegen die Obstruktionshaltung der Opposition durchsetzen musste. Zudem zeigte sich die enorm gestiegene politische Mobilisierung durch die Wahlrechtsreformen und den Aktivismus der Arbeiterbewegung mit aller Deutlichkeit.

Dennoch war die Regierung zunächst relativ erfolgreich. Mit der Bildung der Planungsbehörde ODEPLAN (*Oficina de Planificación Nacional*) schuf man die organisatorischen Grundlagen für eine wirtschaftliche Neuausrichtung. Besonders die steuerpolitischen Reformen der Regierung Frei – Anhebung der Einkommens- und Umsatzsteuer, Einführung einer Reichensteuer (*impuesto patrimonial*), Maßnahmen gegen Steuerhinterziehung – sind in diesem Zusammenhang wichtig, verdoppelten sich doch die Steuereinnahmen bis 1970. Angesichts der gestiegenen Kupferpreise entwickelte sich die Wirtschaft relativ positiv. Dennoch gelang es der Regierung nicht, einen gesellschaftlichen Konsens über ihre Reformpolitik herzustellen. So zeigten sich etwa die Unternehmer wenig überzeugt von Frei, was sich am Rückgang der Privatinvestitionen ablesen lässt, woraufhin die Regierung den Staatsanteil an der Produktion weiter ausbaute. Die CUT wiederum, von der sich die christdemokratische Arbeiterbewegung abwandte, reagierte kämpferisch auf den Versuch der Regierung, durch die Aussetzung der alljährlichen Lohnerhöhung die Inflation zu dämpfen. Schon 1967 forderten Streiks wieder Menschenleben. Die Zahl der Gewerkschaften ebenso wie die der Streiks explodierte regelrecht während Freis Präsidentschaft und machte das Regieren schwer. Die Inflationsraten stiegen denn auch wieder, und die wirtschaftlichen Parameter entwickelten sich bis zum Ende der Amtszeit trotz der erkennbaren Ausweitung des Wohlstands auf immer mehr Chilenen problematisch.

Insbesondere der Ton in den Auseinandersetzungen mit der Linken blieb aggressiv. Dabei sah sich Frei aufgrund seiner Haltung zu den Vereinigten Staaten zunehmend in die Defensive gedrängt. Im Verlauf der 1960er Jahre stand die grundsätzlich positive Haltung gegenüber dem Auslandskapital in der Kritik. Dependenztheoretiker verwiesen darauf, dass die an US-amerikanischen Entwicklungsmodellen orientierte Strategie der Kooperation mit den ausländischen Investoren einseitig deren Interessen gedient habe. Demnach waren ausländische Investitionen der nationalen Entwicklung nicht nur nicht zuträglich, sie waren sogar schädlich und sollten daher unterbunden werden. Die Christdemokraten teilten diese Ansicht durchaus, hielten aber nach Übernahme der Regierung doch an einer investorenfreundlichen Politik fest, um weiterhin Hilfsgelder aus der «Allianz für den Fortschritt» zu bekommen. So lag der Vorwurf des Verrats am nationalistischen Projekt zugunsten ausländischer Interessen nahe und wurde von der Linken gegen Präsident Frei eingesetzt.

Angesichts der Bedeutung, die die Vereinigten Staaten in Chile im Rahmen der «Allianz für den Fortschritt» gewonnen hatten, war eine Abgrenzung vom großen Nachbarn im Norden wichtig, um in den nationalistischen Diskursen der 1960er Jahre die Glaubwürdigkeit nicht zu verlieren. Das galt insbesondere, als 1965 ein von der US-Armee in Auftrag gegebenes Forschungsprojekt zum Hintergrund von Aufständen in unterentwickelten Ländern, das «Project Camelot», bekannt wurde, das in Chile einen Skandal auslöste, weil man es als Spionageauftrag interpretierte. Frei bemühte sich um Distanz, indem er zum einen die Invasion von US-Marines in der Dominikanischen Republik 1965 verurteilte, die in Santiago anti-US-amerikanische Straßenproteste auslöste. Zweitens verstärkte er die Beziehungen zu Westeuropa. Drittens war er um den Ausbau des wirtschaftlichen Nationalismus auf Kosten der US-amerikanischen Kupferkonzerne bemüht. Schließlich förderte er gemeinsam mit seinem Außenminister Gabriel Valdés erfolgreich die lateinamerikanische Zusammenarbeit, was sich 1969 im Abkommen von Cartagena zur Gründung des Andenpakts niederschlug. Dieser sah eine Beschränkung des Profitabzugs ausländischer Unternehmen sowie eine Begrenzung neuer Anlagen in Schlüsselsektoren wie Banken, Massenmedien und Schwerindustrie vor. Im selben Jahr traf sich in Chile die von der CEPAL zusammengerufene *Comisión Especial de Coordinación Latinoamericana* (CECLA), an der sich alle lateinamerikanischen Länder bis auf Kuba beteiligten. Das Abschlussdokument, der «Konsens von Viña del Mar» von 1969, drückte den Willen zur Rückbesinnung auf die gemeinsame Identität Lateinamerikas aus. Eine regionale Integration auf der Basis der Solidarität der Unterentwickelten schien näher zu liegen als jemals zuvor.

Freis Führungsrolle in diesen Prozessen schützte ihn nicht vor der Kritik der Linken, die ihm angesichts der so genannten «paktierten Nationalisierung» des Kupfers und der US-amerikanischen Finanzhilfe im Wahlkampf von 1964 nationalen Ausverkauf vorwarf. Dabei kam es zu einer Radikalisierung: Linksextremisten an der Universität von Concepción gründeten 1965 den *Movimiento de Izquierda Revolucionaria* (MIR), der zum bewaffneten Kampf gegen den Kapitalismus aufrief. Auf ihrem Parteitag von 1967 bekannten sich die Sozialisten zur marxistisch-leninistischen Lehre und zum «revolutionären Staat», wenngleich längst nicht alle Parteimitglieder – darunter auch Allende – diesem neuen Kurs folgten. Innerhalb des PDC regte sich seit dem Parteitag von 1966 ebenfalls Widerstand. Die Parteilinke forderte radikalere Reformen und gewann die Meinungsführerschaft, stieß aber beim Präsidenten auf Ablehnung. Die Spaltung des PDC vollzog sich 1969, als deren Linke den *Movimiento de Acción Popular Unitaria* (MAPU) gründete. Schon im Jahr des weltweiten Studentenprotests 1968 hatten sich auch die Auseinandersetzungen in Chile zugespitzt. Demonstrationen, Besetzungen der Universitäten, ja sogar der Kathedrale von Santiago durch Anhänger der neu gegründeten *Iglesia Joven* (Junge Kirche), zunehmende Landbesetzungen sowie terroristische Übergriffe des MIR vermittelten den Eindruck eines unmittelbar bevorstehenden revolutionären Umbruches.

Salvador Allende und Pablo Neruda 1964. (Aus: F. D. Garcia und O. Sola (Hg.), Salvador Allende, Das Ende einer Ära, Aufbau Verlag, Berlin 1998.)

Auch die Rechte formierte sich. 1966 kam es zur Gründung eines neuen *Partido Nacional* (PN), in dem die Liberalen, Konservativen und die *Acción Nacional* aufgingen. Bei der Parlamentswahl 1969 zahlte sich diese Strategie aus, denn der PN wurde zur zweitstärksten Kraft hinter den Christdemokraten, die erhebliche Verluste zu verzeichnen hatten. Zu ihren Wählern zählten auch viele Offiziere. Das Militär gewann als Träger und öffentlicher Verfechter eines mit antidemokratischen und antikommunistischen Elementen gepaarten Nationalismus wieder an Einfluss. Außerdem nahm die Unzufriedenheit zu, weil die Regierung nach Ansicht der Armee nur unzureichend auf die Forderung nach Solderhöhungen zum Inflationsausgleich und nach der Modernisierung des Arsenals reagierte. In einigen Aufsehen erregenden Aktionen und Demonstrationen machten die Militärs ihrem Unmut Luft. Ein dilettantischer Putschversuch des vorzeitig in den Ruhestand versetzten Generals Roberto Viaux im Oktober 1969, der so genannte *Tacnazo*, kündigte eine neue Phase militärischer Eingriffe in die Politik an, wenngleich der Oberkommandierende der Streitkräfte, General René Schneider, wenige Monate später in der nach ihm benannten

Schneider-Doktrin eine Garantie zur Achtung des Ergebnisses der bevorstehenden Präsidentschaftswahlen abgab.

Die zunehmende Polarisierung der chilenischen Gesellschaft zeigte sich im Wahlkampf von 1970 mit nochmals gesteigerter Schärfe. Der PDC schickte den Parteiveteranen Radomiro Tomic vom linken Flügel ins Rennen. Tomic war denn auch darum bemüht, Wähler im linken Spektrum zu werben. Die Rechte setzte nach einigem Hin und Her – einige brachten sogar Viaux ins Gespräch – auf die Zugkraft des Bewährten und nominierte Alessandri. Die Parteien der Linken stellten zunächst je eigene Kandidaten auf: Neruda für die Kommunisten, Allende für die Sozialisten und Jacques Chonchol für den MAPU. Im Oktober 1969 einigte man sich dann doch auf ein Wahlbündnis, zu dem noch einige kleinere Linksparteien stießen, mit einem gemeinsamen Kandidaten. Der FRAP wurde zur *Unidad Popular*, und der Kandidat hieß Salvador Allende. Den Wahlkampf trugen die Konkurrenten mit erbitterter rhetorischer Härte aus. Er war von zahlreichen gewaltsamen Zwischenfällen – Straßenschlachten, Bombenattentaten, Generalstreik – begleitet. Daran zeigte sich der Grad der Polarisierung, den Chile zu diesem Zeitpunkt erreicht hatte.

Allende gewann die Wahl am 5. September 1970 mit einer knappen Mehrheit, gut einem Drittel der Stimmen (36,5 %). Erneut war daher die Bestätigung durch den Kongress notwendig. Die Rechte bemühte sich, den PDC für ein gemeinsames Votum gegen Allende und für Alessandri zu gewinnen. Alessandri bot sogar an, durch seinen umgehenden Rücktritt den Weg für Neuwahlen frei zu machen, bei denen dann eine erneute Kandidatur Freis möglich gewesen wäre. Der PDC lehnte dieses den demokratischen Gepflogenheiten widersprechende Ansinnen ab, ließ sich aber von Allende eine schriftliche Erklärung geben, die von der Verfassung verbrieften Rechte zu achten und bei der Durchsetzung des staatlichen Gewaltmonopols nur auf Polizei und Streitkräfte zurückzugreifen. Bei der Rechten, deren extremistische Anhänger mit *Patria y Libertad* eine terroristische Organisation gründeten, kam es nun zu fieberhaften Bemühungen, den Regierungsantritt des Sozialisten zu verhindern. Viaux und andere putschbereite Elemente im Militär waren mit Unterstützung des CIA daran beteiligt, und General Schneider wurde Opfer eines misslungenen Entführungsversuchs.

Schneiders Tod rüttelte die Demokraten auf. Mit großer Mehrheit gewann Allende die Abstimmung im Kongress. Nur die Rechte erhielt den Widerstand aufrecht.

Kompromissfähigkeit war 1970 kaum noch erkennbar. Dennoch hatte genau dieser Charakter die vier Jahrzehnte chilenischer Geschichte seit 1932 entscheidend geprägt. Der Kompromiss war aber teuer erkauft, ging er doch lange Zeit einseitig auf Kosten der Nichtprivilegierten. Die Armut blieb als ungelöstes Problem bestehen. Außerdem war der Kompromiss gerade in politischer Hinsicht immer wieder brüchig. Die Jahrzehnte von 1932 bis 1970 zeichneten sich aus durch den Grundkonsens über das Ziel Entwicklung, dem sich letztlich sogar die Konservativen anschlossen. Grundlegenden Dissens gab es indes über den richtigen Weg dorthin, wobei die Vorschläge mit der Zeit immer radikalere Formen annahmen. Der Streit darüber entwickelte sich zu einem Streit der Weltanschauungen und wirkte zunehmend polarisierend auf eine Gesellschaft, in der immer breitere Bevölkerungsschichten die Möglichkeit zur politischen Partizipation erhielten und mobilisiert werden konnten. Mit dem Blick auf sein gewaltsames Ende haben Historiker die strukturellen Schwächen des «Staats der Kompromisse» untersucht und sind zu dem Schluss gekommen, dass die im Kompromisscharakter der Epoche angelegte fehlende Konsequenz bei der Umsetzung von Demokratisierungsansätzen und Sozialreformen letztlich ein Konfliktpotenzial schuf, das in die Katastrophe der frühen 1970er Jahre münden sollte.

Das gespaltene Land
(1970–1989)

Mit dem Wahlsieg Salvador Allendes, den schon die Zeitgenossen – Anhänger und Gegner gleichermaßen – als entscheidenden Einschnitt in der Geschichte des Landes einschätzten, rückte Chile in den Mittelpunkt des Weltinteresses. Die innenpolitischen Verwerfungen der Folgejahre und insbesondere der Putsch von 1973 sowie die anschließende langjährige Militärherrschaft sollten dafür sorgen, dass die Polarisierungen, die Chile schon in den 1960er Jahren geprägt hatten, in eine regelrechte Spaltung der Gesellschaft mündeten. Die Unversöhnlichkeit, mit der sich politische Lager und gesellschaftliche Schichten gegenüberstanden, spiegelte einerseits den hoch ideologisierten Zeitgeist des Kalten Kriegs und andererseits die soziopolitischen Umbrüche innerhalb Chiles wider, die der «Staat der Kompromisse» hinterlassen hatte.

Das sozialistische Experiment

Mit dem Mediziner, Freimaurer und gestandenen Parteipolitiker Allende, der unter dem *Frente Popular* bereits ein Ministeramt bekleidet hatte und seit 1966 als Präsident des Senats fungierte, war zum ersten Mal ein dezidierter Marxist auf demokratischem Weg an die Macht gekommen. Aus Sicht der Rechten war dies eine Katastrophe, und die direkten Reaktionen auf Allendes Wahl schienen dies zu bestätigen. Der Einbruch der Aktienkurse, die Kapitalflucht und ein Run auf die Banken bewiesen den hohen Grad an Nervosität, den der Machtwechsel auslöste. Waren diese Ängste aber begründet? Dagegen sprach, dass mit Allende ein Politiker Präsident wurde, der sich bereits zum wiederholten Mal als Spitzenkandidat den Spielregeln demokratischer Wahlen unterworfen und ein Bekenntnis zur Verfassung abgegeben hatte. Kopfschmerzen bereitete allerdings das Programm der *Unidad Popular*, ging es ihr doch darum, die Agrarreform zu intensivieren, den Außenhandel zu kontrollieren und die Produktionsmittel zu sozialisieren und zu nationalisieren. Verbunden war dies mit dem Anspruch, die Gesellschaft grundlegend zugunsten der «ausgebeuteten Schichten» und auf Kosten der «Großbourgeoisie» umzugestalten, kurz es ging um nichts weniger als einen eigenständigen «chilenischen Weg zum Sozialismus». Gemeint war eine Revolution im Rahmen der bestehenden Verfassungsordnung, die allerdings entscheidend umgewandelt werden sollte. In der Tat unterschied sich die *Unidad Popular* in dieser Hinsicht grundlegend vom *Frente Popular*, obwohl ihr im Wesentlichen dieselben Parteien angehörten.

Bei den Anhängern der *Unidad Popular* löste der Wahlsieg Allendes eine Euphorie aus, die sich in zahllosen gesellschafts- und kulturpolitischen Initiativen Bahn brach. Was sich hier abspielte, war eine Mobilisierung ungekannten Ausmaßes, die nicht zuletzt mit der Ausweitung des Wahlrechts auf Analphabeten und der Absenkung des Wahlalters auf 18 Jahre verbunden war. Die Parteigänger rekrutierten sich aus unterschiedlichsten sozialen Schichten, selbst die radikaleren Gruppierungen innerhalb der katholischen Kirche («Christen für den Sozialismus») beteiligten sich. Die Regierung schritt auch sofort zur Tat und setzte zahlreiche soziale Maßnahmen durch, die den Armen und insbesondere deren Kindern in der Stadt und auf dem Land zugutekamen. Die staatlichen Ausgaben für Gesundheit, Wohnungen und Bildung schnellten in die Höhe.

Das war angesichts der deutlichen Parlamentsmehrheit, die die Parteien der Rechten und die Christdemokraten gemeinsam innehatten, kein leichtes Unterfangen. Anfangs profitierte die *Unidad Popular* allerdings von der Tatsache, dass sich die Oppositionsparteien untereinander misstrauten und bekämpften. Die Schwäche der Opposition schlug sich im April 1971 im Ergebnis der Kommunalwahlen nieder, die der Linken einen großen Erfolg bescherten. An den Mehrheitsverhältnissen im Parlament änderte das natürlich nichts.

In einer wichtigen Angelegenheit waren sich die verfeindeten politischen Lager allerdings einig: der Nationalisierung des Kupfers, der wichtigsten Quelle des Reichtums. Nach Freis «Chilenisierung» war die Zeit nun reif, den Prozess abzuschließen. Der Wahlsieg der *Unidad Popular* ebnete den Weg für eine radikale Lösung. Noch Ende 1970 wurde eine Gesetzesvorlage zur Änderung der Verfassung eingebracht, die das Parlament am 11. Juli 1971 einstimmig beschloss. Die Anlagen der US-Unternehmen, die in die neue nationale Kupfergesellschaft CODELCO eingingen, wurden durch Schuldverschreibungen abgelöst, von deren Wert man jedoch die «exzessiven», unter Ausnutzung der ungerechten Strukturen des Weltwirtschaftssystems erzielten Profite abzog. Daraus ergab sich, dass die beiden führenden Unternehmen der *Gran Minería*, Anaconda und Kennecott, nicht nur keine Entschädigungsansprüche geltend machen konnten, sondern dem chilenischen Staat sogar noch Geld schuldeten. Die Nationalisierung löste erneut großen Enthusiasmus aus, man feierte sie als nationale Heldentat. Nicht nur die Linke, auch das liberale und konservative Lager schloss sich der positiven Einschätzung an.

Die US-Amerikaner waren dankbare Opfer und konnten als Paradebeispiel für weitere Verstaatlichungen dienen. Letztlich ging es der Regierung ja um die Ausschaltung des Großkapitals und dessen vollständige Sozialisierung. In der Tat nutzte die *Unidad Popular* die Welle des nationalistischen Enthusiasmus, die die Übernahme des Kupfers ausgelöst hatte. Zügig nationalisierte die Regierung das Eisenerz und den Salpeter durch Aufkäufe. Relativ unproblematisch gestaltete sich zudem die Übernahme der ausländischen Banken, die wiederum viel Beifall fand. Ferner einigte sich die Regierung friedlich mit zahlreichen Unternehmen aus der Lebensmittel-, Unterhaltungs-, Textil- und Computerbranche über die Ablösung ihrer Investitionen. Auch auf internationaler Ebene war Chile aktiv und setzte im Andenpakt eine Regelung durch, nach der die Aktivitäten ausländischer Investoren in der Region stark eingeschränkt werden sollten.

Nicht alle Nationalisierungsmaßnahmen verliefen problemlos. In den Fällen, in denen die Unternehmensleitungen ihre Zustimmung verweigerten, berief sich Allende auf einige aus der Zeit der Sozialistischen Republik stammende Notdekrete, die es der Regierung erlaubten, Firmen in Krisenzeiten zu übernehmen, wenn sie nicht in der Lage waren, aussichtslose Arbeitskonflikte zu schlichten, oder ineffektiv arbeiteten. Die Dekrete wurden flexibel angewendet. So dienten von der Linken vom Zaun gebrochene Streiks immer wieder als Vorwand für die Übernahme durch die Regierung. In quantitativer Hinsicht waren die Sozialisierungsbemühungen ein Erfolg. 1973 betrug der staatliche Anteil an der Industrieproduktion 80%. Er hatte sich damit gegenüber dem ohnehin schon hohen Ausgangsstand von 1970 noch einmal verdoppelt.

Die Nationalisierung der Unternehmen schuf allerdings neue Schwierigkeiten. In der Kupferwirtschaft etwa fehlte es an Knowhow. Nicht nur die US-amerikanischen Fachleute, sondern auch chilenische Techniker und Manager wanderten ab, weil sie nun vergleichsweise wertlose *Escudos* als Lohn erhielten. Die Anwerbung sowjetischer Experten konnte den Verlust nicht ausgleichen. Die erhoffte Produktionssteigerung stellte sich nicht ein, was die Regierung auf den US-amerikanischen Boykott von Ersatzteillieferungen zurückführte. Im Gegenteil, sowohl die Leistungen als auch die Profite fielen rapide, weil die Weltmarktpreise für Kupfer einbrachen, und auch die Reallöhne sanken. Die von Christdemokraten dominierten Bergbaugewerkschaften entfalteten daraufhin lebhafte Streikaktivitäten, die die Regierung blutig unterdrückte. Nur die Zahl der Beschäftigten ging sprunghaft in die Höhe, wobei es sich häufig um Politaktivisten handelte.

Die Unternehmer waren angesichts der drohenden Enteignung nicht mehr bereit, notwendige Investitionen zu tätigen. In vielen verstaatlichten Betrieben waren darüber hinaus Disziplinlosigkeit und Arbeitsausfälle zu verzeichnen. In Unternehmen, die noch nicht sozialisiert waren, ergriffen Arbeiter selbst die Initiative und besetzten die Produktionsanlagen. Die Regierung akzeptierte dies nicht in jedem Fall bedingungslos, sondern wollte gewisse Zugeständnisse an die Unternehmer in strategisch wichtigen Industrien machen. Dennoch kam es zur Herausbildung regelrechter autonomer, von den Arbeitern kontrollierter industrieller Zonen, der so genannten *Cordones industriales*, in denen der MIR über großen Einfluss verfügte.

Außenpolitisch provozierte der Wirtschaftsnationalismus der *Unidad Popular* vielfältige Probleme. Einige US-amerikanische Unternehmen trugen durch ihren Konfrontationskurs maßgeblich zur Verschärfung der Lage in Chile bei. Von Beginn an unterstützten die betroffenen Firmenleitungen die chilenische Opposition und deren Medien finanziell. Als die Zeitung *Washington Post* 1972 Einzelheiten über das Komplott des CIA zur Verhinderung der

Wahl Allendes 1970 und die Beteiligung des Elektrizitätskonzerns ITT daran veröffentlichte, war die Empörung groß. Die Nachrichten erwiesen sich als dringend benötigte Munition im Kampf gegen die Opposition und zur Erklärung der wirtschaftlichen Misere. Geschickt nutzte man den Anti-US-Amerikanismus der Anhängerschaft der *Unidad Popular* gegen den innenpolitischen Gegner und brandmarkte diesen als Marionette des CIA. Im Mai 1972 konnte die Regierung die Nationalisierung der zur ITT gehörenden Telefongesellschaft als Antwort präsentieren. Ende 1972 hielt Allende dann seine berühmte Rede vor der Vollversammlung der Vereinten Nationen, in der er die Machenschaften des Imperialismus scharf verurteilte.

Doch die US-Unternehmen wehrten sich auf juristischem Weg und fochten die Zulässigkeit der Nationalisierung vor Gerichten in den USA und Europa an. Dabei erzielten sie Teilerfolge wie z. B. das Festhalten chilenischer Kupferlieferungen in ausländischen Häfen. Aus Sicht der Regierung in Santiago führten diese «Machenschaften» zu einer «unsichtbaren Blockade», die die Nation paralysierte. Zweifellos erlebte der Außenhandel mit den Vereinigten Staaten, dem bis dahin mit Abstand wichtigsten Handelspartner, einen Einbruch. Ferner förderte die US-Regierung subversive Geheimaktionen, die von einer Medienkampagne gegen Allende über die finanzielle Unterstützung der Opposition bis hin zum Einsatz von Geheimdienstmitarbeitern für Sabotageaktionen reichten. Außerdem stellte sie die Entwicklungshilfe ein und verhinderte Kredite seitens der Weltbank und des Internationalen Währungsfonds (IWF). Die *Unidad Popular* präsentierte der chilenischen Öffentlichkeit als Gegenmaßnahmen ein Schuldenmoratorium vom November 1971, die unnachgiebige Haltung in der Entschädigungsfrage sowie die Annäherung an den Ostblock und insbesondere an Kuba. Durch die martialische Rhetorik im Zusammenhang mit den Nationalisierungen war kaum Spielraum für Verhandlungen vorhanden. Die Frage der Auslandsschuld blieb letztlich bis zum gewaltsamen Ende der *Unidad Popular* ungelöst.

Innenpolitisch bedeutsamer war die Förderung der Agrarreform, die einen zentralen Programmpunkt der *Unidad Popular* darstellte. Allende setzte den Prozess der Enteignung von Großgrundbesitz fort. Außerdem wurde mit den Landarbeiterräten (*Consejos Cam-*

pesinos) eine direkte Mitsprachemöglichkeit für die betroffene Landbevölkerung geschaffen. Mit Blick auf den Landbesitz der Mapuche verabschiedete die Regierung ein neues Gesetz, das den Erhalt des Gemeinschaftsbesitzes garantieren sollte. Die Bevorzugung des Kollektiveigentums vor dem Privatbesitz, die sich daran zeigte, prägte die gesamte Agrarreformpolitik. Insgesamt enteignete die *Unidad Popular* bis 1973 rund 6,4 Millionen Hektar Boden. Die überkommenen Besitzstrukturen auf dem Land gehörten damit der Vergangenheit an.

Die beeindruckenden Zahlen können nicht über die vielfältigen Hindernisse hinwegtäuschen, denen sich die Agrarpolitik der Regierung gegenübersah. Grundsätzlich stellte sich die Frage, wie weit die Reform reichen sollte. Die radikalsten Stimmen innerhalb der Linken forderten die bedingungslose Kollektivierung des gesamten Landbesitzes. Agrarminister Chonchol wollte demgegenüber lieber die vorhandenen gesetzgeberischen Instrumente nutzen. Die gewaltsamen Landnahmen durch Campesinos, die der MIR teilweise in einem *Movimiento Campesino Revolucionario* organisierte, gewannen an Radikalität und trugen zum Klima wachsender Gewalt bei. Das nötigte der Regierung die unangenehme Entscheidung ab, *Carabineros* gegen die Landbesetzer einzusetzen oder die illegalen Landbesetzungen zu tolerieren. Letztlich behalf man sich mit einer Klausel im Agrarreformgesetz, nach der es der Regierung erlaubt war, im Falle eines Streiks einen staatlichen Beauftragten (*Interventor*) einzusetzen.

Umstritten blieb, wie man mit dem enteigneten Land verfahren sollte. Die radikalen *Unidad Popular*-Mitglieder forderten die Einrichtung von Staatsbetrieben nach dem Vorbild der Sowchosen, auf denen neben den ehemaligen *Inquilinos* auch Tagelöhner zum Einsatz kommen sollten. Tatsächlich schuf die Regierung durch die Zusammenlegung benachbarter Güter so genannte *Centros de Reforma Agraria* (CERA) und *Centros de Producción* (CEPRO), auf denen die Landarbeiter als Angestellte des Staates beschäftigt waren. Allerdings waren diese Kollektive nicht flächendeckend, und es regte sich Widerstand dagegen vor allem bei denjenigen Landarbeitern, die schon in den 1960er Jahren von der Agrarreform profitiert hatten und nun vom PDC organisiert wurden. Sie waren in der Regel nicht bereit, ihren Besitzstand zugunsten sozialistischer

Ideale aufzugeben, und wehrten sich gegen die aufgezwungene Kollektivierung und die illegalen Landbesetzungen. Folge der unübersichtlichen Lage auf dem Land war ein drastischer Rückgang der Produktionsleistung. 1972 musste Chile bereits den Großteil seiner Exporterlöse für den Import von Lebensmitteln aufwenden.

Insgesamt war die Wirtschaftspolitik der *Unidad Popular* ein Misserfolg. Das galt nicht nur für den Agrar- und Industriesektor, sondern insbesondere auch für die Finanzpolitik. Wie ihre Vorgänger wurde die Regierung der Inflation niemals Herr, ja verschärfte sie durch die großzügigen Staatsausgaben zunehmend. Um die Defizite auszugleichen, brauchte man zunächst die Devisenreserven auf und ging dann auf die Suche nach Auslandskrediten, die aber nicht ausreichend zur Verfügung standen. Da die einheimische Produktion lahmte, schossen die Preise für Konsumgüter, die nun importiert werden mussten und sich zunehmend verknappten, in die Höhe. Allende griff auf das Mittel der Lohnanpassung zurück, doch konnte er damit keinen Ausgleich schaffen. Hamsterkäufe und Schwarzmarkt blühten. Das selbst gesteckte Ziel der Steigerung des Lebensstandards insbesondere für die Nichtprivilegierten konnte so nicht erreicht werden. Vor dem Hintergrund der sich zuspitzenden wirtschaftlichen Krise und Versorgungsengpässe nahm die Kritik an der *Unidad Popular* zu und mündete in Massendemonstrationen.

Angesichts der vielfältigen Probleme und Widerstände gegen die Sozialisierungsprogramme schienen Propagandamaßnahmen zur Schaffung eines sozialistischen Bewusstseins, die so genannte *Concientización*, von besonderer Bedeutung. Kunst und Kultur spielten dabei eine wichtige Rolle. Viele Künstler engagierten sich für die Regierung, deren Kulturpolitik an die Gärungsprozesse der 1960er Jahre nahtlos anschließen konnte. Ein zentrales Element war der aktive Kampf gegen den Kulturimperialismus, d. h. gegen die US-amerikanischen Einflüsse. Linke Kulturkritiker wie Ariel Dorfman klärten die Chilenen nun über die Gefahren auf, die von vermeintlich harmlosen Produkten wie Donald-Duck-Comics ausgingen. Der Staatsverlag Quimantú versuchte nationale Produktionen dagegenzusetzen. Ähnliche Initiativen gab es im Bereich der populären Musik, wo neben der progressiven Rockmusik mit spanischen Texten vor allem das Genre der revolutionären Folklore

Víctor Jara, Komponist und Sänger, Poet und Dramaturg (Aus: F. D. Garcia und O. Sola (Hg.), Salvador Allende, Das Ende einer Ära, Aufbau Verlag, Berlin 1998. © Antonio Larrea)

und des politischen Protestlieds Beachtung fand. Interpreten wie Angel Parra und Víctor Jara sowie die Gruppen Inti-Illimani und Quilapayún wurden in diesen Jahren weit über die Grenzen Chiles hinaus berühmt. Doch die Massenkulturindustrie ließ sich nicht so leicht aus dem Feld schlagen. Der didaktische Zeigefinger und der Ideologisierungsgrad der offiziellen Kulturproduktion fanden nur bei den überzeugtesten Anhängern der *Unidad Popular* ungeteilten Beifall, während große Teile der Bevölkerung sich weiterhin lieber mit der «leichten Kost» der Massenkultur vergnügten und die konservative Oberschicht die sozialistische Kulturpolitik als besonders gefährlichen Infiltrationsversuch ablehnte. Das als authentisch nationale Kultur definierte Konstrukt der Linken konnte sich gegen diese Widerstände nicht durchsetzen.

Das erkannten auch die Kulturpolitiker der *Unidad Popular* und bemühten sich, durch eine grundlegende Reform des Bildungswesens einen «neuen Menschen» in einer nichtkapitalistischen Gesellschaft zu schaffen. Die Demokratisierung der Bildung und deren Ausrichtung auf die Bedürfnisse der Armen waren Schlüsselthemen der Linken. Getreu der vorherrschenden Kritik am Kulturimperialismus forderte man die radikale Abkehr von ausländischen Modellen. 1973 entwickelte die *Unidad Popular* das Gesamtschulmodell der *Escuela Normal Unificada* (ENU), die sich auf der Basis eines «sozialistischen Humanismus» an das Volk, das heißt die sozial Schwachen, richten sollte. Während auch christdemokratische Pädagogen die Suche nach einem authentisch chilenischen Schulmodell durchaus befürworteten, rief die *Unidad Popular* mit dem Anspruch, das mit der ENU verbundene System staatlicher Kontrollen auch auf den privaten und konfessionellen Schulsektor zu übertragen, den erbitterten Widerstand breiter Gesellschaftsschichten und der katholischen Kirche hervor. Die Militärs schlossen sich den Kritikern an und wollten ein Moskau höriges Schulsystem um jeden Preis verhindern. Die vom Edwards-Konzern kontrollierten Medien setzten eine Kampagne gegen das Konzept der ENU in Gang. So wurde der Kampf gegen die Bildungsreform der *Unidad Popular* gleichsam zum Integrationsfaktor der heterogenen Kräfte innerhalb der Opposition.

Vom Widerstand zum Putsch

Widerstand gegen die *Unidad Popular* war nicht von Beginn an vorhanden, doch rückten die sich anfangs noch unversöhnlich gegenüberstehenden Oppositionsparteien PN und PDC im Laufe der Zeit enger zusammen. Das Abdriften des PDC nach rechts begann Mitte 1971, als der ehemalige Innenminister Freis, Edmundo Pérez Zujovic, von Linksextremisten ermordet wurde, die Allende kurz zuvor erst begnadigt hatte. Da die Regierung aus Sicht der Christdemokraten zu wenig unternahm, um den Terrorismus zu unterbinden, ging der PDC in die Offensive. Mehrfach kam es 1971/72 zu Wahlabsprachen zwischen Nationalisten und Christdemokraten, so dass sich in den Nachwahlen zum Abgeordnetenhaus und Senat zumeist die Kandidaten der Opposition durchsetzten.

Noch empfindlicher traf die Regierung die Obstruktionshaltung im Kongress, wo die Christdemokraten nun zahlreiche Gesetzesvorhaben einbrachten, um die Sozialisierungen aufzuhalten. In dieser Angelegenheit entspann sich eine Kontroverse zwischen Präsident und Legislative, da Allende die Gesetzgebung durch sein Veto verhinderte, der Kongress dieses aber mit einfacher Mehrheit überstimmte. Nach dem ursprünglichen Text der Verfassung, an dem Allende festhielt, wäre dafür eine Zweidrittelmehrheit notwendig gewesen, doch die Opposition berief sich auf einen Verfassungszusatz von Anfang 1970, der in diesem wichtigen Punkt für Unklarheit sorgte. Auch in der Zivilgesellschaft formierte sich der Protest. Während des fast einmonatigen Besuchs des kubanischen Staatschefs Fidel Castro in Santiago 1971 organisierten Frauen der Oberschichtviertel den «Marsch der Kochtöpfe», um gegen die schlechte Versorgungslage zu demonstrieren. Da es zu Übergriffen gegen die Demonstrantinnen seitens linker Aktivisten kam, machte der Kongress von seinem Recht der Ministeranklage Gebrauch. Dies war ein Instrument, das die rechte Mehrheit im Parlament in der Folgezeit zunehmend gegen Kabinettsmitglieder anwendete, um die Regierungsarbeit zu behindern. Eine Wiederannäherung zwischen UP und PDC, über die man 1972 noch verhandelte, war unter diesen Vorzeichen kaum noch möglich.

Kompromisslosigkeit prägte nicht nur die Haltung des PN und zunehmend des PDC, sondern auch von Teilen der *Unidad Popular*. Allende, der zum gemäßigten Flügel innerhalb des Vielparteienbündnisses zählte, gelang es nie, die Interessen auszutarieren. In vielen Fragen war er gemeinsam mit Kommunisten und Radikalen um Mäßigung bemüht, konnte sich aber gegen die Forderungen vor allem der Sozialisten unter ihrem Generalsekretär Carlos Altamirano nicht durchsetzen, denen das Reformtempo nicht hoch genug sein konnte. Hinzu kam die wachsende Gewaltbereitschaft der Extremisten von links und rechts. Insbesondere die autonomen Zonen der *Cordones industriales*, deren Arbeiter sich nun mit den Bewohnern nahe gelegener *Poblaciones* verbündeten, wirkten aus Sicht der Opposition bedrohlich. Ein Waffenkontrollgesetz von Ende 1972 konnte daran nichts ändern. Häufig standen die Gewaltausbrüche im Zusammenhang mit Streiks, die die Lage weiter destabilisierten. Einen Höhepunkt der innenpolitischen Krise stellte der Ausstand der Fuhrunternehmer im Oktober 1972 dar. Der Streik, an dem sich gildenartig organisierte Kleinunternehmer (*Gremios empresariales*) unterschiedlicher Branchen, aber auch Bauern und Freiberufler aller Art beteiligten, mobilisierte zeitweise mehr als eine halbe Million Chilenen. Wegen der zentralen Bedeutung des Schwerlastverkehrs für die Versorgung des Landes legte der Arbeitskonflikt vorübergehend das gesamte wirtschaftliche Leben lahm.

Wiederum machte die Linke dafür ein von den USA gesteuertes Komplott verantwortlich. Als Reaktion auf den zunehmenden Druck benutzten führende Politiker eine nationalistische Rhetorik, um die innenpolitischen Gegner als Verräter zu diffamieren. So gelang es der *Unidad Popular* immer wieder, ihre Anhänger zu Gegendemonstrationen zu mobilisieren und die Feindseligkeiten anzuheizen. Auch die Opposition berief sich bei ihren Forderungen auf das nationale Interesse. Im nationalistischen Diskurs der Rechten und der Christdemokraten waren 1972/73 allerdings nicht mehr die USA das «unchilenische Andere», das es mit allen Mitteln zu bekämpfen galt, sondern der internationale Kommunismus und seine kubanischen und sowjetischen Vertreter in Chile sowie die Regierung der *Unidad Popular* mit den ihr zugerechneten extremistischen Flügelgruppen wie dem MIR.

In dieser kritischen Situation gelang es Allende, durch eine Kabinettsumbildung unter Einbeziehung diverser hochrangiger Vertreter des Militärs und der *Carabineros* eine Atempause zu erzielen. Eine zentrale Rolle spielte der Nachfolger Schneiders, General Carlos Prats, der im November 1972 Innenminister wurde und das Oberkommando über die Streitkräfte währenddessen seinem Stellvertreter Augusto Pinochet überließ. Der Streik der Fuhrunternehmer konnte mehr oder weniger umgehend beigelegt werden. Allerdings währte die Ruhe nur kurz, da der Wahlkampf für die Parlamentswahlen im Frühjahr 1973 begann. Nationalisten und Christdemokraten traten nun als formelles Wahlbündnis der «Demokratischen Konföderation» auf und strebten eine Zweidrittelmehrheit an, um ein Amtsenthebungsverfahren gegen den Präsidenten einleiten zu können. Das Wahlergebnis brachte der Rechten aber nur einen Teilerfolg. Zwar schlugen sie mit mehr als 55% der

Stimmen das Regierungsbündnis klar, aber die erhoffte Zweidrittelmehrheit verfehlten sie deutlich. Letztlich war das Resultat ein Triumph für die *Unidad Popular*, erzielte sie doch einen deutlich höheren Stimmenanteil als bei den Wahlen von 1969 und 1970.

Der politische Prozess war damit an einem toten Punkt angelangt. Die Parteien bekämpften sich, und Exekutive und Legislative warfen sich gegenseitig den Bruch der Verfassung vor. Als im März 1973 die Ergebnisse eines Untersuchungsausschusses des US-Senats zur Rolle der USA in Chile bekannt wurden und die abenteuerlichsten Vermutungen bestätigten, forderten radikale Linke, den gewaltsamen «kubanischen Weg» zum Sozialismus einzuschlagen, ehe es zu spät sei. Die Attentate auf Politiker und öffentliche Einrichtungen, die Zunahme der Gewalt auf den Straßen und die wachsende Zahl der Streiks von Bergarbeitern aus El Teniente bis hin zu – erneut und dieses Mal noch umfassender – den Fuhrunternehmern in diesen Monaten ließen darauf schließen, dass man sich bereits auf diesem Weg befand.

Dass die Gewaltbereitschaft eine neue Dimension gewann, zeigte sich im Juni 1973 am Putschversuch eines Panzerregiments, dem so genannten *Tancazo*. In seiner Eigenschaft als Oberkommandierender gelang es Prats, diesen zu vereiteln. So dilettantisch der *Tancazo* auch war, so zeigte er doch die Unzufriedenheit, die sich im Militär mittlerweile verbreitet hatte. Das war teilweise auf die verfahrene politische Lage im Allgemeinen und die schlechte Versorgungslage der Armee im Besonderen zurückzuführen. Außerdem spielten die seit den 1940er Jahren gewachsene antikommunistische Haltung der Streitkräfte sowie der Druck der politischen Rechten auf die ihnen nahestehenden Offiziere eine Rolle. Stärker noch fühlten sich die Militärs aber durch die Rhetorik der militanten Linken provoziert, die die Abschaffung der Streitkräfte und ihre Ersetzung durch «Volksmilizen» forderte. Attentate gegen Armeeangehörige und der Versuch von MIR und MAPU, eine Meuterei der Kriegsmarine anzustiften, taten ein Übriges, um den Eindruck einer Bedrohung der Institution als solcher zu festigen.

Angesichts der explosiven Lage wirkten Allendes Aktivitäten zunehmend hilflos. Gespräche mit dem PDC führten Ende Juli in eine Sackgasse. Auch ein letztes geheimes Treffen zwischen Allende und dem christdemokratischen Parteichef Patricio Aylwin am 17. August führte zu nichts. Der Präsident versuchte es erneut mit der Einbindung hochrangiger Militärs, darunter Prats als Verteidigungsminister, in die Regierungsverantwortung, konnte die Christdemokraten damit aber nicht mehr besänftigen. Am 23. August 1973 verabschiedete das Abgeordnetenhaus eine Resolution, die die Exekutive des wiederholten Verfassungsbruchs, der Auhöhlung der Bürgerrechte und der Zulassung außerhalb der Verfassung stehender Parallelorgane bezichtigte und den Präsidenten sowie vor allem die den Streitkräften angehörigen Minister unter Verweis auf ihre Gehorsamspflicht gegenüber den anderen Verfassungsorganen aufforderte, diese Lage sofort zu ändern. Diese Erklärung ist oft als versteckte Aufforderung zum Putsch gedeutet worden.

Innerhalb des Militärs hatten zu diesem Zeitpunkt bereits die Kräfte die Oberhand gewonnen, die eine radikale Lösung anstrebten. Prats und die anderen Offiziere traten von ihren Ministerposten zurück, nachdem die Generalität ihnen das Vertrauen entzogen hatte. In diesem Zusammenhang begründete Prats seine politischen Aktivitäten damit, dass die schwierige innenpolitische Lage seinen Eingriff in die Politik notwendig gemacht habe. Er argumentierte von einem Standpunkt aus, nach dem die Militärführung nicht nur das Recht, sondern auch die Pflicht habe, das Vaterland vor dem Sturz in den Extremismus zu retten. In diesem Punkt herrschte innerhalb des Militärs Einigkeit. Allerdings schieden sich die Geister daran, wie dies zu bewerkstelligen war. Prats' Gegner waren jedenfalls nicht der Meinung, dass die nationale Sicherheit durch die Stabilisierung des verfassungskonform gewählten Präsidenten gewährleistet werden könne, dem sie vorwarfen, die Gesellschaft in die Arme des Kommunismus zu treiben. Aus ihrer Sicht konnte die Wiederherstellung der Sicherheit nur auf dem Weg des Bruchs mit dem herrschenden Chaos erreicht werden.

Die Vorgeschichte des Militärputsches vom 11. September 1973 ist nach wie vor undurchsichtig. Sicher ist, dass das Oberkommando der Marine unter Admiral José Toribio Merino eine Hauptrolle als Drahtzieher spielte. Die vorhandenen Quellen lassen ferner darauf schließen, dass es nur einen kurzen Vorlauf gab, wobei sich Marine und Luftwaffe, Letztere vertreten durch ihren Chef, General Gustavo Leigh, wohl am 8. September endgültig auf ein Vorgehen am 11. einigten. Erst einen Tag später, am 9., weihten sie vermutlich den neuen Oberbefehlshaber des Heeres, General Pinochet, ein, der, weil er Nachfolger und Vertrauter von Prats war, als unsicherer Kantonist galt. Nach einer Unterredung mit Leigh schloss sich Pinochet den Verschwörern an. Am Vorabend des 11.9. unterzeichneten die Oberbefehlshaber der drei Waffengattungen sowie der General der *Carabineros* César Mendoza die Proklamation des Putsches, in der sie sich auf die Bewahrung der «historisch-kulturellen Identität des Vaterlands beriefen».

Auch über die Beteiligung der USA an der Vorbereitung des Putsches ist viel spekuliert worden. Zweifellos liefen die US-amerikanischen Aktionen zur Destabilisierung der *Unidad Popular* weiter. Die Kontakte zum chilenischen Militär waren dank der intensiven Zusammenarbeit seit dem Zweiten Weltkrieg ohnehin eng. Außerdem erhöhte die US-Regierung die Militärhilfe an Chile zwischen 1970 und 1973 deutlich. Ab Juli 1973 kursierten Gerüchte, wonach die chilenische Rechte im Zusammenspiel mit ihren US-amerikanischen Verbündeten einen Militärputsch vorbereite. Später behaupteten viele ins Exil geflüchtete Chilenen, dass eine direkte Beteiligung von US-Regierungsstellen vorgelegen habe. Inwiefern Washington wirklich an der Planung und Vorbereitung des Militärputsches gegen Allende beteiligt war, bleibt trotz der kürzlich erfolgten Deklassifizierung und Veröffentlichung wichtiger Dokumente nach wie vor umstritten. Der jetzige Forschungsstand legt nahe, dass die Destabilisierungsbemühungen der USA ein wichtiges, wenngleich nicht entscheidendes und vor allem keineswegs ausschließliches Element in der Herbeiführung des Putsches waren.

Die Ereignisse vom 11. September 1973 sind demgegenüber unstrittig. Getarnt durch die bevorstehende traditionelle Parade am 19. September konnten die Putschisten ihre Kräfte relativ unbemerkt zusammenziehen. In einer konzertierten Aktion nahm die Marine in den frühen Morgenstunden Valparaíso, und Armeeeinheiten besetzten Concepción. Landesweit trafen die Truppen nur vereinzelt auf Widerstand. Nirgends kam es zum befürchteten Bürgerkrieg gegen eine bis an die Zähne bewaffnete Linke, wie es die rechte Propaganda immer prophezeit hatte. Die heftigste Gegenwehr regte sich in der Hauptstadt, doch selbst hier handelte es sich zumeist nur um Heckenschützen. Präsident Allende hatte sich mit seiner Leibwache im Präsidentenpalast *La Moneda* verschanzt.

Als er die bedingungslose Kapitulation verweigerte, reagierten die Putschisten mit einem in der chilenischen Geschichte beispiellosen Gewaltakt. Gegen Mittag ließen sie das mitten in der Hauptstadt gelegene Gebäude von Kampfjets US-amerikanischer Bauart bombardieren. Präsident Allende nahm sich das Leben, nachdem er über den letzten freien Radiosender eine große Abschiedsrede gehalten hatte. Dieses Mal war es nicht wie 1886 das Bild des toten Präsidenten, das sich ins kollektive Gedächtnis einbrannte, denn das bekam man nicht zu sehen, sondern der brennende Präsidentenpalast. Der 11. September sollte zur zentralen Erinnerung des modernen Chile werden.

Die Konsolidierung der Diktatur

Die Putschisten enttäuschten die reformorientierten Kräfte des politischen Zentrums, die das Ende der *Unidad Popular* zwar herbeigesehnt, aber gleichzeitig die rasche Rückkehr zur Demokratie erhofft hatten. Die Militärjunta, die die Generäle nun bildeten, war nicht gewillt, nach getaner Arbeit wieder abzutreten, sondern wollte die chilenische Gesellschaft nach den Prinzipien des militärischen Ethos grundlegend umbauen. Dafür bemühte sie die chilenische Geschichte. Bereits anlässlich des Nationalfeiertags eine Woche nach dem Putsch reihte man den 11. September 1973 in die nationalen Heldentaten ein und stellte eine Traditionslinie bis zu Pedro de Valdivia her. Ferner wurde der Putschcharakter der Ereignisse bestritten und stattdessen lieber von einem «Krieg zur Rettung der Nation» gegen kommunistische Söldner gesprochen. Nach der Lesart der Militärs war der 11. September ein Tag des nationalen Neubeginns und eine zweite Unabhängigkeitserklärung.

Dieser Neuanfang war geprägt durch Gewalt. Pinochet und seine Kameraden hatten große Pläne zur vermeintlichen Rettung der Nation vor verantwortungslosen Zivilisten und abtrünnigen Militärs. Ihre Diktatur unterschied sich im Grad der Repression, in Charakter und Dauer entscheidend vom eher personalistischen Ibáñez-Regime der 1920er Jahre. So schreckte man nicht vor massiven Verletzungen der Menschenrechte zurück, die bereits am 11. September mit der Einrichtung eines Konzentrationslagers für

Die Junta
(Aus F. D. Garcia und O. Sola (Hg.),
Salvador Allende, Das Ende einer Ära, Aufbau Verlag, Berlin 1998.
© Gerretsen, Chas/Nederlands Fotoarchief)

politische Gefangene im Nationalstadion begannen. Insbesondere in den ersten Jahren nach dem Putsch hinterließ das Regime eine blutige Spur. Folter, Entführungen, Verschwindenlassen und Mord waren an der Tagesordnung. Noch Ende 1973 schuf das Regime zu diesem Zweck eine politische Geheimpolizei, die *Dirección de Inteligencia Nacional* (DINA) unter Oberst Manuel Contreras, der direkt Pinochet unterstand. Zu den berüchtigten Folterzentren der DINA zählte die von deutschen Auswanderern unter Paul Schäfer 1961 gegründete sektenartige *Colonia Dignidad* in der Provinz Linares.

Die DINA beschränkte ihre Verbrechen keineswegs auf Chile selbst, sondern war auch im Ausland aktiv, da zehntausende Chilenen ins Exil geflohen waren und um politisches Asyl baten – u. a. in der DDR und in der Bundesrepublik. Von Buenos Aires, wo Carlos Prats 1974 einem Bombenanschlag zum Opfer fiel, über Rom, wo der Christdemokrat Bernardo Leighton 1975 niedergeschossen wurde, bis nach Washington, wo man 1976 den Außenminister der *Unidad Popular*, Orlando Letelier, ermordete, reichte der lange Arm der DINA. Diese Attentate standen im Zusammenhang mit dem transnationalen Terrornetzwerk «Operation Condor» zur Verfolgung von Regimegegnern, an dem sich neben den lateinamerikanischen Militärdiktaturen auch der CIA beteiligte. Trotz der Zusammenarbeit innerhalb der «Operation Condor» gerieten die Beziehungen zum Nachbarland Argentinien aufgrund umstrittener Besitzansprüche auf drei Inseln im Beaglekanal 1978 in die Krise. 1980/81 drohte gar ein Krieg auszubrechen, ehe der Falklandkrieg 1982 die argentinischen Ambitionen zunichtemachte.

Aus der mehrköpfigen Militärjunta kristallisierte sich rasch die Diktatur Pinochets heraus, der als Oberkommandierender des Heeres seine Kameraden Leigh, Mendoza und Merino verdrängte. Pinochet nahm Ende 1974 den Titel eines Präsidenten an, denn der Schein der Verfassungsmäßigkeit war ihm wichtig. De facto bestand diese natürlich nicht mehr, da die Junta das Parlament auflöste und die linken Parteien verfolgte, während die anderen vorläufig verboten wurden. Die Nationalisten lösten sich gar selbst auf, schien ihr politisches Ziel doch erreicht zu sein. Auch die Pressefreiheit schaffte man ab und machte die oppositionellen Medien mundtot, während sich der altehrwürdige *Mercurio* zum Sprachrohr der Diktatur aufschwang und Fernsehsender und Radiostationen gleichgeschaltet wurden. Gleichzeitig fand eine «Säuberung» der Verwaltung und aller öffentlichen Einrichtungen statt. Außerdem erließ die Junta ein langjähriges nächtliches Ausgehverbot, das

Geheimpolizei und Militär für ihre Übergriffe gegen Regimegegner nutzten.

Formell blieb die Verfassung allerdings bis 1980 in Kraft, und das Regime berief sich auf ihre Notstandsbestimmungen. Diesen nicht entsprechende Gesetzesdekrete wurden kurzerhand zu Verfassungszusätzen erklärt. 1976 ergänzte man die Verfassung eigenmächtig durch vier «konstitutionelle Gesetze», die den Schein der Legalität unter Berufung auf die Grundsätze von Recht, Demokratie und «christlichem Humanismus» wahren sollten, daneben aber die Definition des nationalen Notstands noch großzügiger auslegten. Das Regime übertrat in der Folgezeit wiederholt selbst diesen schwachen pseudokonstitutionellen Rahmen und fügte Zusätze hinzu, die die Repressionsmaßnahmen rechtfertigen sollten. Von der Justiz hatte es nichts zu fürchten. Diese ordnete sich dem Militärregime, dessen Legitimität sie nie ernsthaft in Frage stellte, unter und akzeptierte die Menschenrechtsverletzungen und Verfassungsverstöße fast widerstandslos.

Der Schein der Verfassungsmäßigkeit war in außenpolitischer Hinsicht wichtig. Im Mittelpunkt standen die Beziehungen zu den USA, die unter der *Unidad Popular* ihren Tiefpunkt erreicht hatten. Die Stellungnahmen gegenüber der Militärjunta seitens der Regierung von Richard Nixon waren von Beginn an positiv. Chile erhielt wieder die finanzielle Unterstützung Washingtons. Außerdem verhinderten sowohl die Nixon- als auch die Ford-Regierung in den Vereinten Nationen die Untersuchung der Menschenrechtslage in Chile genauso wie Resolutionen gegen das Regime. Allerdings gab es in den Vereinigten Staaten auch Stimmen, die die Chilepolitik ihrer Regierung heftig kritisierten. Sie gewannen nach dem Mord an Letelier sowie dem Amtsantritt des Demokraten Jimmy Carter die Oberhand und setzten ein Waffenembargo gegen Chile durch, das das Regime durch Lieferungen aus Westeuropa aber mühelos umgehen konnte. Aufgrund der internationalen Proteste sah sich Pinochet 1977 immerhin genötigt, die DINA aufzulösen; er gründete dafür allerdings die «Nationale Informationszentrale» (*Central Nacional de Información*) als Folgeorganisation. Dem Staatsterror tat das kaum einen Abbruch.

Die Außenbeziehungen waren mit Blick auf eines der dringendsten Anliegen der Militärdiktatur – die Überwindung der Wirtschaftskrise – von zentraler Bedeutung. Das Pinochet-Regime ging diese Aufgabe an, indem es mit den sozialistischen Wirtschaftsvorstellungen der *Unidad Popular* radikal brach. Zunächst ließen sich die Militärs noch durch die korporatistischen Vorstellungen der traditionellen Unternehmer und ihres Verbandes COPROCO, den so genannten *Gremialismo*, beeinflussen. So blieb es zunächst beim Staatsinterventionismus, wenngleich unter veränderten Vorzeichen. Maßnahmen wie die Aufhebung der staatlichen Preiskontrollen und die Abwertung des *Escudo* führten zu tiefen Verwerfungen, da die Reallöhne bei gleichzeitigem Preisanstieg sanken. Das Jahr 1974 brachte mit der drastischen Senkung der Staatsausgaben und der Abschaffung der Schutzzölle eine Ausweitung der Maßnahmen. So konnte man das Haushaltsdefizit reduzieren, doch der Preis dafür war eine weiterhin hohe Inflationsrate sowie ein Anstieg der Arbeitslosenzahlen. Außerdem spitzte sich die wirtschaftliche Situation des Landes durch externe Faktoren wie den Anstieg der Ölpreise und die Abnahme der Erlöse aus dem Kupferexport weiter zu.

Daher geriet der *Gremialismo* schon bald ins Hintertreffen gegenüber einem neoliberalen Denken, das den Rückzug des Staates aus Wirtschaft und Gesellschaft propagierte. Gespeist wurde es aus US-amerikanischen Quellen. Ein Zentrum war die *University of Chicago*, an der viele junge Chilenen studiert hatten, daher die Bezeichnung «Chicago Boys». Nachdem ihr ehemaliger Mentor, der Ökonom und spätere Nobelpreisträger Milton Friedman, bei einem Chile-Besuch 1975 Pinochet höchstpersönlich überzeugt hatte, kamen die Chicago Boys unter Wirtschaftsminister Sergio de Castro an die Schalthebel der Macht. Unter dem Schutz der Diktatur, die Kritik an den wirtschaftspolitischen Schritten unterdrückte, konnten sie ihre Vorstellungen uneingeschränkt umsetzen. Sie taten dies in Form einer Schockbehandlung, die den Abbau öffentlicher Ausgaben und staatlicher Investitionen, die Deregulierung des Bankensystems, die Senkung der Importzölle, die Privatisierung von Staatsunternehmen und die Öffnung des Landes für ausländische Investoren u. a. durch den Austritt aus dem Andenpakt beinhaltete. Kurzfristig waren die Folgen – rapider Verfall des Bruttosozialprodukts, der Industrieproduktion und der Kaufkraft, weiterer Anstieg der Arbeitslosenzahlen – verheerend.

Dennoch konnten die Chicago Boys ihre Maßnahmen ohne Abstriche fortsetzen, mit der Folge, dass sich die chilenische Wirtschaft stabilisierte.

Auf der Basis des radikalen Sparkurses gelang es den neoliberalen Ökonomen, ausländisches Kapital ins Land zu locken und die Kreditwürdigkeit Chiles wiederherzustellen. Die Defizite im Staatshaushalt und in der Handelsbilanz wurden durch Privatisierungen und Subventionsabbau kontinuierlich gesenkt und die Auslandsschulden neu ausgehandelt. Positive Ergebnisse wie der Rückgang der Inflationsrate, der Anstieg der Exporte sowie das Wachstum der Industrieproduktion stellten sich ein. Es entstand eine neue exportorientierte Agrarindustrie, die ihre Produktion diversifizierte. Insgesamt erzielte die chilenische Wirtschaft ein 32-%iges Wachstum innerhalb von vier Jahren. Stimuliert durch diesen Erfolg forderten die Chicago Boys die Fortsetzung des Privatisierungskurses, stießen aber z. B. im Fall des staatlichen Kupferkonzerns CODELCO erstmals an die Grenzen des dem Regime Zumutbaren. Im Januar 1978 verkündete de Castro dennoch voller Stolz, dass die «neue Wirtschaftsordnung» umgesetzt sei, und führte den festen Wechselkurs zum Dollar ein, der als Symbol des wirtschaftlichen Erfolges galt.

Oberflächlich gesehen war der Erfolg bis 1981 durchaus beeindruckend. Die internationale Finanzwelt und Wirtschaftspresse feierten Chile als neues Wirtschaftswunderland. Beobachter haben diesen Prozess immer wieder als Rückzug des Staates beschrieben. In Wirklichkeit aber war die Vorstellung einer von staatlichen Einflüssen vollkommen ungestörten liberalen Volkswirtschaft ein gut gepflegter Mythos. Der Staat blieb auch unter Pinochet interventionistisch. Allerdings gewann die Intervention einen neuen Charakter, war ihr Ziel doch nun nicht mehr die Schaffung sozialer Gerechtigkeit, sondern die Herstellung neuartiger Marktbeziehungen. Dies schlug sich u. a. im Aufstieg einer technokratischen Führungselite aus Financiers und Unternehmern nieder. Was den neuen Typus des chilenischen Managers von älteren Vorbildern unterschied, war die Neigung zum spekulativen Aktiengeschäft, die internationale Ausrichtung sowie die Offenheit für innovative Geschäftsmethoden. Während des Booms von 1977 bis 1980 genossen diese neuen Unternehmer mit ihrem oft extravaganten Lebensstil hohes

Ansehen in der Gesellschaft und waren gern gesehene Gäste bei Fernsehtalkshows.

Parallel zum Wandel im Unternehmertum nahm der Massenkonsum zu, der den Anstieg des Lebensstandards vieler Chilenen widerspiegelte. So kletterte z. B. die Zahl der zugelassenen Automobile zwischen 1976 und 1981 rasant in die Höhe. Dabei handelte es sich vor allem um asiatische und US-amerikanische Importe, wobei die zunehmenden Verkehrsstaus – eine Hauptquelle der bedenklichen Smogentwicklung in der Hauptstadt – manchen zum Umstieg auf die 1975 eröffnete U-Bahn veranlasste. Auch die Ernährungsgewohnheiten änderten sich. Ab Mitte der 1970er Jahre setzte sich das Konzept der Schnellrestaurants durch. 1980 sprach man bereits von einer *Hamburguesamanía* unter den Jugendlichen. Der traditionell hohe Weinkonsum ging zugunsten von Erfrischungsgetränken wie Coca-Cola zurück. Überdies hielt die Computertechnologie in Chile in diesen Jahren ihren Einzug, was eine zunehmende Vernetzung mit der Außenwelt mit sich brachte. In den neuartigen Einkaufszentren konnte man die neuen Produkte nun rund um die Uhr erwerben.

Doch längst nicht alle Chilenen hatten an dem Wirtschaftswunder teil. Eine negative Folge der neoliberalen Wirtschaftspolitik war die Verarmung weiter Teile der Bevölkerung. So erkaufte man etwa die Entschuldung des Staates durch drastische Einschnitte im öffentlichen Dienst und im Lohnniveau. Des Weiteren wurde der Arbeitsmarkt durch den *Plan Laboral* von 1979 weitgehend dereguliert, was zu einer Entrechtung der Arbeiter führte. Die Reallöhne gingen bis 1987 kontinuierlich zurück. Außerdem brachte die Reform der Sozialversicherung eine Abkehr vom Solidaritätsprinzip, an dessen Stelle die Eigenvorsorge trat. Das verringerte zwar die Lohnnebenkosten, schuf aber weitere Härten für die Arbeitnehmer. Der chilenische Wirtschaftsboom ging denn auch ganz wesentlich auf deren Kosten. Nur ein kleiner Teil der Gesellschaft profitierte davon, während die Majorität sich zunehmend in prekären Arbeitsverhältnissen wiederfand, arbeitslos wurde oder aber im rasch wachsenden informellen Sektor sein Dasein fristete.

Das galt insbesondere für die Landbevölkerung, da die Agrarreform größtenteils wieder rückgängig gemacht und ein großes Areal an Konzerne der Tourismus-, Holz- und Energiewirtschaft verkauft wurde. Den neoliberalen Vorgaben folgend, veräußerte man die enteigneten Ländereien häufig an agroindustrielle Großunternehmen. Das hatte auch für die Mapuche, die aufgrund ihrer Sonderrolle unter der *Unidad Popular* Opfer besonders brutaler Verfolgungen waren, schwer wiegende Folgen. Den Tiefpunkt bildete ein Gesetzesdekret von 1979, das den Sonderstatus der Indigenen und ihrer Ländereien abschaffte. Man ging sogar so weit, dass man die Existenz einer indigenen Minderheit generell verleugnete. Folge war die Beschleunigung des Auflösungsprozesses der Mapuche-Gemeinschaften durch Abwanderung in die Städte.

Radikaler Wandel prägte auch die Kulturpolitik, galt sie doch als besonders anfällig für die marxistische Infiltration. Die Ermordung Víctor Jaras sowie die Exilierung und Inhaftierung zahlloser bekannter Künstler waren die ersten Schritte einer auf die systematische Zerstörung der linken Kulturszene abzielenden Politik. Von der strikten Zensur aller kulturellen Produkte über die Schließung von entsprechenden Einrichtungen der *Unidad Popular*, die Zerstörung von als «entartet» diffamierten Kunstwerken, die Verbrennung von Büchern und Tonträgern bis hin zu Terrorakten schöpfte sie alle Möglichkeiten staatlicher Willkür voll aus. Das Resultat war eine Paralysierung des Kulturlebens.

In öffentlichen Verlautbarungen bekannte sich Pinochet zu einer neuen chilenischen Kultur, die auf Patriotismus, Gottesfurcht und Respekt basieren und soziale Gegensätze harmonisch ausgleichen sollte. Schon bald brüstete sich die Junta damit, Drogenhandel und Pornographie mit aller Härte auszumerzen. Rockkonzerte wurden als vermeintliche Brutstätten des Übels verboten. Darüber hinaus forderten die konservativen Regimeanhänger eine Zurückdrängung der Einflüsse der US-amerikanischen Massenkultur. Das Regime reagierte darauf mit der Schaffung neuer Organisationen, die u. a. die Förderung «authentisch» chilenischer Kulturveranstaltungen zur Aufgabe hatten, wobei der kommerziellen Volksmusik sowie dem Sport als Mittel zur Erhaltung von Gesundheit und Disziplin eine wichtige Rolle zukamen.

Das Projekt einer nationalistischen Kulturpolitik scheiterte jedoch an seiner mangelnden Attraktivität für die breite Masse des Publikums und am Gegensatz zur neoliberalen Logik des freien Markts. Mit der Entfaltung der Konsumgesellschaft und der Ausbreitung von Radio- und Fernsehgeräten selbst in den Armenvierteln waren die Botschaften der Kulturindustrie für immer mehr Menschen in Chile zugänglich, während die Akzeptanz von Büchern und Printmedien weiter sank. Parallel dazu orientierte sich das Regime schrittweise um und zog sich aus der Kulturförderung zurück. Gemäß neoliberalen Vorstellungen war die Kultur eine Ware wie jede andere, die eben nicht staatlich subventioniert, sondern privat bezahlt werden musste. Der Erfolg von «Kultur» wurde nun ganz im Sinn der Marktlogik an Umfrageergebnissen, Quoten und Umsätzen gemessen. Dabei war die Massenkultur US-amerikanischer Prägung unschlagbar und konnte ihre Stellung in Chile nicht nur behaupten, sondern ausbauen. Der Siegeszug von Disney und Rockmusik blieb ungebrochen, wobei man darauf Wert legte, in Chile eine «gute», weil apolitische Popkultur frei von der Rebellion, Drogensucht und Gewaltbereitschaft der 1960er und frühen 70er Jahre zu pflegen.

Auf dem Höhepunkt seiner Macht ließ Pinochet seine Herrschaft mit einer neuen Verfassung langfristig sichern. 1977 begannen dazu die Vorbereitungen. Grundsätzlich strebte man die Rückkehr zu einer repräsentativen Regierung im Rahmen einer «beschützten» Demokratie an. Das Ergebnis, die noch heute gültige Verfassung, die durch ein vom Regime kontrolliertes Plebiszit 1980 nur scheinbar legitimiert wurde, ist das dritte bedeutende Dokument der chilenischen Verfassungsgeschichte. Die wichtigsten Kennzeichen waren die Stärkung des Präsidenten gegenüber der Legislative, die Einführung einer Anzahl ernannter Senatoren sowie mit dem Nationalen Sicherheitsrat (*Consejo de Seguridad Nacional*) die Schaffung einer «vierten» Instanz, in der das Militär prominent vertreten war und die für alle Fragen der institutionellen Ordnung sowie der inneren und äußeren Sicherheit zuständig war. Damit erhielt die Armee quasi eine Wächterfunktion über die Konstitution. Ferner war die Absicherung der neuen Ordnung durch ein Wahlrecht vorgesehen, durch das einerseits die Rechte klar bevorzugt wurde und es andererseits kaum zu den für eine Verfassungsänderung notwendigen Mehrheiten kommen konnte.

Daran zeigten sich die Ziele der Verfassungsgeber, die darauf hinausliefen, die Macht der Armee und ihrer zivilen Sympathisanten lange über ein Ende der Militärherrschaft hinaus zu sichern. Zunächst wurde die Verfassung ohnehin durch Übergangsartikel für acht Jahre ausgesetzt. Von 1981 bis 1989 konnte Pinochet weiterregieren, ohne durch eine Wahl legitimiert zu sein. 1988 durfte er einen Kandidaten für die Fortsetzung der Militärregierung von 1989 bis 1997 präsentieren, über dessen Akzeptanz oder Ablehnung eine Volksabstimmung vorgesehen war. Was Pinochet und seine Gefolgsleute als Freibrief für eine jahrzehntelange Herrschaft erdacht hatten, sollte aber der Anfang vom Ende ihres Regimes werden.

Krise und Ende des Pinochet-Regimes

So umfassend der Anspruch der Diktatur war und sosehr ihre vermeintlichen Erfolge viele Beobachter beeindruckten, so scheiterte sie doch von Beginn an in ihrem Versuch, die Opposition endgültig mundtot zu machen. Die zahlreichen Exilchilenen sorgten gemeinsam mit transnationalen Nichtregierungsorganisationen wie Amnesty International dafür, dass die Stimme des Widerstands nicht verstummte und die Verbrechen dokumentiert wurden. Nur konnte man sie in Chile selbst lange Jahre nicht hören. Hier war zunächst nur die katholische Kirche eine Anlaufstelle für die Opfer des Regimes. Sie gründete 1975 eigens zu diesem Zweck das «Vikariat der Solidarität» (*Vicaría de la Solidaridad*), bei dem Angehörige ihre «Verschwundenen» melden konnten und Unterstützung erhielten. Damit zog die Kirche den Zorn des Diktators auf sich, der sich denn auch in der Folgezeit ostentativ den schon seit längerem in Chile rasch wachsenden Pfingstkirchen annäherte.

Angesichts der sozialen Folgekosten des neoliberalen Modernisierungskurses kam es 1978 zu den ersten Protesten durch ehedem regimetreue Gewerkschafter. Außerdem löste in diesem Jahr ein Amnestiegesetz Pinochets heftige Kritik bei den Angehörigen der Opfer aus, welches nämlich alle während des Belagerungszustands von 1973 bis 1978 im staatlichen Auftrag begangenen Verbrechen dauerhaft straffrei stellte. Daher fassten Regierungsgegner 1978 erstmals den Mut, den Tag der Wahl Allendes, den 4. September, als geheime Gegenveranstaltung zu den offiziellen Jubelfeiern zu organisieren. Den 11. begingen sie dagegen als Tag der Trauer mit

Massendemonstrationen an den Gräbern prominenter Opfer des Militärregimes. Das Muster von offiziellen Gedenkritualen und Gegenveranstaltungen der Regierungsgegner sollte sich in der Folgezeit etablieren. Damit kam die Deutungsmacht des Regimes an einem zentralen Punkt ins Wanken. Die Woche vom 4. bis 11. September entwickelte sich zur Phase der Straßenproteste, die unterschiedliche Oppositionsgruppen organisierten. Das Militär reagierte mit Gewalt, die anlässlich des 10. Jahrestags des Putsches 1983 einen Höhepunkt erreichte.

Die Ausschreitungen von 1983 waren auch eine Reaktion auf die schwerste Wirtschaftskrise seit 50 Jahren, die auf den Boom gefolgt war und die Grenzen des neoliberalen Wachstumsmodells offenlegte. Die Ursache bestand vor allem in dem explosionsartigen Wachstum der chilenischen Auslandsschuld zwischen 1978 und 1981, an der der private Bankensektor den größten Anteil hatte. Der Umfang der Zinszahlungen erreichte ungekannte Dimensionen. Diese Zinszahlungen waren ein wichtiger Bestandteil des Bündels an Faktoren, das die Wirtschaftskrise von 1981/82 auslöste. Eine Welle spekulationsbedingter Firmenzusammenbrüche führte ab Mai 1981 zu einer massiven Finanzkrise. Trotz der zunehmenden Kritik hielt Finanzminister de Castro dogmatisch am fixen Wechselkurs fest. Als sich die Krise aber entgegen den Erwartungen der neoliberalen Wirtschaftsequipe aufgrund der enormen Verschuldung weiter vertiefte, suchte man eine radikale Lösung. 1982 wurde der Peso abgewertet und de Castro im Rahmen einer Kabinettsumbildung entlassen.

Der wirtschaftspolitische Richtungswechsel brachte nicht die erhoffte Erholung. Das Regime musste Ende des Jahres diverse Banken und Finanzierungsgesellschaften übernehmen, um den vollständigen Zusammenbruch des Bankensystems zu verhindern. Auf der Grundlage der Interventionsgesetze aus der Allende-Zeit übernahm der Staat zahlreiche Unternehmen und auf Druck der internationalen Gläubiger auch deren Verbindlichkeiten, die der chilenische Steuerzahler zu schultern hatte. Weltbankkredite ermöglichten schließlich die Umschuldung der chilenischen Außenstände, doch erst Ende 1986 konnte man offiziell die Wiederherstellung des Finanzsystems vermelden. Die Abwicklung der Altschuldenlasten zog sich auch danach noch lange hin.

Besonders hart fiel die Kritik seitens derjenigen chilenischen Unternehmer aus, die die Liberalisierung des Marktes als existenzbedrohend empfanden und sich dabei nationalistischer Argumente bedienten. Gerade die kleinen und mittleren Unternehmer, die sich aktiv an der Destabilisierungskampagne gegen die *Unidad Popular* beteiligt hatten und eine der Stützen des Militärregimes waren, sahen sich als Verlierer der neoliberalen Politik. Wie die Kritiker nun feststellten, verdrängte das multinationale Auslandskapital nach der Wirtschaftskrise von 1982/83 die bankrotten einheimischen Trusts und kam durch die internationalen Umschuldungsprogramme zu Schleuderpreisen in den Besitz wichtiger Betriebe.

Durch die Krisenerfahrung verdunkelte sich auch das Bild der Chicago Boys und neuen Manager, hatten sie doch die Wirtschaftspolitik und damit den Verlust vieler Arbeitsplätze und in Aktien investierter Werte zu verantworten. Nun aber trennte sich das Regime von ihnen. Die Chicago Boys mussten als Sündenböcke herhalten, wobei der Vorwurf, sie seien zu «amerikanisiert» und hätten eine dem chilenischen Wesen fremde Lehre eingeführt, eine wichtige Rolle spielte. Gleichzeitig hielt der neue Finanzminister Hernán Büchi an einer pragmatischeren Form neoliberaler Wirtschaftspolitik fest, die durch Maßnahmen zum Schutz der chilenischen Produzenten ergänzt wurde. Schon bald konnte eine wirtschaftliche Erholung verzeichnet werden. Selbst in sozialpolitischer Hinsicht unternahm das Regime Anstrengungen vor allem mit Blick auf die Armen der Elendsviertel. Sozialer Wohnungsbau in den *Poblaciones* war sinnvoll, wurde aber durch eine Politik konterkariert, die große Teile der Alters- und Gesundheitsvorsorge privatisierte und damit ein Zweiklassensystem schuf, das die weniger Privilegierten letztlich benachteiligte.

Der Schock der Krise saß tief und wurde zum Anstoß des Widerstands. Straßenproteste fanden nun häufiger statt und ebbten auch nach der Wiederbelebung der Wirtschaft nicht ab. Trotz der weiterhin gewalttätigen Unterdrückung seitens des Regimes ließen sich die Demonstranten langfristig nicht mehr einschüchtern. Anfangs waren die Gewerkschaften die wichtigste Stimme und die Initiatoren der Proteste. Nach der Ermordung des Arbeiterführers Tucapel Jiménez folgten im Mai 1983 viele tausend Chilenen einem Aufruf zum Generalstreik – trotz der damit verbundenen Gefahren. Einen

Kristallisationspunkt bildete erneut der 11. September. Die Proteste rund um dieses Datum schufen die Grundlage für die Bildung einer von der katholischen Kirche unterstützten demokratischen Opposition, deren Teilnehmer weit über die Arbeiterbewegung hinausgingen. Sie rekrutierten sich aus all den Gruppen, die unter der Pinochet-Diktatur zu den Verlierern zählten, und formierten sich in sozialen Basisbewegungen, bei denen oft Frauen die Initiative ergriffen. Auch die Mapuche waren prädestinierte Partner der Opposition und wurden von dieser in Anklang an den Mythos vom unbesiegbaren Araukaner als unbeugsame Demokraten dargestellt.

Zunehmend wichtiger wurde die Rolle der politischen Parteien. Trotz der blutigen Verfolgungen zu Beginn der Diktatur war es den Militärs nicht gelungen, die über viele Jahrzehnte gewachsenen Parteien mit ihren Subkulturen vollständig auszulöschen. Im Exil oder im Untergrund überlebten Strukturen, an die man im Zuge des Protests gegen das Regime in den 1980er Jahren anknüpfen konnte. Die Kommunisten, die mit ihrer Stadtguerilla *Frente Patriótico Manuel Rodríguez* seit 1980 ebenso wie die Überreste des MIR kämpfend aktiv waren, gründeten gemeinsam mit dem linken Flügel der Sozialisten unter Clodomiro Almeyda 1983 den *Movimiento Democrático Popular*, während der PDC gemeinsam mit dem reformerischen Flügel der Sozialisten unter Ricardo Lagos, der republikanischen, Pinochet kritisch gegenüberstehenden Rechten und zahlreichen kleineren Gruppierungen die *Alianza Democrática* bildete. Auf Initiative des Erzbischofs Kardinal Juan Francisco Fresno führten die Aktivitäten 1985 zur Gründung der «Nationalen Übereinkunft für den Übergang zur vollen Demokratie» (*Acuerdo Nacional para la Transición a la Plena Democracia*), an der sich alle Parteien außer den Kommunisten beteiligten.

Die Regimekritiker fanden eigene kulturelle Ausdrucksformen, ja sie konnten ihrem Protest auf diesem Weg überhaupt erst eine Stimme verschaffen. Dabei handelte es sich nicht ohne Grund in erster Linie um Elemente der Jugendkultur, denn die Jugend zählte aufgrund der hohen Arbeitslosigkeit und Marginalisierung zu den Modernisierungsverlierern. Die Hoffnungslosigkeit großer Teile der Jugend unter Pinochet in den 1980er Jahren äußerte sich u. a. im spürbaren Anstieg von Drogen- und Alkoholmissbrauch sowie in Gewaltdelikten, auf die die Diktatur mit Repressalien antwortete.

Gerade für die Jugendlichen in den Randzonen der großen Städte wurde das Problem der sozialen Segregation spürbar. Die Gegenwart des modernen Chile mit U-Bahn, Hochhäusern und Einkaufszentren war für sie zwar sichtbar, aber nicht erreichbar.

Die Frustration vieler junger Leute griff die sich formierende demokratische Opposition bei ihrer Kritik an der neoliberalen Kulturpolitik der Diktatur auf; sie äußerte sich vor allem in der Musik. Ab 1977/78 entwickelte sich im Untergrund der an die Protestliedbewegung der frühen 1970er Jahre anknüpfende so genannte *Canto Nuevo*. Die Liedermacher nahmen bewusst wieder folkloristische Elemente auf und verstanden ihre Musik als Rückkehr zum authentisch chilenischen Liedgut. Doch auch in der populären Rockmusik boten neue, aus den USA und England stammende Stilrichtungen wie Heavy Metal, Punk und New Wave Ventile für den Jugendprotest. Parallel zur Intensivierung der Straßenproteste entstanden junge Musikgruppen mit politisch engagierten Texten wie *Los Pinochet Boys* und *Los Prisioneros*, die schon bald unter dem Begriff *Nuevo Pop* subsumiert wurden. Die neuen Bands profitierten trotz wiederholter Auftrittsverbote und anderer Zensurmaßnahmen von der langsamen Öffnung der chilenischen Medien und entwickelten sich rasch zu Ikonen der Jugend.

Aufgrund der zunehmenden Unzufriedenheit musste das Regime erstmals Zugeständnisse machen. Eine Lockerung der Pressezensur und der Einschränkungen des Versammlungsrechts sowie Ende 1982 die Veröffentlichung einer Liste von Personen, denen die Rückkehr aus dem Exil erlaubt wurde, waren die Folge. Insgesamt waren die vielfältigen Proteste allerdings nicht ausreichend, um den Sturz des Diktators zu erzwingen. Ein fehlgeschlagener Attentatsversuch im September 1986 stärkte Pinochets Position, konnte er sich doch in der Öffentlichkeit quasi als von der Vorsehung geretteter Beschützer des Landes präsentieren. Die Warnung vor einem erneuten Ausbruch des Chaos der späten *Unidad Popular* war ein starkes Argument des Regimes, für das ein großer Teil der Bevölkerung nach wie vor empfänglich blieb. Überhaupt zeigte sich nun immer deutlicher die tiefe Spaltung der chilenischen Gesellschaft in Anhänger und Gegner des Pinochet-Regimes.

Für die Opposition blieb nur ein Weg, um die Diktatur zu beenden: durch Verhandlungen und im Rahmen der institutionellen

Spielregeln des Regimes. Das bedeutete die Akzeptanz des in der Verfassung von 1980 vorgesehenen Plebiszits für den 5. Oktober 1988. In diesem Plebiszit ging es um die Frage, ob die Amtszeit Pinochets noch einmal verlängert werden sollte oder nicht. Der Diktator war angesichts des in der zweiten Hälfte der 1980er Jahre einsetzenden Wirtschaftsbooms siegessicher. In Vorbereitung auf die Volksabstimmung richtete man wieder Wählerregister ein. Nichtmarxistische Parteien durften wieder offiziell gegründet werden. Auf der Linken, die davon ausgeschlossen blieb, entstand der *Partido por la Democracia* (PPD) als Dachorganisation. Diese oppositionellen Parteien bildeten im Februar 1988 das Wahlbündnis *Concertación de Partidos por el No*, dessen Name, das Nein zur Verlängerung von Pinochets Amtszeit, Programm war. Auch die Rechte formierte sich neu, wobei die beiden Hauptströmungen der Traditionalisten mit der *Renovación Nacional* (RN) sowie der Neoliberalen mit der *Unión Democrática Independiente* (UDI) jeweils eigene Parteien schufen.

Die Kampagne der Opposition im Jahr 1988 wird zu Recht als große Leistung bezeichnet. Gegen die Repressionen der Diktatur gelang es der *Concertación* unter Verwendung modernster Erkenntnisse der Meinungsforschung eine positive Aufbruchstimmung zu erzeugen. Chilenische Musiker und international bekannte Pop- und Rockgrößen trugen entscheidend zur Mobilisierung der Jungwähler bei. Zur Bestürzung Pinochets fiel das Ergebnis des Plebiszits mit 55 % für das «Nein» deutlich gegen ihn aus. Das Ergebnis war auch ein Beweis dafür, dass ein Großteil der Chilenen nicht am Wirtschaftsaufschwung teilhatte, rund fünf Millionen (ca. 40 % der Bevölkerung) lebten nach wie vor in Armut.

Nach Pinochets Niederlage griff die Bestimmung über freie Wahlen des Präsidenten und des Kongresses, die 1989 stattfinden mussten. Nun erwies sich die konservierende Kraft der Verfassung von 1980, die die Rechte des Kongresses einschränkte und durch zahlreiche Transitionsbestimmungen dafür sorgte, dass das Militär auch nach der Rückkehr zur Demokratie seine Privilegien behielt. Das Pinochet-Regime schuf durch die Einführung so genannter *Leyes de Amarre* («Verankerungsgesetze») weitere Hindernisse auf dem Weg zu demokratischem Wandel. So garantierte man die Unkündbarkeit von Angestellten des öffentlichen Dienstes, ernannte willfährige Richter, durchsetzte die Presse mit Gefolgsleuten und sicherte die Macht Pinochets im Militärapparat bis 1998 durch die Bestimmung der Unantastbarkeit der Oberbefehlshaber ab. Von zentraler Bedeutung war die Einführung des so genannten binominalen Wahlsystems. Danach gehen die Mandate in den jeweiligen Wahlkreisen an die beiden erstplatzierten Parteilisten. Nur wenn die stärkste Liste mehr als doppelt so viele Stimmen erhält als die zweitplatzierte, erhält sie beide Sitze. Dieses ungerechte Wahlsystem sollte die Rechte als zweitstärkste politische Kraft einseitig begünstigen. Eine Rückkehr zum verfassungsmäßigen Zustand vor der Diktatur war daher ebenso wenig möglich wie ein konstitutioneller Neuanfang. Die Opposition, die bereits im *Acuerdo Nacional para la Transición a la Plena Democracia* von 1985 eine grundlegende Verfassungsreform gefordert hatte, musste diese Bestimmungen akzeptieren, wollte sie die Demokratisierung nicht in Gefahr bringen.

Die *Concertación* bemühte sich jedoch in der Übergangsphase 1988/89 erfolgreich um erste Verbesserungen. Im Juli 1989 nahm man eine Reform an, nach der es zu 54 Verfassungsänderungen kam. So wurde u. a. die Definition von verfassungswidrigen Gruppen liberalisiert, das Verbot der gleichzeitigen Mitgliedschaft in Parteien und Interessenverbänden aufgehoben und die Zahl der gewählten Vertreter im Senat erhöht, womit das relative Gewicht der neun ernannten Senatoren sank. Gleichzeitig schränkten die neuen Bestimmungen die Notstandsrechte des Präsidenten und die Machtbefugnisse des Nationalen Sicherheitsrats ein, schafften das Recht des Präsidenten zur einmaligen Auflösung des Kongresses ab, erweiterten die Garantien für den Schutz der Menschenrechte und erleichterten die Bedingungen für eine Verfassungsreform, für die statt der ursprünglich vorgesehenen Dreiviertelmehrheit nur noch eine Zweidrittelmehrheit ausreichend sein sollte.

Zur Präsidentschaftswahl von 1989 traten drei Kandidaten an. In der *Concertación* stimmte man schnell darin überein, der Vorreiterrolle des PDC entsprechend und mit Blick auf das nach wie vor vorhandene Misstrauen vieler Chilenen gegenüber der Linken einen Christdemokraten zu küren. Nach einigen internen Diskussionen war dies der Parteiführer Patricio Aylwin. Die Rechte präsentierte mit dem erfolgsverwöhnten Hernán Büchi eine eher jugendliche Alternative. Ein dritter unabhängiger Kandidat war der Millionär Francisco Javier Errázuriz. Aylwin gewann die Wahl am 14. Dezember 1989 mit einem Stimmenanteil von 55% deutlich. Die langwierigste Diktatur der chilenischen Geschichte war damit beendet.

Standen sich 1970 Teile der chilenischen Gesellschaft unversöhnlich gegenüber, so hatte sich diese Spaltung nach den langen Jahren der Diktatur noch vertieft. In dieser Zeit war das Monopol auf politische Äußerungen durchgesetzt und politische Partizipation brutal unterbunden worden. Ein Klima der Angst und des sozialen Misstrauens wurde geschaffen, das weit über das Jahr 1990 hinaus wirksam blieb. Das Regime konnte aber nicht verhindern, dass oppositionelle Kräfte zunächst im Untergrund, später immer offener die Wiederherstellung einer politischen Öffentlichkeit betrieben. Wie stark die Verwurzelung der Chilenen in der parlamentarischen Demokratie fortgeschritten war, zeigte sich 1988/89, als die Mehrheit nach 16 Jahren Diktatur und inmitten des wirtschaftlichen Aufschwungs für die Demokratie stimmte. Dennoch sollte die Wiederbelebung eines demokratischen Grundkonsenses eine große Herausforderung darstellen.

Die Rückkehr zur Demokratie seit 1990

Nach der langen Diktatur war die Rückkehr zur Demokratie ein mühevoller Prozess, der mit dem Amtsantritt Patricio Aylwins im März 1990 nicht abgeschlossen war, sondern eigentlich erst begann. Die chilenische Transition seit 1990 war geprägt durch tief greifende Veränderungen, die in eine ungewisse, von einer Mischung aus alten und neuartigen Problemen gekennzeichnete Zukunft im Zeichen von Globalisierung und Modernität im neuen Jahrtausend wiesen. Die Ziele waren Wachstum, Gleichheit und demokratische Stabilität. Im Vergleich zu den lateinamerikanischen Nachbarländern, die in ihrer jüngsten Geschichte ähnliche Phasen militärischer Gewaltherrschaft durchlaufen haben, bewerten informierte Beobachter den Fall Chile oftmals als singulär, da er durch seine offensichtlichen Erfolge beeindruckt. Dabei stützt man sich im Wesentlichen auf makroökonomische Daten als Richtwert. Über die ökonomische Ebene hinaus weist die chilenische Transition bei näherer Betrachtung jedoch noch weitere Besonderheiten auf. Eine davon ist die außergewöhnlich scharfe Auseinandersetzung mit dem Erbe der Diktatur, zumal in der Frage der Menschenrechtsverletzungen.

Sozioökonomische Erfolge und ihre Kosten

Der neuen Entwicklungsphilosophie der CEPAL folgend, die die Abkehr von der klassischen Binnenorientierung mit hohem Staatsanteil und die Hinwendung zum Weltmarkt empfahl, knüpften die Regierungen der *Concertación* an die neoliberale Wirtschaftspolitik der Diktatur an, mussten allerdings anders als diese den sozialpolitischen Umverteilungsaspekt stärker mit berücksichtigen. Daraus ergab sich ein Spannungsverhältnis, da die beiden Ziele nur schwer miteinander zu vereinbaren sind.

Der an den makroökonomischen Indikatoren erkennbare Erfolg hat diese Wirtschaftspolitik bislang legitimiert, übertrafen diese doch die Erwartungen. So wuchs etwa das Bruttoinlandsprodukt zwischen 1990 und 1999 im Durchschnitt um knapp 8%. Bedingt durch die asiatische Finanzkrise und einen starken Rückgang der Weltmarktpreise für wichtige chilenische Exportprodukte kam es 1999 zu einer Rezession, die allerdings schnell überwunden werden konnte. Nach einer Verlangsamung des Wachstums zwischen 2000 und 2003 sind seit 2004 wieder steigende Wachstumsraten des Bruttoinlandsprodukts zu verzeichnen, die 2006 bei 6,3% lagen. Das Pro-Kopf-Produkt ist 2006 gar um mehr als 11% gestiegen. Insgesamt betrug das durchschnittliche Wachstum des Bruttoinlandsprodukts zwischen 1990 und 2005 5,6%. Nach Angaben des IWF zählte das chilenische Wirtschaftswachstum damit in diesem Zeitraum zu den stärksten der Welt und lag im internationalen Vergleich ungefähr gleichauf mit dem Südkoreas, während es das der anderen lateinamerikanischen Länder bei weitem übertraf.

Die Inflationsrate ist dagegen von 27,3% im Jahr 1990 auf nur 2,3% im Jahr 1999 deutlich gesunken, was in erster Linie auf die restriktive Geldpolitik der in der Übergangsphase 1990 geschaffenen Zentralbank und die Haushaltsdisziplin der Regierungen zurückzuführen ist. Nach einer kurzfristigen Aufwärtsbewegung aufgrund steigender Ölpreise hat sich die Inflationsrate seit der Jahrtausendwende auf rund 3,5% eingependelt. Seit 2000 verfolgen die Regierungen in Santiago in ihrer Finanzpolitik darüber hinaus das Ziel der Erwirtschaftung eines Haushaltsüberschusses von jährlich rund 1% des Bruttosozialprodukts, um Rücklagen bilden zu können und in Zeiten langsameren Wirtschaftswachstums Handlungsspielräume zu haben. Der Stabilitätskurs zeigt sich auch an der vergleichsweise niedrigen Auslandsverschuldung.

Diese in der Geschichte des Landes einmalige finanzpolitische Stabilität schuf die Grundlage für das schnelle Wachstum der Investitionen in Chile. Niedrige Unternehmenssteuern sowie die Deregulierung der Kapitalmärkte seit 2000 schufen Investitionsanreize. Hinzu kam die konsequente Privatisierung der Infrastruktur, von Verkehrsbetrieben und -einrichtungen über Krankenhäuser, Gefängnisse, Telekommunikation bis hin zur Trink- und Abwasserversorgung. Dies brachte oft Effizienz- und Qualitätssteigerungen mit sich. So verfügt Chile heute über ein hochmodernes Telekommunikationssystem, den besten Breitband-Zugang Lateinamerikas sowie über ein vollständig digitalisiertes Telefonnetz. Das Wachs-

Die regionale Gliederung Chiles im 20. Jahrhundert

tum der Investitionsrate seit 1990 ist zu rund 60% auf ausländische Kapitalanlagen zurückzuführen. Bereits seit 1991 galt das Land wieder als unumschränkt kreditwürdig und zählt heute zu den Schwellenländern mit besonders geringen Anlagerisiken, was sich in vergleichsweise niedrigen Kapitalkosten niederschlägt. Zwar blieben die Vereinigten Staaten in dieser Hinsicht die wichtigste Quelle, doch ist mittlerweile insbesondere der Anteil Spaniens stark im Steigen begriffen.

Die positive Entwicklung wirkte sich günstig auf den Außenhandel aus. Einfuhrzölle, Handelsschranken oder Importverbote hatte man bereits unter Pinochet abgebaut. Diese Linie verfolgten die demokratischen Regierungen weiter. Gleichzeitig spannte man ein weltweites Netz von Freihandelsabkommen, das jüngst entscheidend ausgebaut wurde und mittlerweile alle amerikanischen Staaten (bis auf Kuba), die Europäische Union, China und diverse weitere asiatische und ozeanische Länder umfasst. Seit Ende 1997 ist Chile darüber hinaus assoziiertes Mitglied des MERCOSUR, wenngleich die Regierung vom Ziel einer Vollmitgliedschaft aufgrund der hohen Zollschranken der anderen Mitgliedstaaten mittlerweile abgerückt ist.

Als Wachstumslokomotive erwies sich wie schon so oft in der chilenischen Geschichte seit den 1880er Jahren der Exportsektor, zu dem Bergbau, Forst- und Landwirtschaft sowie Fischerei beitragen. Entscheidend ist dabei nach wie vor die Ausfuhr von Kupfer, die das Staatsunternehmen CODELCO erwirtschaftet, der weltgrößte Produzent dieses wichtigen Metalls. So sind denn auch die hohen Wachstumsraten seit 1990 zu einem guten Teil den hohen Exporterlösen aufgrund des Anstiegs der Kupferpreise auf dem Weltmarkt zu verdanken, der in den letzten Jahren vor allem auf die steigende Nachfrage in China zurückzuführen ist. 2005 erreichte der chilenische Export neue Rekordwerte. Trotz gleichzeitig steigender Importe ergab sich eine stark positive Außenhandelsbilanz.

Auf der Basis der theoretischen Vorgaben der CEPAL wuchs jedoch auch die Einsicht, dass auf Dauer vorhandene Kostenvorteile wie niedrige Löhne und natürliche Ressourcen Wachstum nicht garantieren können, dass vielmehr neue Wettbewerbsvorteile vor allem im technologischen Bereich geschaffen werden müssen. Diese Überlegungen, die sich in Plänen für eine auf Forschung und

Entwicklung basierende «zweite Exportphase» niederschlagen, gründen auf der Einsicht, dass der traditionelle chilenische Exportsektor kaum Innovationen aufweist und heftigen weltmarktbedingten Schwankungen unterworfen ist. Die Anfälligkeit einer Wirtschaft, die von Ausfuhren mit niedrigem technologischen Verarbeitungswert bei einseitiger Dominanz von Rohstoffen abhängig ist, zeigte sich während der Asienkrise 1999. Hinzu kommt das Problem der fehlenden Nachhaltigkeit insbesondere bei nicht erneuerbaren Rohstoffen sowie die ökologischen Folgekosten, die der Exportsektor nach sich zieht.

Zu den Entwicklungen auf dem Arbeitsmarkt trug der Exportsektor nicht entscheidend bei. Dennoch wirkte sich das Wirtschaftswachstum positiv auf die Arbeitslosenquote aus. In den 1990er Jahren lag diese bei knapp über 6%, schnellte dann im Krisenjahr 1999 auf rund 10% in die Höhe, bei einer allerdings sehr niedrigen Partizipationsrate. Seitdem ist sie wieder rückläufig und betrug 2006 ca. 8%. Die Verteilung der Arbeitskräfte hat sich verändert. Der Dienstleistungssektor ist der mit Abstand größte Arbeitgeber, während die arbeitsintensiven Sektoren von Landwirtschaft und Fischereiwesen, Bergbau sowie Industrie eher stagnieren. Bemerkenswert ist ferner, dass der Anteil der Staatsbediensteten stark zurückgegangen ist und 2005 nur noch 4,4% betrug.

Die beeindruckenden Wirtschaftszahlen wirkten sich jedoch zunächst nur bedingt in der Sozialpolitik aus. Grundsätzlich musste die Regierung vor allem in den 1990er Jahren zunächst bei den Unternehmern um Vertrauen werben, die 1988/89 mehrheitlich für die Fortsetzung der Diktatur bzw. die Rechte gestimmt hatten. Das war notwendig, um das Wirtschaftswachstum als Stabilitätsgrundlage der jungen Demokratie zu sichern. Mit der Zeit setzte sich jedoch die ebenfalls von der CEPAL vertretene These durch, dass ein gewisses Maß an Sozialstaatlichkeit zur Effizienz der Ökonomie beitrage, und fand ihren Niederschlag in politischen Maßnahmen. Neben das Wachstum wurde das Ziel einer gerechteren Verteilung des Reichtums als weiterer wichtiger Teil der Regierungsprogramme formuliert. Schritte in diese Richtung waren die Steuerreform, die unter anderem eine Progression der Einkommenssteuer brachte, und vor allem der *Acuerdo Marco*, nach dem sich Arbeitnehmer und Arbeitgeber auf das Niveau von Gehältern,

Minimallohn und Renten einigen. Im Übergang zur Demokratie wurde bereits 1988 die CUT unter anderem Namen (*Central Unitaria de Trabajadores*) neu gegründet. Die christdemokratischen Strömungen spalteten sich 1995 von der CUT ab und gründeten die *Central Autónoma de Trabajadores de Chile*. Ferner entstand mit den *Colectivos de Trabajadores* auf der Linken eine Arbeiterbewegung, die sich als Alternative zu den traditionellen Gewerkschaften versteht. Ein Problem bleibt allerdings der niedrige Organisationsgrad der Arbeitnehmer, der u. a. auf Furcht und Desinteresse zurückzuführen ist, sowie der hohe Grad der Zersplitterung angesichts einer Vielzahl von Einzelgewerkschaften.

An dem die Beschäftigten benachteiligenden Arbeitsrecht änderte sich trotz einer Reform von 1994 zunächst nur wenig. Erst die Neuregelungen von Ende 2001, die u. a. die Arbeitszeiten begrenzen, die Rechte der Arbeitnehmer bei Gewerkschaftsgründungen in Kleinbetrieben, bei Tarifverhandlungen, Kündigungen und Streiks stärken sowie einen Anstieg des Mindestlohns bestimmen, haben eine Verbesserung gebracht. Allerdings stehen die Reformen im Widerspruch zum gleichzeitig verfolgten Projekt der Flexibilisierung des Arbeitsmarkts, das dem Interesse entspringt, mehr Beschäftigte aus dem informellen Sektor in formelle Arbeitsverhältnisse zu überführen.

Der Anteil der Armen ist zwischen 1990 und 2003 von 38,6% auf 18,8% gesunken, der der extremen Armut sogar von 12,9% auf 4,7%. Dieser Rückgang ist aber in erster Linie auf das Wachstum der Produktivität zurückzuführen, das sich in höheren Reallöhnen niederschlug, und nicht auf Umverteilungen. Der Minimallohn, den ein Großteil der noch immer zahlreichen Armen in der Regel verdient, ist bis 2004 zwar stark gestiegen. Die höheren Lohngruppen verbesserten sich im selben Zeitraum jedoch deutlich schneller, so dass sich die Schere zwischen Arm und Reich weiter geöffnet hat. Das zeigt sich auch am Arbeitsmarkt, wo die Armen einen weit überdurchschnittlichen Anteil an den Beschäftigten im informellen Sektor stellen.

Die zwischen 1990 und 2005 um mehr als 100% gestiegenen staatlichen Sozialausgaben etwa in den Bereichen Gesundheit, Altersvorsorge und Wohnungsbau konnten nur teilweise für Entlastung sorgen. Immerhin wurde 2000 eine Arbeitslosenversicherung geschaffen, die allerdings die Beschäftigten im informellen Sektor nicht umfasst. Obwohl sich die staatlichen Bildungsausgaben seit 1990 verdreifacht haben und viel Geld vor allem in die Universitäten floss, in denen in der Tat ein beträchtlicher Anstieg der Studentenzahlen zunehmend auch aus bildungsfernen Schichten zu verzeichnen ist, blieb das Bildungssystem geprägt durch seine hohe Chancenungleichheit. Besonders ungerecht ist nach wie vor das von Pinochet eingeführte private Altersvorsorgesystem, zu dem die Armen keinen Zugang haben. Über eine umfassende Steuerreform und vor allem Maßnahmen gegen die Steuerhinterziehung, durch die mehr Mittel für staatliche Umverteilungsprogramme aufgebracht werden könnten, diskutiert man seit 1990 intensiv, doch wurde der Durchbruch trotz einiger Ansätze bisher noch nicht erzielt.

Besonders benachteiligt sind nach wie vor die indigenen Minderheiten. Nach Wiederherstellung der Demokratie trat 1993 ein neues Gesetz in Kraft, das erstmals die auf Basis der ethnischen Zugehörigkeit definierten Forderungen der Indigenen anerkannte und mit der *Corporación Nacional de Desarrollo Indígena* (CONADI) eine staatliche Behörde zu ihrem Schutz und zu ihrer Förderung schuf. Allerdings erfüllte das Gesetz nicht alle Wünsche der an der Vorbereitung beteiligten Vertreter der Mapuche, die den bei weitem größten Teil der autochthonen Bevölkerung ausmachen. So unterblieb vor allem ihre offizielle Anerkennung als Volk mit eigener Geschichte und Kultur. Darüber hinaus gelang es der CONADI im Folgenden nicht, die Interessen der Mapuche wirksam zu schützen. Insbesondere der Bau des Wasserkraftwerks Ralco durch das in den Besitz spanischer Investoren übergegangene Energieunternehmen ENDESA und die Zwangsumsiedlung zahlreicher Familien ließen das Vertrauen in die CONADI schwinden und förderten die Entstehung einer neuen radikalen Mapuche-Bewegung. Mitglieder des *Consejo de Todas las Tierras* machten ab 1992 auf sich aufmerksam, als sie zunächst anlässlich des Chilebesuchs des spanischen Königs im Rahmen der 500-Jahr-Feiern der Entdeckung Amerikas einen Eklat provozierten und dann wieder zu gewaltsamen Landnahmen übergingen. In der Folgezeit stellte die Bewegung weit reichende Forderungen nach verfassungsmäßiger Anerkennung als Volk, nach weit gehender politischer und kultureller Autonomie und nach Rückgabe der okkupierten Gebiete.

Der chilenische Staat hat diese Forderungen in den 1990er Jahren u. a. mit dem Hinweis darauf zurückgewiesen, dass Gruppierungen wie der *Consejo* nur eine extremistische Minderheit repräsentierten, während viele andere Mapuche die Kooperation mit den transnationalen Konzernen als Ausweg aus der Armut ansähen. Zu Beginn des 21. Jahrhunderts haben die Auseinandersetzungen zwischen den radikalen Mapuche und den Energie- und Holzwirtschaftskonzernen um die Eigentumsrechte des Landes wieder an Schärfe zugenommen. Dies steht im Zusammenhang mit der prinzipiellen Ablehnung ihrer rechtlichen Anerkennung als Volk, die sich aus dem traditionellen Verständnis der Einheit von Staat und Nation und der Absage an Multikulturalität und Multiethnizität herleitet. Die Gegner indigener Sonderrechte berufen sich auf die Gefahr einer das Land spaltenden Wirkung, die eine Verfassungsänderung mit sich bringen könnte, und plädieren für den Vorrang des Individuums vor dem Kollektiv. Ferner weisen sie warnend auf die Gewalttaten der Radikalen hin. Dennoch kam es im Jahr 2002 mit Blick auf die bevorstehende chilenische 200-Jahr-Feier zu einer überparteilichen Initiative für eine Verfassungsänderung zur rechtlichen Anerkennung der autochthonen Völker Chiles.

Im Zusammenhang mit den politischen Auseinandersetzungen haben sich in den Städten, in denen heute der Großteil der Mapuche lebt, zahlreiche Organisationen formiert, deren oft noch junge Mitglieder die kulturellen Traditionen pflegen. Andererseits entstand in den letzten Jahren nicht zuletzt aufgrund der Zusammenarbeit mit der von zahlreichen Nichtregierungsorganisationen geförderten globalen Bewegung der indigenen Völker in den linksliberalen Teilen der Öffentlichkeit ein neues Interesse an der indianischen Kultur. Insbesondere ökologische Gruppierungen haben ihre Affinität zum Verhältnis der Mapuche gegenüber ihrer Umwelt entdeckt.

Politische Konsolidierungsprozesse

Trotz der sozialen Kosten sind die wirtschaftlichen Erfolge Grundlage eines Konsolidierungsprozesses der Demokratie, der seit 1990 vollzogen wurde. Der entscheidende Faktor auf diesem Weg war der Erhalt der *Concertación*, der großen Koalition aus Links- und Zentrumsparteien, die mittlerweile seit 17 Jahren in der Regierungsverantwortung steht und viermal die Präsidentschaftswahlen gewonnen hat. Wegweisend waren bereits die ersten Kongresswahlen 1989, die der *Concertación* einen Wahlsieg in beiden Häusern des Parlaments brachten. Die Rechte konnte sich aber durch die ernannten Senatoren und die erforderliche Zweidrittelmehrheit in fast allen wichtigen Fragen eine Vetomehrheit sichern, mit der sie zunächst erfolgreich alle Ansätze zu einer grundlegenden Verfassungsreform abblockte.

Aufgrund der Verfassungsbestimmungen und der weiteren mit den «Verankerungsgesetzen» zusammenhängenden autoritären Enklaven war der Kompromiss eine Grundbedingung der *Concertación*-Regierungen. Die anspruchsvollen Programme standen damit von Beginn an unter schwierigen Vorzeichen. Bei ihren konkreten politischen Zielsetzungen, der Sühne der Verbrechen des Militärregimes, der Beseitigung der autoritären Elemente in der chilenischen Verfassung, der Reform der Justiz und der Wiederherstellung der zivilen Vorherrschaft über das Militär, konnte die Regierung Aylwin (1990–1994) nur dürftige Erfolge erzielen. Die Rechte verhinderte erfolgreich eine Änderung in der Ernennungspraxis der Senatoren, und das Militär unter seinem unumstrittenen Oberbefehlshaber Pinochet behielt seine Rolle als «Hüter der Ordnung und der Verfassung» – quasi als vierte Gewalt. Politische Reformen konnten nur in kleinen Schritten durchgesetzt werden, wobei insbesondere die Demokratisierung der Wahl der Bürgermeister bedeutsam war. Doch kam es woanders zu entscheidenden Fortschritten, etwa hinsichtlich des langsamen Erlöschens der politischen Gewalt, die im Zusammenhang mit dem Attentat auf Jaime Guzmán, einen Vordenker der Pinochet-Diktatur, 1991 noch einmal bedrohlich aufgeflackert war. Die Regierung überstand die damit verbundene bedrohliche Situation unbeschadet.

Nach den Übergangsbestimmungen der Verfassung war die erste Amtszeit des Präsidenten auf vier Jahre begrenzt, und so fand bereits 1993 erneut ein Wahlkampf statt. Dieses Mal nominierte die *Concertación* erst nach einer regelrechten Vorwahl ihren Kandidaten. Dabei setzte sich der Christdemokrat Eduardo Frei Ruiz-Tagle, Sohn des ehemaligen Präsidenten, gegen seinen Herausforderer, den Sozialisten Ricardo Lagos, durch. Mit 58% der Stimmen verwies Frei in der Präsidentschaftswahl Ende des Jahres den Kandidaten der Rechten Arturo Alessandri, einen Enkel des zweifachen Präsidenten gleichen Namens, deutlich in die Schranken. Während der Präsidentschaft Freis (1994–2000) konnte 1997 ein wichtiger Durchbruch auf dem Weg zu einer umfassenden Reform der Justiz erzielt werden, die durch die gezielte Personalpolitik der Militärs eine zentrale autoritäre Enklave geblieben war. Die Regierungen der *Concertación* trieben den Wandel durch die Beförderungs- und Ernennungspraxis für Richter voran. Auch im Obersten Gerichtshof nahm man Neubesetzungen vor und formte diese Schlüsselinstanz somit langsam im demokratischen Sinn um. Neben dem Widerstand der Rechten zeigten sich während der Präsidentschaft Freis aber auch Meinungsverschiedenheiten im Lager der *Concertación*. Die Parlamentswahlen vom Dezember 1997, bei denen die Rechte einen Achtungserfolg erzielte, trugen zu weiteren Schwierigkeiten bei. Als skandalös empfanden viele Beobachter im März 1998 den Amtsantritt Pinochets als ernannter Senator auf Lebenszeit, wenngleich er als Expräsident und Exoberbefehlshaber des Heeres die Aufnahmebedingungen sogar doppelt erfüllte. Umstritten war erneut der Vorwahlkampf um den Präsidentschaftskandidaten der *Concertación*, den nun Lagos gegen den Christdemokraten Andrés Zaldívar Ende Mai 1999 klar für sich entschied.

Dieses Mal war die Präsidentschaftswahl heiß umkämpft, da im Gegensatz zu seinen christdemokratischen Vorgängern dem Sozialisten Lagos das Image eines ehemaligen Parteigängers der *Unidad Popular* anhaftete. Damit konnte die Opposition leicht alte Ängste bei den Wählern abrufen. Außerdem hatte die Rechte mit dem Populisten Joaquín Lavín von der UDI einen zugkräftigen Namen ins Rennen geschickt. Der junge und erfolgreiche Bürgermeister des begüterten Stadtteils Las Condes von Santiago, einst enger Gefolgsmann Pinochets, verfügte als Journalist des *Mercurio* über einen hohen Bekanntheitsgrad. In der Tat kam es im Dezember 1999 zum erwartet knappen Ergebnis. Im ersten Wahlgang brachte es keiner der beiden Kandidaten auf die erforderliche absolute Mehrheit, wobei Lagos einen hauchdünnen Vorsprung von rund 30 000 Stimmen erzielte. Erst im zweiten Wahlgang konnte sich der Sozialist dann mit 51,3 % der Stimmen durchsetzen.

Die Anfangsphase der Präsidentschaft von Ricardo Lagos (2000–2006) gestaltete sich aufgrund der wirtschaftlichen Probleme im Zusammenhang mit der Asienkrise schwierig. 2002 führte die Aufdeckung geheimer Zusatzzahlungen für Minister und Staatssekretäre, die bereits seit den 1990er Jahren geflossen waren, darüber hinaus zu Korruptionsvorwürfen gegen die *Concertación*. Hinzu kamen außenpolitische Probleme in den Beziehungen zu Bolivien, das seinen Anspruch auf einen direkten Zugang zum Pazifik 2004 erneut mit Nachdruck vorbrachte, sowie zu Argentinien und Venezuela. Dadurch war die Gasversorgung Chiles zeitweise bedrohlich in Frage gestellt.

Es gelang Lagos während seiner Amtszeit jedoch, diese Konflikte zu entschärfen und zahlreiche Erfolge zu verzeichnen. Dazu zählen die bereits erwähnten Freihandelsabkommen und Arbeitsrechtsreformen sowie weitere soziale Reformmaßnahmen in den Bereichen Bildung, Gesundheit und Wohnungsbau. Ferner ebnete die Regierung Lagos dem ersten Scheidungsgesetz in der chilenischen Geschichte ebenso den Weg wie den Entschädigungszahlungen an Folteropfer des Pinochet-Regimes. Den Höhepunkt seiner Präsidentschaft stellte zweifellos der Durchbruch in der Frage der Verfassungsreform 2005 dar. Grundlage dafür waren vor allem die sich verändernden Mehrheitsverhältnisse im Senat, durch die die Vertreter der *Concertación* die Oberhand gewannen. Die wichtigsten Bestimmungen des 58 Punkte umfassenden Reformkatalogs betreffen die Abschaffung der ernannten Senatoren und des Rechts ehemaliger Präsidenten auf einen Senatssitz auf Lebenszeit, die Einschränkung der Sonderrechte des Militärs, die Zurückstufung des Nationalen Sicherheitsrats auf ein rein beratendes Organ sowie die Verkürzung der Amtszeit des Präsidenten von sechs auf vier Jahre.

Am 26. August 2005 traten die Reformen in Kraft, und der Präsident wurde beauftragt, einen bereinigten Verfassungstext aufzusetzen. Der Unterzeichnung dieses Dokuments am Nationalfeiertag im September 2005 durch Ricardo Lagos kam hoher Symbolwert zu, wurde damit doch der Name Pinochets endgültig aus der Verfassung getilgt. Lagos betonte in seiner Ansprache denn auch, dass mit den Reformen eine Verfassung geschaffen sei, die auf einem breiten gesellschaftlichen Konsens basiere. In der Tat entfallen damit entscheidende autoritäre Enklaven. Daher sprechen einige Kommentatoren dem Dokument den Charakter einer neuen «Verfassung von 2005» zu, die, wie Lagos behauptete, den erfolgreichen Abschluss des Transitionsprozesses darstelle. Dagegen ist eingewendet worden, dass trotz der Reformen die Grundstruktur der Konstitution von 1980 erhalten bleibe und dass keine verfassunggebende Versammlung einberufen worden sei. Angesichts der noch ungelösten Probleme, z.B. hinsichtlich der Anerkennung der indigenen Völker, der Schaffung neuer Regionen und vor allem der Abschaffung des binominalen Wahlsystems, dessen Erwähnung allerdings gestrichen wurde, scheint es in der Tat sinnvoller, von einer Verfassungsreform statt von einer neuen Verfassung zu sprechen. Die Bedeutung des Reformwerks ist jedoch unbestritten, und Lagos beendete denn auch seine Präsidentschaft 2006 mit historisch hohen Zustimmungsraten von mehr als 70%.

Im Präsidentschaftswahlkampf konnte die *Concertación* im Hinblick auf die Erfolge von Lagos daher auch ein Wagnis eingehen. Mit der Sozialistin und ehemaligen Gesundheits- sowie Verteidigungsministerin Michelle Bachelet nominierte das Bündnis zwar eine laut Meinungsumfragen sehr populäre, aber aufgrund ihres Lebenswandels als allein erziehende Mutter und Agnostikerin im eher konservativen chilenischen Umfeld durchaus nicht unumstrittene Politikerin. Bachelet profitierte von der Spaltung der Rechten, wo sich neben Lavín mit Sebastián Piñera von der RN ein Alternativkandidat zur Wahl stellte. Wie schon 1999 war eine Stichwahl notwendig, bei der Bachelet sich gegen den Zweitplatzierten des ersten Wahlgangs, Piñera, mit 53,5% der Stimmen durchsetzte. Seit März 2006 ist Bachelet die erste Frau in der Geschichte Chiles, die das höchste Staatsamt innehat. Wie schon für ihren Vorgänger war das erste Regierungsjahr schwierig. Insbesondere die Massenproteste der Schüler, die ab April u.a. bessere Bildungschancen für die Armen einforderten, stellten eine schwere Belastungsprobe dar und zwangen die Regierung letztlich zum Einlenken. Das Wiederaufflackern des Korruptionsskandals sowie die Debatte um die Zulassung der «Pille danach» für Minderjährige sorgten für weiteren innenpolitischen Zündstoff. In der Außenpolitik haben sich in den Beziehungen zu Argentinien und Peru alte Grenzkonflikte wieder aufgetan. Anfang 2007 lässt sich noch nicht abschätzen, ob Bachelet den hohen Erwartungen gerecht werden kann, die mit ihrer Wahl verbunden waren.

Dass das Austragen politischer Konflikte wieder möglich ist, ohne dass deshalb gleich das politische System als solches in Frage gestellt wird, ist ein Zeichen für die Fortschritte des Konsolidierungsprozesses der Demokratie in Chile. Grundlegend dafür war die Wiederherstellung einer demokratischen politischen Kultur, der sich die *Concertación* von Beginn an intensiv widmete. Die den internationalen Trends folgende Entideologisierung der politischen Landschaft im Gefolge des Umbruchs von 1989/90 schuf eine auf den ersten Blick günstige Ausgangslage. Es zeigte sich aber bald, dass das Anknüpfen an demokratische Traditionen nach den langen Jahren der Diktatur nicht ohne Weiteres möglich war. Das entscheidende Ziel musste sein, das Erbe der Diktatur – eine Kultur der Angst und des Misstrauens – zu überwinden. Das ließ sich nur durch einen radikalen Wandel der Beziehungen zwischen Staat und Zivilgesellschaft bewerkstelligen, wobei den politischen Parteien eine wichtige Transmissionsfunktion zukam.

Die angestrebte Integration weiter Teile der Bevölkerung durch die Sozialpolitik ist ein wichtiger Pfeiler der Arbeit an der politischen Kultur. Sie steht in Konflikt mit der atomisierenden Wirkung der neoliberalen marktorientierten Wirtschaftspolitik und dem Streben nach der Befriedigung von Konsumbedürfnissen. In den 1990er Jahren haben chilenische Intellektuelle wiederholt vor der Entpolitisierung gewarnt, die damit einherging. Diese Entpolitisierung machten sie an der viel diskutierten «Apathie der Massen» dem demokratischen Prozess gegenüber fest. Konnte man die Euphorie des Neubeginns anfangs an einer hohen Wahlbeteiligung ablesen, so stellte sich angesichts stark rückläufiger Wählerzahlen danach Ernüchterung ein. Mit der Wahlpflicht für Präsidentschafts-, Parlaments- und Kommunalwahlen sollte ein hohes Maß an politischer Partizipation garantiert werden. Da sie einen Eintrag ins Wahlregister voraussetzt, ist jedoch eher das Gegenteil eingetreten; viele jüngere Chilenen entziehen sich dem demokratischen Prozess. Gerade das Desinteresse der Jugend, die sich aufgrund der hohen Arbeitslosenquote in einer unsicheren und in vielen Fällen marginalisierten Situation befindet, bietet hier Anlass zur Sorge. Andererseits sind die chilenischen Jugendlichen aber keineswegs unpolitisch, sondern engagieren sich durchaus, wie der hohe Mobilisierungsgrad in der Frage der Studienfinanzierung oder in der Antiglobalisierungsbewegung zeigt.

Die Rahmenbedingungen der 1990er Jahre trugen zur Distanzierung vom politischen Prozess bei. Große strukturelle Veränderungen konnten aufgrund der autoritären Enklaven nicht angegangen werden. Anstelle direkter Partizipation kam es zu Verhandlungen von Eliten, die sich oft im Geheimen abspielten und Kompromisse erzeugten, Konflikte aber vermieden. Gerade die neuen politischen Eliten fanden nach der langen Diktatur nicht gleich wieder den notwendigen engen Kontakt zur Bevölkerung. Das zeigte sich etwa an der verständnislosen Reaktion auf Protestaktionen, die sich gegen bestimmte Maßnahmen der Regierung richteten. So hatte die lange Diktatur nicht nur Misstrauen in den zwischenmenschlichen Beziehungen hervorgerufen, sondern auch zu einer geringen Offenheit in politischen Diskussionen geführt. Interesselosigkeit, Unzufriedenheit mit dem Erreichten und oftmals überzogene Kritik am Staat waren das Ergebnis. Darüber hinaus begünstigte diese Konstellation aber auch das Fortbestehen von autoritären Einstellungen. Viele Chilenen, die von der Transition durchaus profitierten und keine radikale Umkehr wünschten, gewannen der Diktatur doch rückblickend positive Seiten ab. Die Wertschätzung der Demokratie hält sich gerade bei sozialen Schlüsselakteuren in Grenzen. Dabei handelt es sich nicht nur um die Justiz und das Militär, sondern auch um einflussreiche Teile der Geschäftswelt und vor allem der Presse.

Trotz der entscheidenden Bedeutung der Medien in einer pluralistischen Gesellschaft setzte auch in diesem Bereich nur langsamer Wandel ein. Nachdem das Pinochet-Regime 1988/89 etwa für *El Mercurio* und für *La Tercera* äußerst günstige Schuldenregelungen gefunden hatte und das Fernsehen weitestgehend privatisiert hatte, beeinträchtigte in den 1990er Jahren dann wie berechnet die Logik der Marktgesetze die Entstehung einer wettbewerbsfähigen Konkurrenz. Kritische Gegenprojekte wie z. B. die Tageszeitung *La Época* konnten sich nicht durchsetzen. Die technologische Modernisierung machte hohe Investitionssummen erforderlich, die nur die bereits etablierten Konzerne aufbringen konnten. Die Folge war eine Konzentration der Medienmacht in den Händen weniger Unternehmen wie dem Edwards-Konzern. Im Rahmen ihrer Möglichkeiten waren und sind die Regierungen der *Concertación* darum bemüht, sowohl im Bereich der Medien als auch in der Kulturpolitik insgesamt Entfaltungsmöglichkeiten zu schaffen, um auch in diesem Bereich Werte wie Freiheit und Chancengleichheit zu fördern.

Mittlerweile ist die Grundeinstellung gegenüber der Demokratie in Chile Umfragen der *Corporación Latinobarómetro* zufolge verhalten positiv. Die Zufriedenheit mit ihrem Funktionieren und das Vertrauen in die Institutionen lagen 2004 über dem lateinamerikanischen Durchschnitt. Eine Mehrheit der Chilenen zieht die Demokratie allen anderen Regierungsformen vor. Immerhin 45 % der befragten Personen gaben aber auch an, dass sie bereit wären, für ein höheres Maß an Sicherheit ihre Freiheit teilweise eingeschränkt zu sehen. Ebenfalls mehr als die Hälfte der befragten Chilenen ist der Meinung, dass hartes Durchgreifen der Regierung erforderlich ist. Das Vertrauen in die Institutionen ist eher schwach ausgeprägt, was, wie die Umfragen belegen, vor allem mit der nach wie vor bestehenden krassen Ungleichheit zusammenhängt. So meinen 70 %, dass das Land von einigen wenigen beherrscht wird, die nur aus Eigennutz handeln. Trotz aller Einschränkungen bleibt aber festzuhalten, dass Chile in den unterschiedlichen Indices zur Demokratieentwicklung in Lateinamerika seit Jahren an der Spitze liegt. Die historische Selbstverpflichtung des Militärs unter seinem Oberbefehlshaber General Juan Emilio Cheyre von 2003 auf das «nie wieder» (*nunca más*) in Bezug auf Eingriffe in die Politik scheint ein weiterer Beweis für den Erfolg des Konsolidierungsprozesses der chilenischen Demokratie seit der Jahrtausendwende zu sein.

30 Jahre nach dem Putsch hatte diese öffentliche Aussage des ranghöchsten Militärs hohe symbolische Bedeutung, denn die Auseinandersetzung mit der Vergangenheit, mit den zahllosen Menschenrechtsverletzungen des Pinochet-Regimes war ein zentrales Thema der chilenischen Transition. Einerseits musste es darum gehen, die Opfer wahrzunehmen, zu rehabilitieren und zu entschädigen, andererseits darum, die Täter zu verfolgen und einer gerechten Strafe zuzuführen. Beide Ziele bargen angesichts des noch wenig gefestigten demokratischen Systems nach der Wende von 1990 sowie der weiterhin bestehenden Bedrohung durch Institutionen wie Militär und Justiz, die ihnen grundsätzlich ablehnend, ja feindselig gegenüberstanden, hohe Risiken für die innere Stabilität. Gleichzeitig war die Aufarbeitung der Vergangenheit von zentraler Bedeutung, um in der aufgrund der Gewaltexzesse der Diktatur gespaltenen Gesellschaft den demokratischen Konsens wiederherzustellen.

Noch während der Diktatur setzten sich Politiker der demokratischen Opposition, die enge Beziehungen zu den Menschenrechtsgruppen unterhielten, im Laufe der 1980er Jahre mit dieser Frage auseinander. Allerdings erschien zu diesem Zeitpunkt die kompromisslose Verfechtung einer juristischen Aufarbeitung der Vergangenheit ebenso wenig möglich wie die bedingungslose Anerkennung von Pinochets Amnestiegesetz von 1978. Nach dem Regierungsantritt der *Concertación* wurde die Menschenrechtsfrage zu einem wichtigen Programmpunkt. So unterstrich Präsident Aylwin durch symbolische Akte wie die Wahl des Nationalstadions als Ort seiner Inaugurationsfeier die Bedeutung, die er diesem Komplex beimaß. Noch in Aylwins erstem Regierungsjahr wurde der Leichnam von Salvador Allende in einem offiziellen Akt auf den Generalfriedhof umgebettet, wo auch ein zentrales Mahnmal für die Opfer der Gewaltherrschaft entstand.

Neben die symbolische Ebene trat die praktische Arbeit der nach ihrem Vorsitzenden Raúl Rettig benannten Nationalen Wahrheits- und Versöhnungskommission, die ihre umfangreiche Dokumentation über die Verbrechen der Pinochet-Diktatur im Februar 1991 ablieferte, wobei eine Zahl von 2279 ermordeten und verschwundenen Opfern festgestellt wurde. Präsident Aylwin nutzte die Veröffentlichung des Berichts zu einer denkwürdigen Rede, in der er im Namen des chilenischen Staats die Opfer um Vergebung bat. Seine Aufforderung an die Verantwortlichen der Militärdiktatur, Reue zu zeigen und bei der Aufklärung der vielen Fälle von Verschwundenen zu helfen, blieb jedoch erfolglos. Aus Sicht des Militärs waren die Gewalttaten des 11. September 1973 und der Jahre danach eine Reaktion auf die von der *Unidad Popular* zu verantwortenden Gewaltausbrüche und somit ein notwendiger Krieg gegen den Terrorismus, den man nicht bereuen musste.

Der Bestandsaufnahme sollten nach dem Willen Aylwins auch Taten folgen. Opfer des Unrechtsregimes bzw. deren Angehörige und Hinterbliebene erhielten staatliche Wiedergutmachungsleistungen. Politische Gefangene wurden schrittweise auf freien Fuß gesetzt. Es gelang den Regierungen der *Concertación* auf dem Wege ihrer Beförderungskompetenz, die Pensionierung einiger Offiziere durchzusetzen, die im Verdacht von Menschenrechtsverletzungen standen. Auch die Anfänge der Justizreform zielten in diese Richtung.

Allerdings waren dies kleine Schritte auf einem mühevollen Weg. Der Elan der Anfangszeit verpuffte schnell. Kritische Stimmen bemängelten, dass der Auftrag der Rettig-Kommission von Beginn an zu konziliant formuliert worden sei. Anstelle einer umfassenden Untersuchung aller Verbrechen war eine Einschränkung auf Morde und das Verschwindenlassen getroffen worden. Auf die Anhörung von Zeugen war verzichtet worden. Kritisch wurde angemerkt, dass das Instrument, das der Regierung mit dem Bericht an die Hand gegeben war, zu selten genutzt wurde. Darüber hinaus brachte Präsident Aylwin 1993 einen Gesetzesvorschlag in die Diskussion, der Tätern Straffreiheit zusichern sollte, wenn sie Informationen geben konnten, die zur Aufklärung des Schicksals von Verschwundenen beitrugen. Dieser Vorschlag, der später unter der Regierung Frei noch einmal auf die Tagesordnung kam, wäre aber auf ein Schlusspunktgesetz hinausgelaufen und wurde daher scharf kritisiert.

Neben der katholischen Kirche waren es vor allem Angehörige der Opfer und Menschenrechtsgruppierungen, die dafür sorgten, dass das Thema weiter in der Diskussion blieb. Dabei halfen ihnen diverse Ereignisse, bei denen die Vergangenheit gleichsam in der Gegenwart wieder auftauchte. Dazu zählte in der Anfangsphase der *Concertación* etwa die Entdeckung von Massengräbern aus der Zeit der Diktatur und später die Enthüllung von Einzelheiten, die die Dimension der Verbrechen lebhaft vor Augen führten. Die Veröffentlichung von Autobiographien, Musik und Filmen von Zeitzeugen wie etwa anlässlich des 25. Jahrestages des Putsches am 11. September 1998 ermöglichte eine tiefer gehende Auseinandersetzung mit dem Leid der Opfer.

Die Kontroversen um die belastete Vergangenheit spiegelten den lange anhaltenden Machtkampf zwischen der demokratischen Regierung und den autoritären Enklaven wider. Der Ablauf der diversen Affären, die die 1990er Jahre überschatteten, ähnelte sich stark: Regierung oder Menschenrechtsorganisationen deckten Verbrechen der Diktatur auf und übergaben die Fälle einer halbherzigen Justiz, die diese entweder mit dem Hinweis auf das Amnestiegesetz ablehnte oder sie an Militärgerichte weitergab, wo sie versandeten. Doch bereits auf die Forderung nach Strafverfolgung reagierten das Militär und seine zivilen Anhänger in den rechten Parteien empört. Dabei schürten die Militärs immer wieder die Angst vor einem erneuten Putsch. Bereits im Dezember 1990, als ein Korruptionsverfahren gegen Pinochets Sohn aufgenommen wurde, setzte die Armee mit der Kasernierung aller Einheiten erstmals eine Drohgebärde ein. Ein weiterer kritischer Moment wurde im Mai 1993 mit dem so genannten *Boinazo* erreicht, als mitten in Santiago vor dem Regierungspalast Truppen in Kampfanzügen und schwarzen Baretts Manöver abhielten. Auslöser war wiederum ein Versuch, Offiziere für Menschenrechtsverletzungen vor Gericht zu ziehen. Ein Jahr später kam es dann zur Verurteilung ehemaliger Polizisten, die an politischen Morden im Jahr 1985 beteiligt waren. Dieser Erfolg der *Concertación* wurde jedoch getrübt durch die Tatsache, dass der Chef der *Carabineros*, Rodolfo Stange, dem Behinderung der Justiz in diesem Fall nachgewiesen wurde, erst nach langem Zögern 1995 «freiwillig» von seinem Posten zurücktrat, um dann 1998 das Amt eines Senators auf Lebenszeit anzutreten.

Die Auseinandersetzungen zwischen Regierung und Militär im Zusammenhang mit der Menschenrechtsfrage blieben ein konstantes Element der chilenischen Politik. Im Mai 1995 sprach ein Gericht Manuel Contreras und einen Mitarbeiter schuldig, Orlando Letelier ermordet zu haben. Aufgrund internationalen Drucks war dieser Fall 1978 ausdrücklich vom Amnestiegesetz ausgenommen worden. Die Verurteilung war ein Erfolg für die Menschenrechtspolitik von Regierung und privaten Organisationen. Allerdings zögerte sich die Inhaftierung hinaus, schließlich wurden beide Verbrecher ins Militärgefängnis von Punta Peuco gebracht. Dort protestierten im Juni 1995 Militärangehörige in Zivil gegen das Urteil. Kombiniert mit den pompösen Feiern zu Pinochets 80. Geburtstag mündeten die Ereignisse wiederum in eine Demonstration der ungebrochenen Stärke der Rechten und des Militärs. Pinochets Abgabe des Heeresoberbefehls und sein Amtsantritt als Senator auf Lebenszeit im März 1998 bestätigten diesen Eindruck.

Doch just 1998 sollte sich das Blatt wenden. Da sich der Staatsterrorismus der Diktatur nicht auf Chile beschränkte, ermittelte in den 1990er Jahren auch die italienische, argentinische und spanische Justiz. In diesem Zusammenhang kam es im Oktober 1998 zu einem spektakulären Ereignis. Aufgrund eines internationalen Haftbefehls aus Spanien stellte man Pinochet in einer Londoner Klinik unter Arrest, wo er sich wegen einer Rückenoperation aufhielt. Seine Inhaftierung brachte eine lebhafte internationale Debatte um die Rechtmäßigkeit in Gang, wobei sich die grundsätzliche Frage stellte, ob das Prinzip der Verfolgung von Menschenrechtsverbrechen über den Ansprüchen nationaler Souveränität stand. Auf Letztere berief sich der mit diplomatischer Immunität versehene Senator Pinochet, der sich 1999 in einem «offenen Brief» an seine Landsleute wandte und darin erneut keinerlei Reue erkennen ließ. Bei der chilenischen Rechten, die den Fall mit Blick auf den Präsidentschaftswahlkampf propagandistisch ausnutzte, fand er die übliche Unterstützung. Interessanterweise folgte die Regierung dieser Argumentation bis zu einem gewissen Grad und kämpfte um seine Rückführung nach Chile. Dabei stellte sie sich auf den Standpunkt, dass im Land begangene Menschenrechtsverletzungen vor chilenischen Gerichten zu verhandeln seien. Die Argumente der chilenischen und internationalen Menschenrechtsaktivisten, die Pinochets Verhaftung mit großer Erleichterung aufnahmen und mit Blick auf die zehnjährige Straflosigkeit eine Verurteilung durch internationale Gerichte forderten, ließ die Regierung nicht gelten. Innerhalb der *Concertación* regte sich allerdings Protest gegen diese Haltung. Zahlreiche Abgeordnete des PS begrüßten das Vorgehen der britischen und spanischen Justiz, da ein Verfahren gegen Pinochet im eigenen Land unmöglich schien. Straßenproteste und Auseinandersetzungen zeigten, wie sehr das Thema die chilenische Gesellschaft nach wie vor spaltete.

Zwar kam Pinochet Anfang 2000 offiziell aus gesundheitlichen und Altersgründen frei und konnte nach Chile zurückkehren, doch hatten sich dort überraschende Veränderungen ergeben. Das Militär hatte sich unter dem neuen Oberbefehlshaber General Ricardo Izurieta in der Affäre eher zurückgehalten und nicht, wie zuvor üblich, Druck auf die Regierung ausgeübt. 1999 war die Institution sogar bereit, an einem «runden Tisch» (*Mesa de Diálogo*) mit Vertretern von Menschenrechtsorganisationen teilzunehmen, der das Schicksal der rund 1187 Verschwundenen aufklären sollte, auch wenn dies aufgrund der Verschleierungstaktik der Militärs nicht den erhofften Durchbruch brachte. Nach Pinochets Rückkehr änderte sich auch die Haltung der zweiten Bastion der Rechten, der Justiz. Das Greifen der Justizreform ließ sich daran ablesen, dass die Gerichte Menschenrechtsfälle seit Ende 1998 mehrfach nicht mehr einfach mit Bezug auf das Amnestiegesetz einstellten, sondern die Ermittlungen fortsetzten. So wurde Pinochet dann auch nach seiner Rückkehr die Immunität aberkannt, und im Fall der so genannten Todeskarawane wurde er sogar angeklagt. Zwar erfolgte 2001/02 wegen eingeschränkter Zurechnungsfähigkeit die erneute Einstellung des Verfahrens, doch war diese Entscheidung vorläufig und an den Rückzug Pinochets aus der Politik gebunden, den er im Juli 2002 mit der Niederlegung seines Senatorenamtes offiziell vollzog.

War der Nimbus Pinochets damit erschüttert, so sollte er sich in der Folgezeit durch die Aufdeckung von Finanzskandalen, die auch noch sein Saubermann-Image zerstörten, endgültig auflösen. Zudem häuften sich nun die Anklagen z. B. in Sachen Mordfall Prats, Operation Condor, Folterzentrum Villa Grimaldi und führten dazu, dass man dem General im Mai 2004 die Immunität entzog und ihn unter Hausarrest stellte. Als der Exdiktator erneut alle Verantwortung für die begangenen Verbrechen von sich wies und seinen Untergebenen anlastete, die ohne sein Wissen gehandelt hätten, wendeten sich selbst viele der treuesten Anhänger und die politische Rechte von ihrer einstigen Symbolfigur ab. General Cheyres historische Erklärung von 2003 unterstrich die Distanz, die zwischen dem Militär und seinem ehemaligen Oberbefehlshaber mittlerweile bestand. Die Veröffentlichung des Berichts einer Untersuchungskommission zeigte der Bevölkerung im November 2004 darüber hinaus das Ausmaß der Folter während der Militärherrschaft. An seinem 91. Geburtstag im November 2006 verlas Pinochets Frau dann eine Erklärung, in der der Exdiktator erstmals die politische Verantwortung für die Ereignisse während seiner Herrschaft übernahm, den Putsch jedoch wiederum als notwendige Rettungstat gegen das Chaos rechtfertigte. Wenige Tage später verstarb er.

Die widersprüchlichen Reaktionen auf den Tod und die Beisetzung Pinochets im Dezember 2006 zeigten, dass die chilenische Gesellschaft viele Jahre nach der Rückkehr zur Demokratie noch immer unter den Folgen der langen Militärdiktatur leidet und gespalten ist. Zu einer auch in symbolischer Hinsicht enorm wichtigen Verurteilung des Exdiktators ist es letztlich nicht gekommen. Doch sind die vielen laufenden Gerichtsverfahren ein Beweis dafür, dass die strafrechtliche Aufarbeitung der Vergangenheit seit einigen Jahren einen neuen Grad der Ernsthaftigkeit erreicht hat.

Trotz der Frustrationen und Bedrohungen verlief die Rückkehr zur Demokratie in Chile seit 1990 erstaunlich erfolgreich. Die makroökonomischen Wachstumsziele, die man sich 1990 gesetzt hatte, konnten erreicht werden. Insgesamt verbesserte sich die Lebens- und Konsumsituation der meisten Chilenen seit 1990 deutlich. Das politische System konsolidierte sich auf dieser Grundlage, was sich insbesondere in der historischen Verfassungsreform von 2005 niederschlug, die manche gar als Endpunkt der Transition ansehen. Die Stabilität der Demokratie ist dementsprechend gewachsen, und es sind positive Entwicklungen in der politischen Kultur, insbesondere in der Aufarbeitung der Vergangenheit zu verzeichnen. Die Bedeutung des Regierungsbündnisses der *Concertación* ist dabei unbestritten.

Ausblick: Chile vor dem *Bicentenario*

Wenige Jahre vor den 200-Jahr-Feiern der Unabhängigkeit, dem *Bicentenario* 2010, blickt Chile heute zuversichtlich in die Zukunft. Der bereits unter Präsident Lagos ausgegebene *Plan Bicentenario* sieht umfangreiche kultur- und bildungspolitische Initiativen vor, die den Weg in diese Zukunft weisen sollen. Repräsentative Bauten wie das neue Kulturzentrum an der *Plaza de la Constitución* südlich des Regierungspalastes in Santiago unterstreichen das Ziel der Öffnung hin zu einer Wissensgesellschaft, die sich den Herausforderungen des 21. Jahrhunderts stellt. Angesichts des lang anhaltenden Wirtschaftsbooms hat das Land dafür gute Voraussetzungen. Die gut 16 Millionen Chilenen leben heute besser denn je zuvor. Große Teile der Bevölkerung haben ein beeindruckendes Wohlstandsniveau erreicht. Sie profitieren vom erfolgreichen Konsolidierungsprozess der Demokratie, die nun schon länger andauert als die Pinochet-Diktatur. Chile hat sich mittlerweile zum Vorzeigeland Lateinamerikas weiterentwickelt und gilt als Modell für eine erfolgreiche Transition.

Allerdings bleiben noch viele Probleme ungelöst. Die letzten autoritären Enklaven sind, möglichst durch eine neue Constituante, aus der Verfassung zu tilgen. Die Auseinandersetzung mit der Menschenrechtsproblematik und die strafrechtliche Verfolgung der Täter werden auch nach dem Tod Pinochets wichtige Faktoren in der politischen Kultur des Landes bleiben. Ein zentrales Problem ist die Tatsache, dass längst nicht alle Chilenen Anteil am Erfolg haben. Besonders dringend ist nach wie vor die Bekämpfung der Armut, von der einzelne Regionen und insbesondere die indigenen Gemeinschaften überdurchschnittlich stark betroffen sind. Das gilt auch für die außerordentlich hohe Disparität zwischen Arm und Reich. Ein höheres Maß an sozialer Gleichheit ist notwendig, um das Vertrauen in die Demokratie zu stärken und darauf aufbauend auch die Wachstumsaussichten nachhaltig weiter zu verbessern. Das kann letztlich nur durch eine gezielte staatliche Umverteilungspolitik erreicht werden, die aber, um durchsetzbar zu sein, auf einem umfassenden Sozialpakt unter Einbeziehung auch der bislang davon ausgeschlossenen nicht privilegierten Schichten basieren muss. So bleibt die gesellschaftliche Modernisierung Chiles ein Ziel, das noch über den *Bicentenario* hinausweist. Allerdings dürfen die Chilenen angesichts der Leistungen seit der Rückkehr zur Demokratie zuversichtlich in die Zukunft blicken.

Auswahlbibliographie

Überblickswerke

Bauer, Arnold J.: La sociedad rural chilena. Santiago 1994.

Bengoa, José: La memoria olvidada: Historia de los pueblos indígenas de Chile. Santiago 2004.

–: Historia social de la agricultura chilena. 3 Bde. Santiago 1988 ff.

Campos, Fernando: Historia constitucional. Santiago 1999.

Collier, Simon/W.F. Sater: A History of Chile. Cambridge 1996.

Faúndez, Julio: Democratization, Development, and Legality: Chile, 1831 to 1973. New York 2007.

Góngora, Mario: Ensayo histórico sobre la nación de estado en Chile en los siglos XIX y XX. Santiago 1981.

Larraín, Jorge: Identidad chilena. Santiago 2001.

Ramón, Armando de: Breve historia de Chile: Desde la invasión incaica hasta nuestros días (1500–2000). Buenos Aires 2001.

Sagrado, Rafael/Cristián Gazmuri: Historia de la vida privada en Chile. Bd. 1 ff. Santiago 2005 ff.

Salazar, Gabriel/Julio Pinto (Hg.): Historia contemporánea de Chile. Bd. 1–4 ff. Santiago 1999 ff.

Silva, Osvaldo: Atlas de historia de Chile. Santiago 1984.

Subercaseaux, Bernardo: Historia de las ideas y de la cultura en Chile. Bd. 1–3 ff. Santiago 1997 ff.

Urzúa, Germán: Historia política de Chile. Santiago 1992.

Villalobos, Sergio: Historia de Chile. 4 Bde. Santiago 1974 ff.

Vorkolumbische Kulturen

Berenguer, José (Hg.): Chile antes de Chile. Santiago 1997.

Blixen, Olaf: Mito y realidad de Rapanui. Santiago 1999.

Hidalgo L., Jorge et al. (Hg.): Culturas de Chile. Bd. 1: Prehistoria. Santiago 1989.

Mollenhauer, Agnes: Die Mapuche-Huilliche. Frankfurt a. M. 1989.

Orellana, Mario: Prehistoria y etnología de Chile. Santiago 1994.

Kolonialzeit

Boccara, Guillaume: Guerre et ethnogenèse mapuche dans le Chili colonial: L'invention du soi. Paris/Montreal 1998.

Carmagnani, Marcello: Los mecanismos de la vida económica en una sociedad colonial: Chile 1680–1830. Santiago 2001.
Cavieres, Eduardo: El comercio chileno en la economía mundo colonial. Valparaíso 1996.
Foerster, Rolf: Jesuitas y mapuches: 1593–1767. Santiago 1996.
Jara, Alvaro: Guerra y sociedad en Chile. Santiago 1971.
Orellana, Mario: Chile en el siglo XVI. Santiago 2003.
Villalobos R., Sergio: Vida fronteriza en la Araucanía: El mito de la Guerra de Arauco. Santiago 1995.

Das 19. Jahrhundert

Berrios Caro, Mario et al.: El Pensamiento en Chile: 1830–1910. Santiago 1987.
Cariola Sutter, Carmen/Osvaldo Sunkel: La historia económica de Chile 1830 y 1930. Madrid 1982.
Carmagnani, Marcello: Desarrollo industrial y subdesarrollo económico: El caso chileno (1860–1920). Santiago 1998.
Cavieres F., Eduardo: Comercio chileno y comerciantes ingleses 1820–1880. Santiago [2]1999.
Garcés, Mario: Crisis social y motines populares. Santiago 2003.
Illanes O., María Angélica: Chile des-centrado. Santiago 2003.
Jocelyn-Holt Letelier, Alfredo: La independencia de Chile: Tradición, modernización y mito. Santiago [2]2001.
León, Leonardo: La Araucanía: La violencia mestiza y el mito de la «Pacificación», 1880–1900. Santiago 2005.
Moulian, Luis: La independencia de Chile. Santiago 1996.
Ortega, Luis: Chile en ruta al capitalismo: Cambio, euforia y depresión 1850–1880. Santiago 2005.
Pinto Rodríguez, Jorge: Modernización, inmigración y mundo indígena: Chile y la Araucanía en el siglo XIX. Temuco 1998.
Salazar, Gabriel: Labradores, peones y proletarios: Formación y crisis de la sociedad popular chilena. Santiago 1985.
Vicuña Navarro, Miguel: La emergencia del positivismo en Chile. Santiago 1997.
Vicuña Urrutia, Manuel: El París americano: La oligarquía chilena como actor urbano en el siglo XIX. Santiago 1996.
Villalobos, Sergio et al.: La época de Balmaceda. Santiago 1992.

Das 20. Jahrhundert

Armstrong, Alberto J./Rafael A. Aguila: Evolución del conflicto laboral en Chile, 1961–2002. Santiago 2006.

Arriagada, Genaro: Por la razón o la fuerza: Chile bajo Pinochet. Santiago 1998.
Borzutzky, Silvia/Lois Hecht Oppenheim (Hg.): After Pinochet. Gainesville 2006.
Constable, Pamela/Arturo Valenzuela: A Nation of Enemies: Chile under Pinochet. New York 1991.
Correa S., Sofia: Historia del siglo XX chileno. Santiago 2001.
Devés, Eduardo et al. (Hg.): El pensamiento chileno en el siglo XX. Mexiko 1999.
Dinges, John: The Condor Years: How Pinochet and his Allies brought Terrorism to Three Continents. New York 2005.
Espinoza, Vicente: Para una historia de los pobres de la ciudad. Santiago 1988.
Fermandois, Joaquín: Mundo y fin de mundo: Chile en la política mundial, 1900–2004. Santiago 2005.
Fuentes Saavedra, Claudio: La transición de los militares: Relaciones civiles-militares en Chile, 1990–2006. Santiago 2006.
Garcés, Marío et al. (Hg.): Memoria para un nuevo siglo: Chile, miradas a la segunda mitad del siglo XX. Santiago 2000.
Garrido, José: Historia de la reforma agraria. Santiago 1988.
Gazmuri, Cristián: 100 años de cultura chilena. Santiago 2005.
Huneeus, Carlos: El régimen de Pinochet. Santiago 2002.
Imbusch, Peter et al. (Hg.): Chile heute. Frankfurt a. M. 2004.
Kaufman, Edy: Crisis in Allende's Chile. New York 1988.
Lavrin, Asunción: Women, Feminism, and Social Change in Argentina, Chile, and Uruguay, 1890–1940. Lincoln 1995.
Loveman, Brian/Elizabeth Lira: El espejismo de la reconciliación política: Chile 1990–2002. Santiago 2002.
Meller, Patricio: Un siglo de economía política. Santiago 1998.
Pizarro, Crisóstomo: La huelga obrera en Chile. Santiago 1986.
Rinke, Stefan: Begegnungen mit dem Yankee: Nordamerikanisierung und soziokultureller Wandel in Chile. Köln 2004.
Rinke, Stefan: Cultura de masas, reforma y nacionalismo en Chile, 1910–1931. Santiago 2002.
Rojas Aravena, Francisco: El «caso Pinochet»: Visiones hemisféricas de su detención en Londres. Santiago 2001.
Valenzuela, J. Samuel: Democratización vía reforma: La expansión del sufragio en Chile. Buenos Aires 1985.
Vial Correa, Gonzalo: Historia de Chile (1891–1973). Bde. 1–6 ff. Santiago 1981 ff.

Personenregister

Aus dem Verlagsprogramm

Außereuropäische Geschichte und Kulturen

Johannes H. Voigt
Australien
2000. 173 Seiten mit 25 Abbildungen und und 1 Karte.
Paperback
Beck'sche Reihe Band 883
Reihe «Länder»

Thomas Pampuch/Agustín Echalar A.
Bolivien
3., aktualisierte Auflage. 1998.
204 Seiten mit 25 Abbildungen und 3 Karten.
Paperback
Beck'sche Reihe Band 813
Reihe «Länder»

Bert Hoffmann
Kuba
3., durchgesehene und aktualisierte Auflage. 2007
Mit 20 Abbildungen und 2 Karten.
Paperback
Beck'sche Reihe Band 887
Reihe «Länder»

Michael Zeuske
Kleine Geschichte Kubas
3., überarbeitete und aktualisierte Auflage. 2007.
234 Seiten mit 1 Karte
Paperback
Beck'sche Reihe Band 1371
Reihe «Länder»

Laura Ibarra García/Klaus-Jörg Ruhl
Kleine Geschichte Mexikos
Von der Frühzeit bis zur Gegenwart
2., aktualisierte Auflage. 2007. 216 Seiten. Paperback
Beck'sche Reihe Band 1366

Außereuropäische Geschichte und Kulturen

Sabine Kurtenbach
Guatemala
1998. 168 Seiten mit 25 Abbildungen
und 4 Karten. Paperback
Beck'sche Reihe Band 874
Reihe «Länder»

Peter Paul Zahl
Jamaika
2002. 192 Seiten mit 28 Abbildungen
und 1 Karte. Paperback
Beck'sche Reihe Band 888
Reihe «Länder»

Stephan Bierling
Kleine Geschichte Kaliforniens
2006. 245 Seiten mit 15 Abbildungen. Paperback
Beck'sche Reihe Band 1702

Gudrun Krämer
Geschichte Palästinas
Von der osmanischen Eroberung
bis zur Gründung des Staates Israel
5., durchgesehene Auflage. 2006.
440 Seiten mit 14 Abbildungen
und 9 Karten. Paperback
Beck'sche Reihe Band 1461

Karénina Kollmar-Paulenz
Kleine Geschichte Tibets
2006. 216 Seiten mit 9 Abbildungen
und 3 Karten. Paperback
Beck'sche Reihe Band 1682

Verlag C. H. Beck

Außereuropäische Geschichte und Kulturen

Florian Coulmas
Hiroshima
Geschichte und Nachgeschichte
2005. 138 Seiten mit 1 Abbildung. Paperback
Beck'sche Reihe Band 1627

Florian Coulmas
Die Kultur Japans
Tradition und Moderne
2005. 333 Seiten mit 31 Abbildungen
und 7 Tabellen. Paperback
Beck'sche Reihe Band 1639

Birgit Zinzius
China entdecken
3., aktualisierte Auflage. 2007.
178 Seiten mit 22 Abbildungen
und 1 Karte. Paperback
Beck'sche Reihe Band 1296

Sudhir Kakar/Katharina Kakar
Die Inder
Porträt einer Gesellschaft
3. Auflage. 2006. 208 Seiten. Gebunden

Christopher de Bellaigue
Im Rosengarten der Märtyrer
Ein Porträt des Iran
Aus dem Englischen
von Sigrid Langhaeuser
2. Auflage. 2006.
341 Seiten mit 1 Karte. Gebunden

Verlag C. H. Beck